"中国新闻学丛书"编辑委员会

主　任：李　彬　赵月枝

委　员：（按姓氏笔画顺序）

　　　　王君超　王润泽　王维佳　史安斌　吕新雨　李　珮
　　　　李　彬　李希光　杨萌芽　吴　玫　吴　靖　张　垒
　　　　张　桐　赵月枝　胡　钰　俞　凡　洪　宇　程曼丽

"中国新闻学丛书"出版委员会

主　任：杨国安　杨萌芽

委　员：（按姓氏笔画顺序）

　　　　马　龙　王鹏飞　纪庆芳　杨　波　杨国安　杨萌芽
　　　　陈建恩　郑　鑫　胡玲霞　姜　畅　谌洪波　薛建立

ZHONGGUO JIZHE KOUSHULU

中国记者口述录

王润泽　熊国荣　雷晓彤　编著

河南大学出版社
HENAN UNIVERSITY PRESS

·郑州·

图书在版编目（CIP）数据

中国记者口述录 / 王润泽，熊国荣，雷晓彤编著. -- 郑州：河南大学出版社，2021.6
ISBN 978-7-5649-3917-5

Ⅰ.①中… Ⅱ.①王… ②熊… ③雷… Ⅲ.①记者—访问记—中国—现代②新闻事业史—研究—中国 Ⅳ.① K825.42 ② G219.29

中国版本图书馆 CIP 数据核字 (2019) 第197491号

责任编辑	郑　鑫
责任校对	孙增科
装帧设计	翟淼淼　高枫叶

出版发行　河南大学出版社
　　　　　地址：郑州市郑东新区商务外环中华大厦2401号　　邮　编：450046
　　　　　电话：0371-86059715（高等教育与职业教育出版分社）
　　　　　　　　0371-86059701（营销部）
　　　　　网址：hupress.henu.edu.cn
排　版　河南大学出版社设计排版部
印　刷　河南瑞之光印刷股份有限公司
经　销　全国新华书店
版　次　2021年6月第1版　　　　　　　　　　　印　次　2021年6月第1次印刷
开　本　710 mm×1010 mm　1/16　　　　　　　印　张　12.25
字　数　227 千字　　　　　　　　　　　　　　定　价　38.00 元

（本书如有印装质量问题，请与河南大学出版社营销部联系调换。）

总序：新时代　新征程　新闻学　新探索

李　彬　赵月枝

中国共产党成立一百年前夕，酝酿有年的"中国新闻学丛书"开始问世。

所谓"中国新闻学"自然指立足中国的新闻学，离不开中华民族5000多年源远流长的文明史、中国人民近代以来180余年屡挫屡奋的斗争史、中国共产党100年来艰苦卓绝的奋斗史、中华人民共和国70多年正道沧桑的发展史，以及其中蔚为大观的新闻与传播实践史，包括新闻学与传播学的学术传统。同时，由于主流传统同马克思主义道统水乳交融，中国新闻学又始终心系天下，关注人类命运共同体及其新闻传播实践，离不开《国际歌》寄寓的国际主义情怀——"英特纳雄耐尔"（international）。充分展现这些学术内涵，不是一篇总序而是全套丛书的工作。而说明丛书的缘起，至少可以彰显"中国新闻学"的立意与定位。

早在2002年，范敬宜甫任清华大学新闻与传播学院首任院长之际，高瞻远瞩，身体力行，大力倡导以马克思主义为指导，具有"中国特色、中国气派、中国作风"的新闻学及其学科体系与教育体系，一时风起云涌，得到广泛响应。2008年，由于金融危机爆发以及全球资本主义体系危机加剧，"马克思归来"成为汇聚中外前沿学术思想的时代强音，而如何赓续中国新闻学的马克思主义中国化传统，进而创新网络时代的新闻学，愈发成为中国新闻学人迫在眉睫的时代使命。

党的十八大后，随着新时代的气息春风徐来，新闻学也迎来前所未有的良机。2016年，习近平主持召开全国哲学社会科学工作座谈会并发表讲话，明确提出要着力构建中国特色的哲学社会科学及其学科体系、学术体系和话语体系，与此同时要加快完善对哲学社会科学具有支撑作用的学科，其中引人注目地包括新闻学，令新闻传播学界无不倍感鼓舞。

为了响应新时代召唤，中信改革发展研究基金会于2014年成立，聚焦了一批各学科守正创新的一流学者，致力于推进中国特色、中国气派、中国风格的哲学社会科学建设。2017年,中国特色新闻学研究会在清华大学成立伊始,就与中信基金会密切合作,举办了首届"中国特色新闻学高级研讨班"。其间,我们同来自五湖四海的青年学者一起,从不忘本来、吸收外来、面向未来的视角,畅谈了理论逻辑、历史逻辑、实践逻辑有机统一,普遍意义与中国特色若合一契的中国新闻学构想。

在此基础上,基金会将"中国新闻学丛书"作为重点项目列入研究计划。之所以亮出"中国"的旗号,既不是以本土主义对抗西方中心主义,也不可能是"囊括四海,并吞八荒",而是旨在凸显梁启超所谓"中国之中国、亚洲之中国、世界之中国"的自觉意识,表明更自觉地从全球史视野的高度,面向中国实践、更深入地扎根中国大地、更自信地践行中国道路的学术追求,也就是中信改革发展研究基金会的宗旨——坚持实事求是,践行中国道路,发展中国学派。

——坚持实事求是。丛书作者术有专攻,各抱地势,但无论深入历史,还是透视现实,无论穷究学理,还是钻研实务,无不遵循实事求是的治学精神,如一代马克思主义新闻学家甘惜分晚年希冀的:"立足中国土,请教马克思。"

——践行中国道路。坚持实事求是为的是践行中国道路,正如解释世界为的是改变世界。何谓中国道路?一句话,就是中国共产党领导的革命、建设、改革所开辟的道路。而这条道路的灵魂在于社会主义,即习近平总书记所言,中国特色社会主义不是别的什么主义而是社会主义。中国新闻学说到底也是为社会主义新闻业立魂、立言、立心。

——发展中国学派。随着中国道路日渐开阔,以及文化自觉与学术自觉日益醒悟,中国学派也呼之欲出。近代以来,特别是新中国成立七十余年来,中国新闻学已经取得长足进展,从梁启超到邵飘萍,从邹韬奋到范长江,从邓拓到穆青,从延安窑洞人民广播的手摇发电机到数字时代融媒体,一代代中国记者以及学者以其辛勤耕耘和开创性工作奉献了无数心血和智慧,也为中国新闻学及其学派奠定了厚实基础。现在的关键在于我辈是否具有足够自信,摆脱某种制约中国新闻学想象力与创造力的"学术殖民"心态以及学术话语,用中信基金会理事长孔丹的话说,将"他信"变为"自信",将著书立说的立足点从"彼岸"转到"此岸"。

19世纪初,西方文脉俨然在欧陆,德国洪堡大学等更是文化圣地,吸引着东西南北的欧美知识精英,而在立国不过半个世纪、偏处海角天涯的美国,哈佛文人 R. W. 爱默生(Ralph Waldo Emerson),却提出了美国文化走自己路的主张,发表了美国文化的独立宣言《美国学者》(*American Scholar*)。如今,经过七十余年锻造的中华人民共和国,已经开启了全面建设社会主义现代化国家的新征程,发展中国学派以审视中国经验、提炼中国理论、贡献中国方案,更可谓名正言顺,水到渠成。

2019年立春时节,河南大学新闻与传播学院和河南大学出版社同意将这套丛书纳入河南大学献礼中华人民共和国成立70周年的重点图书,2020年这套丛书又入选国家出版基金资助项目。中州自古英雄气,"逐鹿中原,问鼎天下"一向激荡人心。作为百年名校,河南大学也是文脉悠长,俊采星驰,包括名记者邓拓等校友。"中国新闻学丛书"能够落户河南大学出版社,也是得其所哉。

大鹏之动,非一羽之轻也;骐骥之速,非一足之力也。十多年来,我们一直勉力耕耘,与各方有生力量一道共同推进中国特色、中国气派、中国风格的新闻学建设,这套丛书就是一批阶段性成果。我们深知,如同伟大的中国革命与社会主义事业,我们的社会主义学术事业包括中国新闻学也不可能一蹴而就,更不可能凭少数人埋头苦干,而是需要持之以恒的扎实工作,更需要一批又一批、一代又一代的同道共襄此举。

2021年6月

(李　彬,清华大学新闻与传播学院教授、博士生导师,曾任河南大学黄河学者,兼任澳门科技大学博士生导师)

(赵月枝,加拿大皇家学会院士,西门菲莎大学全球传播政治经济学加拿大国家特聘教授,兼任清华大学新闻与传播学院卓越访问教授)

序

王润泽

新闻是特定时空之下的产物，有共性，更有每个国家民族不同时代下的个性。这种个性可以通过新闻关注的内容、新闻生产过程等表现出来。而来自一线记者内心对新闻价值的判断则是其中最敏感和不易发现的部分。他会不经意间流露出新闻生产者对新闻诞生过程中每一次事实的发现、每一次价值的认知，每一次写作中对某些事实的刻意回避……于我，这才是新闻业最值得探索之处。而新闻记者的口述历史访问，则很好的提供研究此类问题的路径。

2012年中国人民大学"新闻界人物口述历史工作坊"成立，几年来有60多名学生加入其中，先后采访了30多位著名媒体人——从三十出头青年才俊到百岁耄耋的老前辈，所涉及的媒体有新华社、《人民日报》等党和政府的重要传媒，也有《人物》等新时代创办的媒体，这些媒体人在不同时代均做出重要的业绩和贡献，对新闻业的发展也有独到的心得体会。

这些口述录不仅对新中国成立前后中国新闻事业业务和理念发展脉络有生动的展现，更显示出新闻界从业者自身个性与新闻事业的共同成长和完善，个人发展与国家命运的紧密联系。这些成果的学术价值和应用价值在于以下几个方面：

首先，为新闻史研究提供了新的角度和路径。目前新闻史的研究内容，多从各种官方文献和正式文本出发，如档案材料、报道内容等文献记录，但这只是新闻史研究的一个路径。而口述历史所发掘的对象，将是普通人士鲜活的记忆和感受，这将新闻史的研究推广到普通民众之中，"把历史恢复成普通人的历史，并使历史与现实紧密结合"，大大拓展了新闻史研究的范围和视野，丰富了新闻史研究的维度。

其次，增强了新闻史研究的深度。新闻的魅力一方面在阅读，另一方面则在新闻是如何出台的，报道是如何诞生的，这是探讨新闻业发展规律的重要路径。新闻史上很多报道和事件，从文本和档案中能得到的信息都十分有限，幕后的情况更加需要了解，如果有当事人的回忆和解释，将对解读新闻背后的故事、挖掘新闻与社会政治、经济、文化等各要素之间的互动关系等方面上大有帮助，对理解新闻史的发展和意义有重要的创新。如陈大斌、段存章、何燕凌等从事农村报道的前辈记者的回忆，将那个时代记者的情感投入、政治规避、报道规范等等，很多记者在新闻生产过程中的内心活动展现无遗，这些成果十分珍贵，也只有通过口述历史的方式才能获得。

第三，口述历史将留下可供后人继续研究的宝贵资料。历史研究的真实性和深刻性有多少，与留存的文献资料丰富程度有关。今天我们收集的口述历史资料，还可以成为后人研究历史的重要材料。我们可能不会把所有的口述历史都整理出成果发表，特别是对目前一些有分歧意见的事件和问题，或者研究条件不成熟的课题，今天做不了的，未来都可以继续研究，但未来的研究必须要依靠今天留给他们的资料。我们有义务留给后人更多的素材。鉴于此，本书仅出版了其中一小部分口述实录的资料。

2021年6月

（作者系中国人民大学新闻学院教授、副院长，博士生导师）

目 录

绪论　口述史学：作为独立学分支学科的理据……………………………… 001

"我立志做一名新闻记者，用自己的知识宣传革命，唤醒民众"
　　——于友口述实录…………………………………………………………… 011

"我奋斗了一辈子，没有遗憾，我尽了自己最大的努力"
　　——钟沛璋口述实录………………………………………………………… 020

"国际形势是复杂、多面的，需要调查和观察才能探明真相"
　　——王殊口述实录…………………………………………………………… 025

"把观众都放在心里了，观众也就记得你"
　　——沈力口述实录…………………………………………………………… 038

"我一生中最感欣慰的事情，是电教节目挽救了当时的教育"
　　——洪民生口述实录………………………………………………………… 055

"记者工作是我的人生追求"
　　——郭梅尼口述实录………………………………………………………… 073

"我1961年到电视台后……"
　　——寿沅君口述实录………………………………………………………… 084

"真正的好新闻是自己采访、感受、提炼出来的"
　　——段存章口述实录………………………………………………………… 103

"新闻记者要具备高度的新闻敏感性，要有预见性"
　　——宋逊风口述实录………………………………………………………… 113

"我只是喜欢看平凡但不平庸的人的故事"
　　——曲志红口述实录………………………………………………………… 126

"他感谢我，其实我更应该感谢他，是他给了我太多太多……"
——张严平口述实录……………………………… 134

"这么多年过来，我自己的解说风格也正在形成"
——刘建宏口述实录……………………………… 153

"你可能只是掌握着这个真相的极小一部分"
——刘万永口述实录……………………………… 162

"我们做的人物是一个时代的缩影"
——林天宏口述实录……………………………… 175

后　　记………………………………………………… 186

绪论　口述史学：作为独立学分支学科的理据

口述历史自20世纪80年代进入国人视野，在理论和实践方面获得中国多个领域学者的探索和使用。但时至今日，口述史学[1]的地位和作用依然处于争论中。不过获得共识的是，口述历史作为一种方法，已经获得大家的认可，但口述史学能否成为一门独立的学科，现在大家的判断还是以否定为主。那么口述史学的地位到底该如何界定，这个问题尽早解决对促进该学科的健康发展有积极作用，将有助于提升口述史学的理论研究和学术成果，也有助于数字化时代对"史料"的保存，对未来的史学研究留下更多宝贵"文献"。

目前历史学是一级学科，其二级学科有中国古代史、中国近现代史、世界史、考古学及博物馆学、史学理论及史学史、历史地理学、历史文献学、专门史。口述史学以发现历史、认识历史为目的，是一种确凿无疑的历史研究。它与其他二级学科有共同的理论基础，同时又具有相对独立的专业知识体系和方法，已形成若干明确的具有示范效应的研究方向，更重要的是，其所能解决的学术问题为其他二级学科所无法替代，具备设立分支学科的可能性条件，应该考虑将其设为历史学的一个单独的子学科，在学科分类上与历史文献学、专门史有些相似。

一、研究素材和研究方法的不可替代性

一个新的二级学科，一定要开辟新的研究素材和研究方法，在这一点上，口述史学已经具有不可替代性的特点。口述史学的基础是口述史料或者口述历史，这种研究资料在内容和获得方式上都有自己的独到之处，是传统史学研究素材如文献、考古实物等不能替代的。口述历史（口述史）指的是在当事人口述的基础上形成的对于过往社会生活的一种完整的叙述。关于口述历史及

---

[1] 20世纪80年代还曾经有过口碑史学或口头史学、口碑史料学的提法。

其获得，唐纳德·里奇在《大家来做口述史》中说："口述历史就是通过录音访谈的方式来搜集口传记忆以及具有历史意义的个人观点。"（唐纳德·里奇，2006：2）保罗·汤普逊称口述史为"过去的声音"[1]。国内较早涉足这一领域的学者杨祥银则认为"口述历史就是口头的有声的历史，它是对人们的特殊回忆和生活经历的一种记录"（杨祥银，2004：5）。这里要区别一个比较容易混淆的概念"口述史料"，它是经由调查对象口述得到的人们关于过去的记忆和评价，它们可能以音像或文字的方式留存，但未经整理、研究和证实，且不一定完整，是口述历史的重要资料来源。

口述史学以口述资料的采集和对这些资料的整理研究为中心，在材料的获取上已经总结出一系列较为规范的做法，形成较为独特的路径。社会调查路径是使用实地调查与研究对象直接接触的方法，包括访谈、观察、抽样等技术方法，其中访谈法毫无疑问是研究的核心方法，这是口述史料采集的基本方法，"口述历史访谈指的是一位准备完善的访谈者，向受访者提出问题，并且以录音或录影的形式记录下彼此的问与答"。（唐纳德·里奇，2006：2）访谈者通过与被访谈对象的交流，引导对方回忆和讲述，由此获得史料。如何交流和引导，对于结果的获得至关重要。在这一过程中，其他方法的运用也是不可避免的，如观察法，因为研究者面对的受访者本身即研究对象，因此从开始接触的时候起，即应对对方的情况做详细的直接观察和理解，在访谈中还要以影音的形式记录下来，这也是口述史料的一部分。至于抽样法，在涉及范围较大的课题时可能要用到，例如要对一个较长历史时期的、较庞大的群体进行口述访谈，那么就需要考虑选取样本的问题。一般来说，对象确立后，口述史料的获得和整理包括以下四个阶段：

第一阶段（准备阶段）：查找受访者资料和课题相关资料，准备提问大纲，接洽访谈事宜。

第二阶段（访谈阶段）：进行访谈，同时采用录音或录像形式记录；受访者提供的不仅是声音、影像，可能还会有作为旁证的文献，例如照片、日记等。

第三阶段（资料整理和保存）：对记录音像的介质进行分类登记和保管，整理音像资料的文字稿。

第四阶段（资料考辨阶段）：以口述史料为基础，结合其他文献查考、证实和辨伪，进行研究。

从四个阶段看，一至三阶段是较为容易的口述史料获得阶段，而第四阶段

---

[1] 保罗·汤普逊的口述史专著名为《过去的声音——口述史》（2000）

则是十分复杂的资料甄别阶段。唐德刚先生在回顾自己的口述史研究时，就曾经提到口述史料在研究中甄别的艰难，"我替胡适之先生写口述历史，胡先生的口述只占50%，另外50%要我自己找材料加以印证补充。写'李宗仁口述历史'更麻烦，因为李先生是军人，他连写封信都要秘书，口述时也随便讲讲，我必须细心地找资料去编、去写、去考证，不明白的还要回头和他再商讨"。（唐德刚，1999：2）

总体而言，口述史学的研究方法具有如下特点。

（1）以个案研究为基础：个案研究是对一个人、一件事物、一个具体对象进行的深入全面的研究。口述史学研究无论课题的大小，涉及年代的区间长度如何，都要围绕一个具体的课题，面对一个个受访者，进行详尽的发掘与分析。

（2）跨学科的研究方法：在方法上，口述史学的一个优势就是不拘一格地采用多种跨学科的研究方法，把传统的文献整理、考证和社会调查方法相结合。

（3）阐释性的研究：在历史亲历者口述的过程中，存在受访者、访谈者和历史之间三个因素的互动，通过对亲历者口述的研究将会促使我们对历史事实的追寻达到更深的程度。伽达默尔认为，真正的历史对象不是一个客体，而是自身和他者的统一，是一种关系。在这种关系中，同时存在着历史的实在和历史理解的实在。口述历史充分地体现了这一命题的精神。

二、研究问题和理论体系的逐步成形

作为现代意义上的学术研究，口述史学的起点是在20世纪40年代，艾伦·内文斯1948年在哥伦比亚大学创立了第一个现代的口述历史档案馆，其他美国大学继之跟进。1967年，美国口述历史协会成立。1987年，国际口述历史协会成立至今，世界范围内的口述历史研究已经得到相当的发展，自欧美到第三世界国家，口述史料的采集和研究开始被人们重视，收获一批成果。

华人口述历史研究第一人唐德刚先生自20世纪居美时期开始做口述历史研究，著有《李宗仁回忆录》《胡适口述自传》等，他可谓是这一领域的开拓者。1949年之后，由于和西方学术交流的便利，口述历史的搜集和研究在港台开始的时间也较早，大陆的情况则要相对复杂一些。

在实践层面，大陆对口述史料的收集工作开展较早，大致以20世纪80年代为界，可以分成前后两个阶段。第一阶段，是在1949年以后至"文革"前，在政府支持下对近现代史上一些课题的调查部分地使用了接近于口述史学的研究方法，通过访谈收集当事人口述回忆、实地查访收集证据的方法积累史料。这些调查是由各种专门机构和高校实际主持进行的，最广为人知的专门性机构是从中央到地方的各级文史资料研究委员会，调查对象是清末到中华人民共和国成立时期的知名人士和重大事件的亲历者，收集政治、经济、文教、重大历史事件乃至亲历者个人经验等方面的资料。博物馆、通志馆、地方志办公室和高校也开展过一些大型的调查，例如，1958~1960年，南开大学历史系与天津历史博物馆的合作，对天津及其附近地区义和团运动的亲历者们进行访谈，收集相关资料。在这些调查活动中，部分地区采用了口述史的收集方式，即当事人口述，访谈者记录。这一阶段的实践活动明显表现出以下几个特点：内容上以革命史为中心，在此背景下关注近现代史上重大的历史事件和运动；具有较强的意识形态性，尤其是作为一种政治任务，例如革命干部撰写回忆录、全民写"四史"（家史、厂史、村史、社史）的过程中表现得更为突出；并未严格地按照现代口述史学的规范进行操作，一部分资料仍然仅仅是回忆录、访谈录而非严格意义上的口述历史。

20世纪80年代以后，随着西方口述史学理论和作品的进入，在研究机构、高校之外，出版社、电视台、民间机构和个人加入口述历史的实际操作之中并渐成主力，尝试在现代口述史学的规范之下收集史料，并开始形成了民间的、多维度的对历史的叙述。例如当代中国出版社出版的《当代中国口述史》丛书，中国社会科学出版社出版王俊义、丁东主编的《口述历史》丛书，宣称从口述者的视角出发，以对当代中国历史的客观解读为目的，明确了口述史活动的学术地位和诉求。在这一时期，学界利用口述史料解决了各个领域如地方史、民族民俗、女性历史等方面的问题，开拓了研究的新境。中国社会科学院定宜庄的《最后的记忆——十六位旗人妇女的口述历史》、傅光明的《口述历史下的老舍之死》都是其中代表之作。作为民间机构，中央电视台前主持人崔永元组织的口述历史团队在抗战史、朝鲜战争、新中国电影史等方面收集了丰富的口述历史资料，并制作了一系列影视节目。

另外，一批学术期刊如《当代中国史研究》《史林》《当代史资料》开辟口述史学专栏；北京大学历史系率先开设了口述史课程。值得注意的是，自20世纪80年代以来大众传媒对口述史领域的介入，出版社以口述历史的名义出版了大量回忆录、访谈录、报告文学，中央电视台、凤凰卫视也以"口述历史"为栏目命名，但这些媒介产品多属于口述史研究的衍生品，或者部分采用了口述访谈的方法，提供一定的口述史料，但仍然不属于严格意义上的学术成果。

因此，国内真正意义上的口述历史实践和研究始于20世纪80年代，在自觉和有意识的情况下，借鉴西方的学科规范，收集史料，形成叙述，并对其进行一定的考察。而对于口述史学研究进行再认识和规律总结也只是最近三十年的事情，前期侧重于介绍，最近十多年集中于学理层面的深入研讨。

（一）20世纪80年代：初步介绍时期

1986年《西北大学学报》第3期刊载箐舜的《口碑史学方法评析》和1987年孟庆顺的《口碑史学略述》是向国内介绍口述历史研究较早的几篇论文，从口述史学的产生历史、应用方法、成果、评价、发展和存在问题等方面，进行了一定的介绍。1986年《自然辩证法通讯》第5期所刊钟少华的《中国口述历史研究的探索》、1987年5月6日杨立文在《光明日报》所发的《中国口述史学》开始探讨口述史学与中国当代史研究实践相结合的问题，提出中国口述历史研究的命题。

（二）20世纪90年代：较为全面的引进时期

从1993年到1998年，杨雁斌在《国外社会科学》相继发表《浅论口述史学的发展与特点》《口述史的基本理论面面观——历史学家眼中的口述史学》《口述史学的综合性质及研究方法管窥》《口述史学百年透视》《面向大众的历史学——口述史学的社会含义辨析》等论文，对口述史学的历史、研究方法、性质和特点进行了全面阐述。国内较早从事口述史研究的钟少华在《学术研究》撰文《中国口述史学漫谈》，总结国内口述史的过往和现状。20世纪80年代访华并最早展开与国内合作的美国学者布鲁斯·M·斯蒂文以《中国口述史学的调查》一文，回忆了当年访华与最早一批从事口述史学研究的学者合作的情况。初雪的《口述史学与民俗学基本理论管窥——性质、对象、目的、方法比较》、庞玉洁的《从往事的简单再现到大众历史意识的重建——西方口述史学方法述评》，对口述史学的基本理论问题开始进行探讨。

（三）21世纪以来：深入探讨时期

口述史学理论方面，到目前为止几本影响较大、综合性的专著均在这一时期出现。译介作品有保罗·汤普逊《过去的声音——口述史》（2000），唐纳德·里奇《大家来做口述史》（2006）；国内学者也出版了自己的成果，杨祥银《与历史对话——口述史学的理论与实践》（2004）是这一方面的开拓之作。2004年"首届中华口述史高级论坛暨学科建设会议"在扬州召开，"中华口述历史研究会"成立，会后出版了论文集《中国口述史的理论与实践》，不少学者提到口述史学的学科定位极其重要，正如论文集主编周新国所说中国口述史学的这种学科不确定性使得口述研究处于弱势地位，影响了它的进一步发展。

研究论文方面，这一时期对口述史学的本质认识和特征总结较为深入。闻伍的《历史之音——口述史学的叙述性质片论》论述在口述史学内部，叙述性既是有别于其他学科的显著特征，又是该学科的基本属性之一，对该学科的其他属性都会产生直接或间接的影响。《郑州大学学报》2010年第7期以"中国口述史学研究五题"刊发了一组论文，其中国内学者杨祥银的《关于口述史学基本特征的思考》和杨雁斌的《论口述史学的社会性特征》均着重指出口述史学在受到新史学思潮的作用下向大众化、社会性的转向非常明显。李小沧的《口述史学的发展及研究范式的转换》（《天津大学学报》2011年第4期）在口述史的研究模式方面加以特殊关注，比较"客观记录式"和"主动参与式"两种模式，认为记录式流行于口述史的早期，主张口述史研究者在研究实践中始终要有置身事外的态度，对当事人和采访内容做旁观者，而后期出现的参与式则主张研究者与研究对象之间要有积极的思想交流，启发当事人为研究尽量提供丰富的史料，研究者再据此进行自己的判断与评价。它的意义在于证明人们对以往历史的认识是怎样形成的，口述研究者通过导向性的或是针对性的提问和对事件的评价展开与当事人的互动，完全可以启发当事人从内心深处更好地审视过去。

口述史和不同领域研究的结合，在这一时期因实践的广泛开展，相关总结文章也较多。例如朱成山、袁志秀的《口述史学视角下的南京大屠杀史研究》（《南京社会科学》），朱凌飞的《史与志——对口述史与历时性民族志研究的探讨》（《西南边疆民族研究》），李安峰的《口述史学与"大跃进"史研究》（《前沿》）。

同时，不少学者开始了对国内口述史活动实践的回顾，明确提出了建设国内口述史学学科的意见和展望。杨祥银在《当代中国口述史学透视》（《当代中国史研究》）、《中国口述史学现状》（《当代中国史研究》）、《口述史学研究之新进展》（《北京日报》）对国内口述史学研究的历史做了较为详尽的梳理。周新国在《构建中国特色、中国风格和中国气派的中国口述史学——关于口述史料与口述史学的若干问题》和《中国口述史学之回顾与展望》中都提出中国口述史学建设的设想和若干基本问题。

三、面对质疑的思考

和传统的历史学研究相比,口述历史研究的基础——关于重大历史事件的"口头回忆和个人评论"具有一定独特性:来自于受访人的记忆,经由口述的形式,表现为对过往事件的描述,不可避免地包含了叙述者对事件的看法和评价。这导致了对于口述史作为一门学科的质疑和一些问题长期的争论。

(一)口述史料的合法性问题

从学科的角度来看:在20世纪西方学术进入、传统史学更新的背景下,随着现代意义上的学科独立和观念的嬗变,史学的研究范围在不断扩大,呈现多元化的倾向。相对于古史家重纸上文献,1925年王国维《古史新证》(2010:2)强调了二重证据法,他说:"吾辈生于今日,幸于纸上之材料外,更得地下之新材料。由此种材料,我辈固得据以补正纸上之材料,亦得证明古书之某部分全为实录,即百家不雅训之言亦不无表示一面之事实。此二重证据法惟在今日始得为之。"在此之后,三重证据、四重证据的提法开始出现,虽然方家说法不一,但是通过田野调查等形式收集口述材料的方法已经得到认可和采用。裘锡圭先生在接受访谈时曾经提及,不仅仅在今天,"在二十世纪三四十年代,研究中国古代的很多学者,不但使用出土文字资料,也使用其他考古资料,就是结合文化人类学进行研究的也不乏其人,如李宗侗(玄伯)等先生。不但是'二重证据法',就是所谓'三重证据法''四重证据法',对二十世纪三四十年代的学者,以至五十年代初念大学的人来说,就已经是不言而喻的东西了"。(裘锡圭,2007:15)

(二)口述历史的主观性问题

对口述史学的存在价值,最常见的批评是指责它研究的主要基础是个人陈述,对口述历史心怀疑虑的人往往质疑它的主观性、个人化和由此所带来的不确定。

应该承认,口述材料的这些个体印记是存在的,但是文字记载同样会被打上书写者的主观印记,所以问题的关键在于,是否这种个人印记意味着无从抵达历史真实。

史学领域内关于历史真实的看法并非一成不变。历史的定义,广义的说法,一是指人类过往社会的发展过程和各种活动的总和,二是历史学家对这种过程活动及其规律的描述和解释。19世纪以后"客观主义"的兰克学派影响了西方史学的绝大多数研究。史学家相信，使用文献和科学方法的指引，就能够写成完美的信史，发现客观真实。并且其时人们高度依赖文字材料，尽管这些材料在认知角度和立场上同样可能存在主观性问题。

20世纪以来，随着社会生活的急剧变化，"新史学"掀起变革的浪潮，在历史研究的各个方面都开拓了更宽广的思路，正如美国历史学家鲁滨孙所概括的："就广义说起来，所有人类自出世以来所想的，或所做的成绩同痕迹，都包括在历史里。大则可以追述古代民族的兴亡，小则可以描写个人的性情同动作。"到了今天，历史研究中心区域的面积比以往有了更大的扩展，不仅限于政治，还包括了民族、文化、社会的诸多方面；不仅限于显在的生活，也包含了隐藏在人们内心深处的心灵世界。从英雄事业到小人物的平凡生活，从有什么事实到为什么这样，研究不仅为了记录，也为了阐释。

口述史学的学科建立也正是基于这一目的，把史料收集的范围从文字文献扩展至口述材料，把普通人纳入叙述历史的行列，在事实考证的基础上探讨精神史。其结果必将有助于加深对于过往的认识，丰富对过往的了解，朝向真实境界进一步推进。因为历史的主人是有血有肉的心灵，而不是抽象概念的化身或体现，"历史研究最后总需触及人们灵魂深处的幽微，才可能中肯"。（何兆武，2005：126）

（三）口述史学的学术价值问题

一个分支学科的独立不仅取决于它有区别于其他分支的研究对象，更在于它能够解决这一学科领域内的问题，在这一点上口述史学科有自己的研究侧重和特点，具有作为独立分支的存在价值。曾有学者广泛论证了口述历史在民主性、合作性、动态性和跨学科性等几个方面对历史学科和其他学科的贡献。

从史料收集的广泛程度来看，过往的事件并非都留下了文字记载，即使一些极其重大的事件，在留下记载的文献材料中信息可能并不完全，可能后人关心和需要的部分并无记录，口述史料则有可能补足文献缺乏的这一部分。当然，对于文献中存在的部分，口述历史也提供了一个与其相互印证的文本。同时它开辟了新的领域，那些历史细节、人们的感受和心理过去往往不在宏大历史叙述之中，现在可以借由口述史研究得以保存。特别是当下，越来越多的人使用数字媒介来记录个人、社会和团体的发展，碎片化、个人化、情绪化的内容为后世历史研究留下了很多难以甄别的"信息"，在这样的情况下，广泛系统地进行口述史料收集，是很有必要的。

从历史关照的多元维度来看，文字记载的形式决定了，历史书写者往往是居于社会特殊地位的人士，因此向来的历史文献以官方、精英和俯瞰视角居多。口述历史借由形式的自由和简易，扩大了收集材料的范围，有机会提供多元视角，以民间、大众和多维度的立场讲述历史。

从事实考察的深度来看，文献材料和实物作为历史考察对象的时候，最大的优点是相对的确定性，它能够为人们提供直接的证据确证事件和人物的存在。但是，口述历史能够深入生活的表层之下，为我们提供事件和人物背后的观点、心态和思想，在精神层面的探讨有着自己的优势。当书写历史的时候，物质层面当然是不可或缺的基础，人们修建街道，建设城市和国家，创造文字和发起战争，日常生活和节庆，但是这样一部历史其实尽皆人们想法的实践，在这一过程中人们的立场与态度不断变化着，人类的精神史可能隐藏得更深，却更具特殊的价值。

从历史哲学的高度来看，在共时的背景下，不同亲历者对同一历史事件的叙述可以提供多样化的立场，丰富了历史的真实性。在历时性的条件下，亲历者在历史现场的想法可能在时间作用下会发生改变，这本身就是历史的一部分。正如英国当代口述史学家约翰·托什在评价保罗·汤普逊的《爱德华时代的人》时指出的：那些爱德华时代的人活下来变成了乔治时代的人，又变成了伊丽莎白时代的人，经历了这些岁月，他们的心态转化本身就是一个有自身合理性的研究对象，而不单纯是作为史学家与往事直接接触的障碍而存在。在自身和他者互动，真实与理解同步的过程中，研究者得以更为接近历史。

综上，目前不仅有条件而且也应该明确口述史学学科地位，这样不仅可以规范口述史学，使其健康发展，而且可以进行高质量的口述史学人才培养，为未来史学发展培育后续力量。

引用文献

[1] 唐纳德·里奇. 大家来做口述史 [M]. 王芝芝，姚力，译. 北京：当代中国出版社，2006.

[2] 保罗·汤普逊. 过去的声音：口述史 [M]. 覃方明，渠东，张旅平，译. 沈阳：辽宁教育出版社，2000.

[3] 杨祥银. 与历史对话：口述史学的理论与实践 [M]. 北京：中国社会科学出版社，2004.

[4] 唐德刚. 史学与文学 [M]. 上海：华东师范大学出版社，1999.

[5] 汉斯-格奥尔格·伽达默尔. 真理与方法 [M]. 洪汉鼎，译. 北京：商务印书馆，2007.

[6] 约翰·托什. 史学导论：现代史学研究的目的、方法和新方向 [M]. 吴英，译. 北京：北京大学出版社，2007.

[7] 王国维. 古史新证 [M]. 长沙：湖南人民出版社，2010.

[8] 裘锡圭，曹峰. "古史辨"派、"二重证据法"及其相关问题：裘锡圭先生访谈录 [J]. 文史哲 [M]，2007（4）：5.

[9] 詹姆斯·哈威·鲁滨孙. 新史学 [M] 何炳松，译. 北京：中国人民大学出版社，2011.

[10] 何兆武. 历史理性的重建 [M]. 北京：北京大学出版社，2005.

[11] 杨祥银. 关于口述史学基本特征的思考 [J]. 郑州大学学报·哲学社会科学版，2010年7月.

"我立志做一名新闻记者，用自己的知识宣传革命，唤醒民众"

——于友口述实录

【人物简介】

于友（1916~2017），浙江湖州人。1935年考入上海《立报》当练习生，1938年参加由范长江等组织的国际新闻社和青年记者协会，任战地记者。1941年在新加坡《南洋商报》香港办事处工作。1942年任湖南衡阳《大刚报》评论员。1943~1948年在美国大使馆新闻处中文部做翻译工作。1949~1959年任《光明日报》国际部主任、编委。1980~1985年任《中国日报》副总编辑。1985年，退休后创办《群言》杂志，并任主编。

于友

范长江是我国著名的新闻工作者，是新中国新闻事业的开拓者。他曾只身赴中国西北考察，报道红军长征；他的代表作《中国的西北角》《塞上行》脍炙人口、彪炳史册，至今仍被视为经典；他发起创办中国青年记者学会、国际新闻社，培养了大批新闻接班人。以他命名的"范长江新闻奖"成为我国新闻界的最高奖项。有人赞美他说："长江一支笔，胜过百万兵。"而于友是一名毕生从事新闻工作的老记者。抗日战争时期的1938年至1941年，范长江曾是他工作上的领导。当年身兼国新社社长和青记负责人职位的范长江对于友来说，不仅是同事，更是老师、是兄长、是战友。改革开放以来，于友曾写过不少关于长江的文章和笔记，追忆他所了解的范长江。

追忆范长江

范长江的成就，我一辈子也达不到，他是个天才。他是在一个很伟大的时代——抗战时代里成长起来的，在这期间，他接受了很多民主思想，是一位具有爱国主义和民族主义情怀的优秀新闻记者。范长江一生的成就很多，他最擅长用新闻通讯来宣传统一战线，培养并团结了很多新闻记者，他为新中国广大新闻工作者们树立了一个正直新闻人的榜样，他的一生也留下了很多著作。范长江通讯的风格自成一体，他的通讯不仅仅有描写、叙述，还有言论，很有政论的味道，除了反映事实，还有很多自己的看法。他将许多历史材料和现实材料整合在一起，用细腻的文笔去创作。他的文章既有政治的内容，又有文艺的辞藻。他还经常到新闻事件发生地深入采访，他的长篇通讯类文章里不但有新的事实，还有可供参考的背景，而且还加入了一些过去写中国西部的作品内容。所以他的通讯报道比较充分、生动，吸引了许多读者，他也就成了写中国西部通讯的一个突出记者。

红军开始长征以后，中国共产党提出来要北上抗日，要建立民族统一战线，西北地区红军的言论引起国内很多爱国人士的共鸣，但国民党 CC 系控制下的媒体都被集体湮没，对此没有任何报道。所以，他深入西北地区采访的一些有关中国共产党和红军的新闻，深受全国各界爱国人士的欢迎。他的通讯不仅仅是可读，还有很多内容能帮助人们认识很多新的事物。不仅是有事实的通讯，还是一个传播观念、传播思想的通讯，特别是培养读者的爱国主义思想。此外，应该说他的通讯内容比较及时，符合当时救亡群众的想法，他用新闻通讯的形式去报道中国的西北地区，文章既有文采又有思想，思想性和文艺性结合得很好。

范长江是在胡政之指导下成名的，没有《大公报》同意表达他的思想、支持他的报道，他的通讯是发不出来的。他写的通讯不是他自己的，实际上是《大公报》的通讯。正是《大公报》同意表达他的思想，他的思想才能够得到传播。然而，《大公报》的开明也是有限度的，它没有胆量发表反对蒋介石的言论。《大公报》上的文章可以批评蒋介石，但是不可以完全否定他。因为当时《大公报》

是靠着蒋介石的允许才能存在的,你要反对蒋介石了,报纸就不能存在了,所以《大公报》反对范长江发表有关"一党独裁"的通讯。因为《大公报》不同意发表范长江反对国民党独裁的文章,所以范长江最终离开了《大公报》。离开这家报纸,他的通讯也就很难广泛地流传了。

在范长江没有去西北地区采访之前,他并不同情共产党。后来,因为受邹韬奋《生活》周刊宣传统一战线的影响,范长江才认识到中国共产党的重要。范长江最初对通讯里红军长征的报道不是很支持,后来才支持统一战线,也认为共产党的北上是有意义的。他的政治主张开始倾向中国共产党,应该说是在跟毛泽东主席彻夜谈话之后,他才认同毛泽东主席的统一战线主张,完全相信统一战线是适合抗战需要的。范长江是在1939年前后入党的,但是我并不知道具体时间,因为他是以民主人士身份加入中国共产党的。他在民主人士中很有影响,这个影响对于团结更多人有很大的作用。

范长江性格开朗热情,善交朋友,口才很好。他常说,做记者最重要的是交朋友,而且要交各式各样的朋友,上至军政要人,下至黎民百姓,什么人都要交。朋友越多,新闻来源越广。因此,他对时局的看法总是比其他人要全面、透彻,讲的人投入,听的人也入迷。用四川话说,就是"很有摆龙门阵的才能"。据说,范长江曾经有一个绰号叫"小兵",喻其文笔,如刀剑般切中要害;喻其个性,如钢枪般坚毅果敢;喻其为人,如小兵般爽朗随和。胡愈之曾经称范长江是"党最机智、最勇敢、最忠诚的一名小兵"。这样的小兵,作为机构的领导,是深得人心的。

范长江离开《大公报》以后就很少写通讯了,他创建国际新闻社之后,基本上没有亲自写通讯文章,他更多的是培养我们写通讯,他培养了很多人。他有这样的成就我们就应该学习他,他来领导国新社是众望所归。我认为把通讯写好,可以对民众起到唤醒和启蒙的作用,这是很有意义的一项工作,同时,这也是当记者的一个重要使命。范长江团结了成千的记者,在他的影响之下发挥他所希望达到的作用,他觉得这是很有意义的事情。

青年记者协会下面有个《青年记者》刊物,他在里面写文章指导我们写作。另外,在我们开会的时候,他也会悉心指导我们的工作。还有,他在国新社里写了很多小册子,有一本小册子叫《采访与写作》,是内部期刊,这是直接指导我们怎样采访写作的,他不但给我们看,还给其他的通讯社员看。国新社有很多先进的社员,我们这些小社员都是在这些前辈的帮助下成长的。我们还有一个内部的墙报,他们也在上面写文章,教育我们这些后进的社员,他们直接跟我们接触,他们的言行和作风,对我们有很大的影响。他们原来在《大公报》

都很有名，生活标准也都很高，他们到国新社生活之后，根本拿不到很高的待遇，他们跟我们一样拿很少的钱，一块吃大锅饭。

1938年，国新社建立重庆办事处，我就被范长江任命为办事处负责人。1940年，重庆被日军轰炸得比较厉害，日本人就是要全力地消灭我们。他们的空军轰炸我们的陪都，我们国新社也被炸平了，整个办事处的大楼都被炸没了。当时我正好不在，我带领着范长江组织的一部分记者到北碚乡下采访，回来的时候发现所有东西都被炸掉了，衣服没有了，被子也没有了。范长江把他自己的东西拿来给我们分了。当领导就应该这样关心下属，他这种同甘共苦的共产主义精神很感动我们。后来，国新社搬到乡下猫儿石了，离城比较远，但是还可以继续工作。这个地方是范长江找的，当时是一个军队的办事处。我生病的时候，他还专门从市里买东西过来陪了我一段时间。晚上，他就到老乡那里找一张床，让我睡在床上，他睡地板，我感动得直掉眼泪。在平时的生活里，他偶尔会和我们一块儿打打乒乓球、聊聊天。他乐于帮朋友解决困难，我是受到他照顾最多的人。他让我组织建立国新社重庆办事处，这个对我也是很大的锻炼。范长江是我们生活中的模范，我们拥护他，也敬佩他，和他一起过艰辛危险的生活都是心甘情愿的。

在《立报》做练习生，开启人生新闻路

我的家乡是浙江湖州，在家乡每天还是有机会看到上海的报纸。1935年，我在上海报纸上见到《立报》要招实习生的消息，我就踊跃报名了，那是我第一次接触新闻行业，从此就和新闻结缘了。当时是受大革命的影响，孙中山有一个遗训："我深知国民革命成功必须唤起群众。"我们在学校里的时候就要念总理遗训，必须唤起群众才能和群众一起完成革命的任务，我这个青年知识分子好像也应该承担这个任务。正是因为读书才唤起我内心深处强烈的爱国责任感，从那时起，我立志做一名新闻记者，利用自己的知识去宣传革命、唤醒民众。我读过戈公振的《中国报业史》之类的新闻专业书，这些书让我掌握了一些新闻工作的基本知识。书中有一句话说得好："新闻记者知道得最快、知道得最多、知道人家不知道的事情。"这点对我很有诱惑力。我当时认为自己将来可能是要做文化工作的，新闻工作也是文化工作的一种，并且和群众天天碰头，联系比较密切，这个工作就成了我的偏爱。平时我自己也爱看报纸，天天要看报，所以我觉得我应该要做报纸工作。

《立报》招收实习生是先有文字考试的，很多人在同一个会场里考试，文

字考试通过以后，然后才是口试，口试的考官是恽逸群老师。参加工作之后我才发现当时有好几百人参加考试，最后只录取了三个人。编辑部只录取了我一个，还有两个女生，她们在经理部，负责在门市接待订户。新闻业务方面的练习生只有我一个，我也觉得很难得。这对我是一个很大的鼓励，这个学习机会太好了。《立报》是一个很有干劲的报纸，它的宗旨就是要立己、立人、立国，不仅是要立有学问、有本事的人，还要立好国家。刚做练习生的时候，报社对我没什么培养计划，我整天晚上是没有任务的，坐在编辑部里听听电话、翻译电报。那个时候电报主要是用来传递新闻的，我就拿这个电报的书来翻译电码，然后查点编辑需要的资料。平日里我更多的是在那里观察，在那里听。那些编辑们都是很先进、很有学问的，工作也都十分高效，我觉得在这里学习可能跟现在的大学学习差不多，或许会更好。

　　我在练习生阶段不但没有培养计划，待遇也是很差的，每个月给我八块钱或者九块钱的工资，有六块钱需要花在吃饭上，大概三块钱可以解决其他的生活问题。两年之内，每个月拿九块钱，如果你被开除或者自己不愿意干的话，以前拿的工资统统要退还的，所以必须得搞好这两年的工作，然后才可以正式工作。在编辑部学习机动性比较大，编辑出去采访的时候我就跟去。那时候救亡运动比较多，恽逸群是救国会的，他有时候就叫我去采访，所以我对爱国运动有了更深的了解。

　　两年后，我便开始正式工作了。总编辑让我校对报纸大样，就是要保证这张报纸出来的时候很少出错误，经理部也有人专门拿着原稿念，题目错一个字扣一块钱，正文错一个字扣一毛钱。那时候，我每月工资是四十块钱，如果每天错一个题目上的字，一个月的工资就快被扣完了。做报纸大样校对工作对我是个很大的考验，要求知识必须很丰富，什么都得了解。就是在这段时间内，我熟悉了新闻业务工作的流程，还学会了很多新闻报道的写作方法与技巧。

　　那时候刚好是社会各团体发起救亡运动的高潮时期，救亡运动一波高过一波。《立报》对此的报道比较符合群众需要，销量不断上涨，超过上海所有古老的报纸，销量每月超过二十万份。报纸广告中讲到，一年只要花四块钱就可以看报纸，一块钱可以看三个月，低收入的群众也可以看得起、看得懂，所以他们很喜欢《立报》。《立报》是报业专家成舍我经过很多实践后创办的，完全为了普及知识、教育人民，给人民做启蒙工作。因为销量最大且最受群众欢迎，可以说《立报》是成舍我在上海时期办得最成功的一份报纸。《立报》的新闻时效快，新闻精炼，报价又便宜，另外它还有三个副刊，副刊比新闻更有教育作用。《立报》是比较成功的报纸。我儿子现在也是从事新闻行业的，我现在经常跟我儿子讲:"报纸应该多发一点让读者可读的东西,光是很枯燥的报道是不够的。"

难以忘却的师恩——恽逸群老师

恽逸群是我在《立报》和国新社工作的时候认识的,他是我的导师,一个永远忘不了的老师。他对我特别关照,帮助我进步,让我接受先进的思想,帮助我接受科学知识,这些对我都是终生受用的。恽逸群在《立报》工作的时候,他白天在一个通讯社里工作,到了晚上又担负着编辑国际新闻的工作,还要写关于国际新闻的社论,这样的工作负担是很重的,他写出来的文章影响很大。

我进《立报》时第一个接触的人就是恽逸群,他负责对我们的面试。他问的问题难度很大,我给了他很满意的回答。从那时候我们之间就建立了良好的印象。他是我人生的第一个导师。1941年,我们到香港,是我们最艰苦的时候,恽逸群老师安排我到《南洋商报》办事处为新加坡的报纸工作,他对我的信任让我终生难忘。在香港的时候,我和恽逸群老师是住在同一个单元房内的。他租了一间房子,一家子都住在那里。我在单人房旁的储藏室内支了一张床,就住在里边。

《南洋商报》当时的报道主要是关于中国大陆民主运动的。我当时写的关于国民党囚禁爱国将领张学良、经济学家马寅初的报道反响很大,文章不但在香港媒体登了,也在《南洋商报》上登了。文章内容材料是从内地传过来的,我加以综合编辑。当时在国民党统治下的内地,这样的新闻通讯是根本不可能登上报纸的,但在香港和新加坡就可以。我能写出这样一条大家都关心的新闻,应该说是归功于新闻自由制度。在香港,文章稿件的写作和发表都不受限制,在香港这段时期是我写作最痛快的时期。因为可以影响读者,我觉得自己做了有意义的事情。

与刘尊棋先生的交往

在我从事的所有工作中,对外勤工作的感情要更深一点。外勤的事更自主一些,需要自己采访,自己写稿,自己表达一些看法。1941年,我在香港是新加坡《南洋商报》的办事处工作人员,回到内地以后就到了《大公报》。当时,刘尊棋在美国大使馆新闻处工作,他需要一个助手,他知道我在衡阳,就写信给我,让我到重庆去。所以,我就去了重庆的美国新闻处工作。在去重庆之前,我和刘尊棋先生已经很熟了,我们都在国新社和《南洋商报》工作过,不过他是在《南洋商报》位于新加坡的编辑部里工作，我们相互了解比较多。

在美国新闻处工作时，毕竟是受美国大使馆管辖，我们拿的工资按是美元支付的，换成人民币的话就比较多，比中国其他地方的工作人员收入要高一些，那时候生活比较稳定。在工作的时候，我们更多的是和中文部主任刘尊棋联系，他是我们的领导，我们主要对他负责。实际上，他也是我的老师，是帮助我在工作、生活等各方面提高的老师。美国大使馆新闻处中文部也细分了很多小部门，最初的时候我跟他在一个办公室工作，我是他的亲密助手。和刘尊棋先生交往，我印象最深刻的是，他是一个很能干的人，思想比较开放，在新闻界是属于开放性的人物，他更倾向于支持新闻自由事业。他在国民党的中央社也干过，在中央社的时候，他按国民党的要求来发表新闻，感受到很强的拘束。在美国大使馆新闻处非常自由，他可以按照自己的思想，中国需要什么样的报道，他就选择美国刊物上的各种文章来发布。他主张新闻工作者要有自由的表达权，要有独立思考的能力，应该支持先进的，反对保守的。他这样的观念对我们有很深刻的影响。对于美国大使馆新闻处来说，他实际上是处长的顾问，是美国大使馆新闻处中文方面的主管。美国大使馆新闻处处长对中国的了解，很大一部分是受刘尊棋的影响。

翻译文稿，受益匪浅

美国大使馆新闻处是美国在中国建立的一个新闻发布机构，对中国进行宣传活动，它是美国的宣传机构，归美国大使馆管理。美国新闻处除了中文部，还有摄影部、英文新闻部、画报、电台、图书馆、对外联络机构等部门单位，还专门设有对日本宣传的日文部。对日本的宣传主要是要瓦解他们的精神，告诉他们"你们是没有前途的""你们是必然要失败的""我们很强大"，诸如此类的宣传，以此来影响敌人的斗志。

美国新闻处中文部主要负责把外电过来的新闻稿翻译成中文。那段时间，我们都特别忙，需要全力在这个部门工作。整天要看很多东西，然后选择甄别，再把这些精品翻译出来。新闻稿主要选自于美国已发表在报刊上的文章。当时，空中还是可以投递的，录像拿来以后就可以从录像上面看，然后记录、翻译。还有电报，电报的速度是很快的，每天都有电报过来。但我们翻译的主要不是电报，是文章。这些文章由中文部翻译以后就可以交给国内的中文报纸，由报社采用。当时，我们主要翻译的是通讯，还有文稿、论文、评论等这些带着新闻性的文章。中文部也设立了一个新闻部门，专门翻译电报，然后再发给报社。

我翻译新闻资料比较多，都是比较短的、系统性的新闻，然后将这些材料进行油印或者铅印，油印可以发几百份，铅印可以发几千份，全部发给报纸、刊物等文字单位。

我们翻译的内容大多是关于美国打仗的，主要内容是美国对日本的作战。我印象最深刻的文件材料是关于美国的政治人物、同罗斯福竞争总统的候选人——威尔基。他写的一本书叫《天下一家》，书里边的内容是关于世界局势的，提到美国的政治有任何变化都会影响到中美关系。这样的翻译报道对于中国人来说是十分珍贵的，大家都很关心，我们也感觉到非常有趣。如果没有美国参战的话，第二次世界大战的时间可能还会延长，牺牲的人会更多。翻译完这些稿件之后，我们都发表在中文的报纸上面。

刘尊棋先生主持的美国新闻处中文部，采取的报道方式就是翻译，给中文报纸供给材料。美国新闻处中文部其实也相当于一个通讯社。由于当时国民党和美国是平等相处的，国民党不会去干涉美国新闻处的工作，美国新闻处中文部做的翻译都是基于自己的判断与选择，相对比较自由些。但是，我们翻译的主要内容是关于美国的消息，美国新闻处翻译的这些外国消息对当时中国的作用是加强对日本作战的勇气与持久性。我原来是不会翻译的，不能算是一个很成熟的新闻工作者，正是因为在美国新闻处的翻译工作经历，我在翻译领域学到了很多技能，后来我能够翻译书了。翻译工作需要有一种坚持而且细心的精神，才能把书翻出来。如果没有在美国新闻处工作的这段经历，我翻译英文的机会和对世界的了解就会少很多，可能后面《中国日报》在创办的时候就不会找我这样的老头子去参加了。

《光明日报》起到了百家争鸣的作用

新中国成立后，中国共产党允许民主党派创办一份自己的报纸——《光明日报》，当时由胡愈之负责报社的创建和报纸的编辑工作。我和胡愈之的接触也有很多，我们都在国新社和《南洋商报》待过，他对我是比较了解的，所以他邀请我一起到《光明日报》工作。我当时还不是民盟的成员，但作为民盟的报纸也是可以吸收其他人的。实际上《光明日报》刚开办的时候也有很多共产党员参加，并不完全都是民主党派的人参加。他们在报社暂时不公开自己的党员身份，只是作为一般工作人员来工作。尽管我不是民盟的人，但我是胡愈之信得过的人。新中国成立初期，中国共产党很重视统一战线工作，要搞民主团结，党中央希望《光明日报》成为党报以外的做统一战线工作的报纸。《光明日报》创办后不久，胡乔木来做过一次报告，主要讲国家需要民主，需要有这样一份报纸，让更多的人来发表意见。他讲到建立一个新中国就需要民主党派和人民都来这份报纸上提出他们的主张和建议。毛泽东讲共产党取得胜利的原因：第一，依靠一个先进的党；第二，依靠统一战线；第三，要有人民解放军。中国共产党是依靠这三种力量才取得了革命的胜利，革命胜利以后还需要民主团结才能够建设一个新的中国。

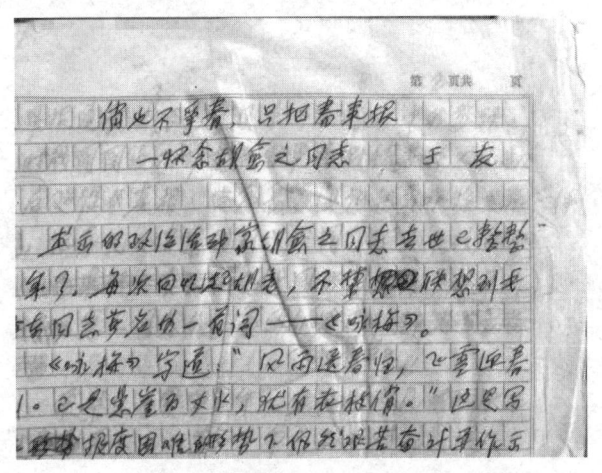

于友怀念胡愈之的文章手稿

《光明日报》是民盟的机关报，当时不但办了《光明日报》，还恢复了上海的《文汇报》和《大公报》，这样一来，除了党派报纸以外，还有一些其他报纸。《光明日报》当时主要是面向知识界的一份报纸，这是因为民盟的成员大多数都是知识分子，更多的是文化教育界的知识分子。《光明日报》初期总是宣传民主团结，让更多文化教育界的人来维护民主统一战线。《光明日报》还特别办了很多学术性的专刊，希望实现百家争鸣。比如历史学者来我们的历史专刊上发表文章，谈他们对历史的见解；文艺界有很多作家、诗人在我们的文艺刊物上发表文章，谈他们对新中国的文化建设的想法。因为当时的方针是"鸣放"，《光明日报》作为民盟的机关报，可以更好地让民盟以及其他民主党派的成员都来提建议，发表主张，更好地响应中国共产党的号召。《光明日报》是一个知识分子的园地，应该组织更多的人来写稿，而不是单纯靠记者来写，记者能够写的新闻都比较有限，很多版面都空出来让知识界的人来写稿子，报纸的园地是大家的，记者更多的职能是去联络专家，让专家们来写稿子，在这方面，《光明日报》起到了百家争鸣的作用。

"我奋斗了一辈子，没有遗憾，我尽了自己最大的努力"

——钟沛璋口述实录

【人物简介】

钟沛璋（1924～），浙江镇海（今宁波）人。1949年以前，他先后在"中央大学"和上海交通大学化学系读书，1939年加入中国共产党。1946年，在上海创办中国共产党领导下的第一个公开的中联广播电台，是在国统区创办的第一个中国共产党实际领导下公开广播的电台，还编辑出版了《学生报》《青年知识》等杂志。1949年后，他负责创办上海《青年报》并任总编辑，后任《中国青年报》副总编辑、中共中央宣传部新闻局局长等职。

钟沛璋

学生时代，积极入党

在我刚上小学的时候，老师就告诉我们日本人发动了"九一八事变"，那时的中国处于极度动乱的时代。"九一八事变"发生了，我们中国军队没放一枪一炮就把东北丢失了。我当时产生了一股很强烈的感情，就是要救亡图存，不救亡的话，就要当亡国奴了。小学毕业以后，我考上了上海的格致公学，而上海当时已经被日本人占领了。当时,我看了很多进步的书籍,包括《论持久战》和《西行漫记》,我开始了解毛泽东,知道了红军的存在。在报纸里,我看到了延安抗大招生的广告,他们把延安的抗日少年叫"红小鬼",我很想参加延安抗大,但是没法去。

抗战爆发之后,我在学长吴学谦的介绍下加入了上海抗日学生救亡协会,从事抗日宣传工作。我们上小学的时候就知道要救亡了,所以参加这个活动的人还是有一些的,只不过我表现比较突出一点。14岁参加救亡运动,15岁入党,那时我上初二。上初中的时候,我读过《中国解放运动史》和《抗日民族统一战线教程》等书,我觉得在当时的情况下,中国革命必须有正确的领导者,那就是中国共产党。我把这些都写进了我的入党申请书里面了,后来,很顺利地就加入了中国共产党。

为革命,干宣传

1946年,我考入交大念书,我弟弟当时是在圣约翰大学读书,他和一些同学喜欢搞无线电,后来他们在家里做电台,竟然可以发射出去信号,组织上觉得这个电台是可以利用的。抗战胜利后,学生运动刚发展起来。我们就利用这个电台宣传一些进步的内容,报道一些学生活动。党组织也派了一些党员来参加,派来的广播员也都是党员。其中一个广播员是大学生,另一个就是后来成为我妻子的陈敏,当时她还是初中生。因为抗战胜利之后上海办起了很多商业电台,我们就利用这个机会,以国民党上海文化委员会的名义办了中联广播电台。这是我们第一个由党领导的公开的广播电台,只是时间比较短。当时,国民党还派特务来查我们的情况,派特务监视我们,经常在我们楼里窜来窜去。

办这个电台的同时,我就在上海办起了《学生报》。《学生报》没有什么刊号,是半公开发行的,第一次发行的报头就是我手写的。但是组织上后来决定让我办《青年知识》杂志,这份杂志是抗战期间在重庆以进步教授名义申请创办的。抗战胜利之后就把这个刊号转移到上海来了,可以放在报摊上卖。党组织把刊号接过来,让我任主编,来负责这个杂志。《青年知识》的主要内容是宣传学生运动,也讲一些国际国内的形势,是综合性的刊物,但主要还是讲学生运动。当时解放战争正在进行,《青年知识》的影响和发行量越来越大,国民党查封了上海所有的进步报刊。我们主要通过报摊、书报社推销和发行,先把刊物发给他们,到时候再一起结账算钱。有一次,我弟弟去收款的时候,报摊的老板就说："你等一等，我去打个电话。"我弟弟一看形势不对就走了。但这个老板已经看到了他的自行车号码，就抄了下来，通过警察局查到了我家的地址，后来特务就到我家来盘查了。

我当时已经无法回家，被迫离开上海，去了杭州。我在杭州主要是领导杭州以及金华地区的大学生进行学生运动，并作为工作委员会的副书记抓宣传。在杭州正好看到国民党办的《东南日报》招聘记者和资料室的工作人员，为了取得合法的社会身份，我就应聘到《东南日报》资料室工作。资料室的主任也是地下党出身，我们一起办了一份副刊叫《一周间》，专门评论一周大事，我负责其中的军事评论部分。《东南日报》有一个广播收音室，有比较好的收音机，当时在这个收音室搞收音的是金庸。后来金庸有事离开了《东南日报》，我就跟《东南日报》总编辑提出自己要来接替这个工作。这样我就能收听广播，包括延安新华社的广播。收听到的内容不能说是来自延安的广播，不能这样写，我就写是伦敦广播的。我把这些情况通过外国电讯跟国民党中央通讯社的电讯拼凑在一起发出来，向国人透露战局真相。当时的标题还是站在国民党立场上的，因为报纸还是国民党的报纸，所以文章题目叫"挥泪别东北"，其实真实的情况是东北已经解放了，国民党也逃跑了。

新中国解放前夕，我以结婚为由离开了《东南日报》，回到上海，组织迎接解放的宣传工作。我们成立了上海人民宣传队，宣传队有一部分人编写宣传材料，一部分人写标语。标语是先用美术字写出来，然后用石印印出来的。还配有毛主席、朱总司令的画像，目的是为了让人民知道共产党来了，知道共产党领袖长什么样。新中国成立之后，我又开始筹备上海《青年报》，这是新中国出版的第一份青年报，发行量很大，十分受青年们欢迎。那时自己要搞两方面的工作，一方面是宣传，另一方面是青年工作。当时我写了一篇文章叫《青年们，社会主义就在你们身边》，这篇文章被《人民日报》转发了，胡耀邦同志（时任团中央书记）看到后，觉得很好，就指名要我到北京《中国青年报》报社当副总编。

辗转新闻路，敢说真话

到《中国青年报》报社之后，我负责管理理论、文教、副刊等版面。当时我们觉得对社会的不良现象应该批评，所以舆论监督是从批评社会的不良现象开始的。我们当时还创办了《辣椒》副刊，这个"辣椒"虽然"辣"，但对身体还是有利的，主要是揭露一些社会上的不良现象，都是善意的批评。当时我们把批评对象都指向资产阶级，主要批评资产阶级的不良作风。虽然是副刊，但像这种批评性、讽刺性的副刊，在大报纸上是看不到的，所以是我们首创了这个东西，很受欢迎，社会反响比较好。

在"反右派"斗争中，我们的社长、总编辑张黎群说，"报纸不能成为传声筒、布告板"，因此被批判为资本主义思想，组织要他写检讨，他也写不出来。领导就对我说："你帮他写写嘛。"我就写了一个东西——《批判我的资本主义新闻观》，并以他的名义在《人民日报》上刊登，他也就过关了。

我从来没发表过反党言论，"反右"的时候，根据党的指示我还在主持"反右"宣传。当时我到北大去看大字报，看到各种各样的批评，铺天盖地都在揭露矛盾问题，我觉得这是一种无政府状态的批评。后来报社里讨论谁应该被划成"右派"，二百几十票对三票反对把我划成"右派"，但是报社还是给了我一个留党察看的处分，这是在1957年之前的事。"反右"本来是在"大鸣大放"期间，我还在领导"反右"宣传，后来被补划成了"右派"，开除党籍，下放到了农村。当时我被下放到山东，跟农民同吃、同住、同劳动，直到1961年才"摘帽"回到中青社，由副总编变成了一个普通编辑，开始编辑《中国青年报》的副刊——《青年知识》。但这份知识性刊物中的一些文章在"文革"中又被批判为"大毒草"，我因此再次被下放到农村。

粉碎"四人帮"之后，《中国青年报》首先要为"四五"平反，纪念周总理。这个革命运动（即"四五运动"）曾经被"四人帮"称为反革命事件。后来，《人民日报》也以本报评论员名义发表了一篇文章，影响比较大。在粉碎"四人帮"之后，胡耀邦平反冤假错案，我的"右派"身份被纠正了，得到了平反，回到了《中国青年报》报社。但是经过"文革"后，有些青年产生了信仰危机。在这种情况下，一些不良风气都起来了。思想慢慢地变化是在讨论党的若干历史决议的时候，在几次理论工作座谈会上，大家谈意见，讨论真理标准，慢慢地思想就清醒起来了。

当时商业部的一名部长去一家饭店吃饭，付的钱连一碗汤钱都不够。一个叫陈爱武的青年厨师，对这个现象很不满，向中纪委反映：部长经常在那家餐厅吃客饭，共花了124.92元，但是他只付了19.52元。中纪委核实了情况后，就批评商业部长吃饭占便宜，认为这个风气不好。我们得知消息后就派记者专门采访报道这个事情，引起了很大的震动。党内有些人就反对我们的做法："你们怎么可以批评部长呢？"我当时在《人民日报》写了一篇大文章——《开一代民主新风——评厨师批评部长》，提出这是我们党内的一种新风气，我们不是要把部长批倒、打倒，我们是在挽救他。他检讨了，付了钱了，威信就更高了，党的威信也会提高，群众关系也会变好，这不是很好吗？这件事让大家相信共产党是动真格的，重新回到对中国共产党的信任上来，这篇文章对于唤醒青年的积极性有很大好处。

"国际形势是复杂、多面的,需要调查和观察才能探明真相"

——王殊口述实录

【人物简介】

王殊(1924~2020),江苏常熟人。复旦大学肄业后,奔赴延安,参加革命。1948年出任新华社第三野战军总分社记者,参加过淮海战役、渡江战役和解放上海等重要战役的报道和采访。1949年加入中国共产党,1951年赴朝采访抗美援朝战争,任新华社驻志愿军总分社记者,参与板门店朝鲜停战协定的报道。20世纪50~60年代,新华社建立驻外记者站后,王殊先后担任驻巴基斯坦、几内亚、马里、加纳、古巴、刚果、联邦德国分社记者,是新中国第一代驻外记者。1972年因其出色的采访和报道,被毛泽东和周恩来等国家领导人信赖,委以重任,投身外交工作,历任联邦德国、奥地利大使馆参赞、大使,外交部副部长、中国驻联合国等国际组织代表等职。王殊先后在80多个国家和地区工作过,为新中国外交工作和新华社的驻外分社建立做出了重要贡献。

王殊

从文艺青年到新闻记者

时光飞逝，不知不觉我已进入耄耋之年。不少朋友说我的一生是幸运的。1946年我从上海到苏北解放区参加工作，到1998年退休，一共工作了52年。我当了24年记者，主要是驻外记者。1972年我被调到外交部工作，一干又将近30年。

我当记者是非常偶然的。我曾是上海复旦大学英文系的一名学生，在大学期间，我对文艺产生了兴趣，经常给报刊投稿。那时候，我梦想成为一名作家，但天意弄人，我没当成，我的同学却当成了。那时候我读的是英语系，我们的系主任顾仲彝是知名的剧作家和导演。他经常催我们去看话剧、看电影，组织同学排演话剧，在潜移默化之中，我对文艺产生了浓厚兴趣。早年的文艺爱好对我后来的职业生涯产生了很大帮助，我虽然没当过作家，但我知道怎样讲述内容，别人可以接受，乐意阅读。我给中央写过报告，毛主席和周总理看了都觉得不错，这些得益于我对文学的熟悉和喜爱。早年我喜欢文学，并没想到日后会当记者。

1946年我在地下党的帮助下去苏北解放区工作。原本我对电影、话剧等文艺工作就很感兴趣。但组织上还是把我调到军队卫生部门去教书，主讲英文。后来，新华社成立，我被推荐去新华社当了一名战地记者，从此开始了我的新闻记者生涯。当时的新华社在军队叫前线报社。该社当时因战争需要和军队扩大，急需发新闻稿，新华社就这样成立起来了。新华社成立后在各地设有几处分社，但人手不够，所以又调了一批知识分子到新华社来工作。

到新华社的第一个月，我主要学习怎么进行战地采访。当时，胡乔木、陆定一亲自给我们上课，并告诫我们要当好军事记者，最重要的就是要跟战士们在一起，这些教诲，让我对新闻采访有了最初的感性认识。从此，我在新华社一干就是20多年。抗美援朝战争爆发后，我接到采访任务，赴朝鲜采访。可能是因为我的英文较好，新华社成立国际部后，我又被调到该部负责国外分社的采访工作。1953年，我到国际部报到，因为我没有国外生活经历，所以组织上派我到南非，先熟悉国外的生活再去采访。此后，我跟着一个南非人去了中东、叙利亚、黎巴嫩、沙特阿拉伯、印度、巴基斯坦。在巴基斯坦我待了三年，后来又被组织调到非洲，在那里一干又是三年多。那时中非还没建交，所以新华社记者的任务除了采访新闻，另外一个就是了解中国和非洲各国建交的困难，为国家外交决策提供参考，虽然我本职是记者，但早已成了兼职外交官。

从非洲到欧洲——我的新闻与外交生涯散忆

我在非洲采访期间，对当地的风土人情和政治状况报道较多，这也加深了国内对非洲的了解。我去非洲，还有一个任务就是了解当地国家同中国建交的困难之处。原本，中国估计和非洲各国建交可能会慢一些，但结果却相反，几年工夫，我们就基本上解决了建交的问题。中国在非洲的使馆建立后，1962年我又被调到拉丁美洲。那时，我已从一个记者变成了外交官，主要工作也从采访转变为专门搞中国与拉丁美洲各国建交的工作。

那时候，非洲的传媒不发达，没有通讯社，没有电视，很多国家连份报纸都没有。少数几个报纸一般一礼拜出一次或三天出一次。出去采访尤其是到非洲采访，非常困难。写稿子打字都是用打字机，那东西特别重。我在非洲采访，总是携带两样东西，一个是打字机，另一个是收音机，随时听新闻。当时非洲好多国家都没有报纸，我就通过听新闻来获取信息。

1960年春节，我是在非洲的几内亚度过的。我参与了中国与几内亚建交以及中马（马里）建交工作，与这两个国家谈得还算相对顺利，只谈了半个小时就达成了意向性成果。当时在马里和几内亚，我分别去拜会他们的总统。在马里，我去的消息被曝光了，那个时候两国还没建交。当时一些殖民国家竭力阻挠几内亚同我国建交。我去了（几内亚）后，了解当地缺少大米，我们就送给他们一千石大米，并负责送到他们的港口。当时是由我国驻摩洛哥大使去完成的这个任务。这样的示好，为中几顺利建交营造了良好的氛围。

后来，我跟几内亚的总统见面，他说建交没问题。紧接着，双方就商量两国公布联合公报的事情。正在这时，可能是他们的一个部长或者秘书之类的官员，走进了会议室，跟总统出去耳语了几句，等总统回来后，建交的承诺就变卦了，说这事以后再说。后来才知道可能是美国施加压力了。这个总统对美国抱有幻想，当时正忙着准备访美的事情，建交的事情就此拖延了下来。后来，这个总统访问美国，美国什么都没给他。美国人嘴巴很甜，但到了实际的时候，靠不住，这让这位总统非常恼火。后来他让几内亚的教育部长参加我们国庆，主动和我们联系建交事宜，中几就此建交。两国建交后，非洲的很多国家都希望得到中国的帮助，并愿意和我们建交，我又参与了其中的工作。这些国家很多使用法语，我虽然不是很精通，但是利用学英语的功底，简单交流基本都能懂。

过去在非洲采访非常辛苦。由于人手不多，采访和建社工作很多时候都是由我一个人完成的。那时候条件有限，不像现在，可以随时发邮件。那时候如果想发邮件，要先把它写好，新华社海外稿件一般都先发到巴黎或伦敦的新华社分社，然后再转到北京来，非常困难和麻烦。有的记者，因为嫌工作条件艰苦，做事马马虎虎，因此采访不到位的情况也很多。

20世纪60~70年代国外的政治形势和斗争很复杂，各种反华势力的活动很频繁。我们在国外的生活十分谨慎。当我去一个国家的时候，特别是我一个人的时候，外国的间谍机构都非常注意。他们还通过各种手段监控新华社和我驻外使馆的动向。记得我们新华社有一个驻外分社，从一层、二层，到地下室，曾挖出11个窃听器。驻外大使馆也查出来有窃听器。这些窃听器有的非常先进，能把窃听到的对话直接发到间谍机构那里去。

当时我在国外，要时刻提防窃听器。有一次，我一个人包车，发现车上有窃听器，我没拆，但是我注意提防。虽然明确知道有窃听器，但是不能拆除，只能自己多加注意。我在加纳工作期间，那里的电话听筒里都有窃听器。有的时候还故意说一点话让他们听听。现在很多间谍机构，不仅仅防使馆，也防新华社，他们还千方百计地用金钱和女色刺探情报。

在国外生活的记者和外交人员一定要洁身自好，各方面都要非常严谨，生活上要非常注意。当后来我去泰国，也有人写策反信给我们。在英国，我住所的电话听筒都有窃听器，所以跟别人谈话的时候，我就把电话机都盖好了，防止窃听，但墙里面的窃听器就没办法拆了。打电话的时候只有压低声音小声说了。在国外，我被视为间谍，英国和法国的间谍名单上都有我的名字，称我为中国间谍或派出的中国间谍。所以在生活上，驻外记者要格外严谨和小心。很多外国间谍机关都用美人计来达到获取情报的目的。他们也不是一下子给你切了（笔者注：收拾你），他要先疏导疏导你，如果你不就范，等差不多的时候就给你切了。以前，苏联在德国大使馆有个秘书去出差，上厕所的时候，一开门，看到一个脱光衣服的女人。他起初不知道，以为自己走到女厕来了，赶紧推门出去。结果间谍拍了照片，第二天他们就拿着照片来跟秘书说要曝光给他所在的使馆。这个秘书马上向大使报告，大使知道事情原委后，并没有追究这位秘书的责任，间谍要挟的目的没有达到。

我们原本驻西德的一个记者，现在去世了。有一次，他要到西柏林去采访，路过夜总会，他很好奇，想进去看看夜总会是什么样子。当时德国规定夜总会进去前五分钟不要钱，他就想看五分钟不收费就出来。结果他出来的时候，被特务抓拍到了照片。特务拿着照片要挟要报告给周总理，说他去夜总会。这张照片后来真的寄到周总理那里，周总理经过调查后知道事情原委并没有追究这位记者的责任。在国外，我们在生活上都是非常注意的，出去吃饭坚决不能喝醉。过去你要被派出国的时候，派出前还要在国内进行系统学习，内容各式各样、十分丰富，包括待人接物、风土人情、习俗礼仪等都要学习，然后才能出国。现在没有了，人多了没有时间培训了，这也没办法。

王殊（右一）在非洲

开汽车的时候，宁可慢一点开，也不要急。我们出去参加外交上的宴会、招待会，宁可早一点出门，提前到达地点，把车子停好，在外面等一会儿，熟悉下环境后再进去。在国外开车，不能仓促，如果出事故，撞了人，回来就麻烦了，这一点要高度警惕。但是有的时候，不小心出事了，也不要过于紧张。

外国间谍机构还喜欢使用离间计，故意制造些麻烦，然后给你捅到北京去，有的写信威胁，有的甚至把照片寄给周总理。在非洲的时候，我跟一个摄影记者经过苏丹去坦桑尼亚。中间停车休息，到旅馆里面吃饭，吃完饭后，回房间洗澡准备休息，忽然同行的摄影记者听到有人敲门，刚一开门，两个女士就进来了。他马上意识到她们是想来策反我们的，马上把她俩赶出门外，用沙发把门顶住，还好没出事。现在这种情况还是会出现，但不会太多了。所以作为驻外记者还是要非常注意的，时常会有一些意外情况出现。周总理总是提醒我们出国要注意细节，他人非常好，对青年新闻工作者是非常爱护的，好多事情他都明白，他在国外也待过很长时间，知道其中的难处。

现在的外交工作比那个时候条件好多了。那时我们在西德，我当时工资是200元一个月，吃饭不花钱，卫生纸也不用花钱买。当时拿200元人民币，比国内工资高点，洗衣服、理发也都是公家报销。我们使馆的一等秘书，一年200元没花，买了一台18英寸的彩色电视机，这在当时还是很奢侈的商品。

追忆毛主席和周总理

我有幸两次见到毛主席，一次是1972年7月24日，一次是1975年10月30日，第二次离他逝世只有十个多月的时间。两次见他都是聆听他讲世界大势，三十多年过去了，回忆起来至今难忘。

1972年我根据在德国的采访经历撰写了一系列报告，分析当时中苏关系和中欧关系，得出两点结论：一是苏联坚持对美战略，不会因"珍宝岛事件"而进攻中国；二是联邦德国由于内政变化，可以适时与之建交。这些报告两次受到外交部的表扬，我感到我的报告可能被毛主席和周总理看到了。

1972年7月21日我回到北京，24日就接到通知到中南海见毛主席。第一次被毛主席接见的时候我特别激动。当时见面的地点是在主席的书房，书房中间有一圈接待客人的藤椅和茶几，毛主席穿着一身白色绸子衣裤，看起来比过去苍老了。周总理向毛主席介绍我时说："这位是在上海复旦大学毕业，学的英文，长期在国外当记者。"毛主席笑着说："我也当过记者，我们是同行。"他抽烟的时候问我："给你抽根烟吧？"我就把烟放在旁边，说待会儿抽，其实是想过后拿回去做个纪念。但没想到，这支烟被乔冠华给抽掉了。

记得毛主席接见我的时候谈了三个小时，基本上是在听他说。他的湖南方言跟我的江苏话差别很大，我听不太懂他讲的内容，但他能听懂我说的。他从德国威廉皇帝讲到希特勒，对德国的近代历史如数家珍。大意是讲德国处在欧洲中部，到东西两大阵营的夹缝中生存，我们应积极与西德开展建交工作。那个时候毛主席谈得多了，总理就会关心地说："您休息吧，我们再继续谈。"我回新华社报告的时候，同事都已经知道毛主席见了我。毕竟我是新华社的人，后来我又将情况报告了一下。本来我还可以多干十多年记者，但是因为这次会见，改变了我的命运，我从记者转行当了外交官。

第二次见到毛主席是在陪同西德总理施密特访华期间。毛主席对德国形势的分析，让施密特很佩服。这是我最后一次见毛主席，十个多月后他就去世了，我为能在主席生命中最后的四年时间里两次聆听他对时局的看法，深感荣幸。

周总理给我的印象是一个非常实干的外交家，他优良的工作作风和周密的考虑与安排至今令我难忘。1961年我还在新华社做记者的时候，我去刚果的斯坦利威尔采访。当时刚果总统卢蒙巴在军事政变中被杀害，副总统基赞加代理总统职务。新华社派我去那里了解代理总统的对华态度。在采访中我感觉基赞加缺少同政变军方长期斗争的思想准备，而是准备等反政府军队提出和解条件后再讨价还价,争取对自己有利的条件。了解这一情况后,我奉命回国向总理汇报。见到总理后,他对我们下一步的工作进行了布置。他事无巨细地交代再去刚果时,生活和工作上要注意的问题。他告诫说,刚果的局势很复杂,很混乱,各种力量都在插手,今后还会有很大的变化。你们去时要结交朋友,现在基赞加政府处境困难、地位不稳,你们要多介绍中国的经验、教训,希望他们走群众路线。他甚至说这次去那边要做好当俘虏的准备,并详细询问了我们各方面的准备,包括食品药品和现金的储备情况。随后,我就起身去刚果了。

再后来见总理是1972年7月的事情了。那时候我回国汇报西德的情况,周总理急着见我,要了解德国的情况。他很认同我对德国情况的分析,催我快快回去,去跟德国人说中国可以谈判建交。1972年,周总理就让我参与中德建交谈判。当我知道让我做建交谈判代表的时候,感到非常意外。中德建交后,承蒙总理的厚爱,我又被调到外交部在驻德和驻奥使馆工作。

王殊(左二)与德方代表史塔登在草签建交公报后握手

周总理离开我们已经四十多年了,但是他对工作认真负责的态度,以及同我们深入分析形势、仔细交代工作的身影一直留在我的记忆中。

我从事记者和外交官的一点心得

1. 学好语言,培养广泛的兴趣爱好

我是搞英国文学出身的,所以我非常愿意当记者。后来,国家把我调到外交部去工作的时候，我还是愿意以记者的身份去做外交。驻外记者相对自由，可以到好多地方去采访。我去过80多个国家，不当记者就没这样的机会。使馆的外交官只能在一国活动，到别的国家当大使，离开该国的时候都得向国家报告，不能随便乱跑。那个时候，国际问题很多，新华社记者比较少，一个记者可以去好几个国家。今天调到这个国家采访，明天又调到那个国家去采访，所以我有机会游历各国。

我感觉无论是当外交官还是当记者，语言能力是很重要的。如果你中文不好，外文也学不好。所以国际记者既要中文好，也要外文好。不但要掌握一门外语，有时候还要掌握多门外语。比如，我在巴基斯坦的时候使用英文，到了非洲，绝大部分国家都使用法文。幸亏我在上学的时候学了两年法文，有点基础，就这样一边学一边干，采访的时候始终也没找翻译。后来，我又到了拉丁美洲，那里使用西班牙语，因为英法语言和西班牙语基本上都是拉丁语系，所以触类旁通，我比较容易就学会了。后来我又被派到德国，那里使用德文。当时德国老百姓不爱学外文，所以英文和法文他们不讲，为了工作，我又不得不学习德文。所以说，当时记者还必须是个语言家，不懂当地文字和语言就寸步难行。

现在情况已经大不一样了，一般一个记者都是负责一个地区，懂当地的语言文字，与当地人交流是基本技能。现在强调采访中要自己直接与对方对话，即使有同步翻译也不要完全依赖。采访时，同步翻译有时无法翻译敏感词句，如果是直接对话，在你用外文讲话的时候，就可以通过观察、感觉对方话语中的弦外之音。要知道，有时候外交语言是很隐晦的，有些话对方不会明白地告诉你，但是如果你听懂了他的意思，他的主要想法你就明白了。有的时候对方出于某些原因不可能一五一十地告诉你事件原委，这时就需要你去体会他的意思。所以，现在出去采访，都提倡记者直接用外文对话，不用翻译是最好的办法。

当记者非常辛苦。在大使馆有一大堆人马，凡事不必事必躬亲，而做记者却只有一个人，任何事都要亲力亲为。过去我总是一个人开着汽车，独自去采访。当时传输技术不发达，传稿子只能通过电报。稿子打好后，我先要送到电报局，然后由电报局一个字一个字的算价格，付款后才能发送出去。有时候，一些地方不发中文电报，就必须用外文。所以，在国外采访必须要有过硬的外文功底，这对记者来说是非常重要的。

除此之外，记者还要广泛地阅读。我一般除了看外国的书籍外，中国的主要是读古典文学，以诗词为主。德国的哲学、英国的文学我也很喜欢。在上大学时，我对哲学和文学很感兴趣，都是在复旦自学的。读书需要兴趣，如果没兴趣就没有意思。我最喜欢的是诗词，也喜欢古典名著，很小的时候就把有名的古典小说都看完了。

现在的年轻人好多都不看古典小说了。记得我们德国使馆有个翻译，德国人找他谈《三国志》、谈《水浒传》、谈《三国演义》，他都没看过，也就啥都说不上来，这是非常可惜的。德国汉学家水平很高，他们很多人都看过《水浒传》《红楼梦》《三国演义》，反观我们自己却对古典文化失去了兴趣。德国人跟我们谈孔子，我们很多同志连《论语》都没读过，所以我觉得现在我们要看的东西太多了。现在的小说我一般不看，现在电视连续剧，我也很少看。我不喜欢编造的东西，觉得都是胡说八道，跟中国历史完全是两码事。1930年代，我参加革命的时候，那时候的文坛巨匠巴金、茅盾、鲁迅的作品我很喜欢看，但现在年龄大了，看不动了。

2. 多交朋友、广结善缘

现在驻外记者很多，出去的机会不像过去那么多了。新华社驻外记者不但能去好多地方，了解这些国家的情况，还可以接触各种各样的人。在我的采访生涯中，上至总统、总理，下至普通百姓，我都采访过，所以我觉得做记者非常好，能接触很多人。

新华社那时有个规定，所有记者三分之二的时间是在外面采访，三分之一的时间在家里抄报纸或者抄广播，还好那时候没电视，这样记者又有更多出去采访的机会。交朋友是一种人际艺术，记者跟外交官不一样，首先记者应该将身段放低，记者不是官，不应该有什么架子，没有架子人家才欢迎你。此外还要找了解当地情况的本地记者，与其他国家驻当地的记者交朋友，这些都是最起码的常识。有的记者打官腔，这是最讨厌的。你跟什么人就说什么人的话，要真诚相待。

记者一定要跟人家互相了解才能掌握情况，而了解则需要多接触。我跟一般人接触的时候，可能会邀请对方一起去吃个饭，或者他请我吃饭，或者我请他吃饭，接触多了，人家就把你作为好朋友。这个道理在国内采访也同样适用。国内采访，你也要把人家作为你的好朋友才行。

此外采访和外交工作若想顺利开展，还要熟悉当地的官员。尽可能地去拜访所在国的总理、总统、外交部长、财政部长等主要领导人。此外该国的专家、学者也非常重要，如研究科技的、贸易的专家，大学校长，教授等。那时候，我去采访没什么时间概念，经常出去跟人家吃吃饭、聊聊天，他请我，我请他，一起吃饭聊天。在聊天的过程中，慢慢地了解其中的问题，就有了自己的看法。

我在德国的时候，广泛接触了德国社会各界，对于1970年代德国对中国的看法有了比较全面的把握。当时我国跟苏联因为"珍宝岛事件"闹翻，在国际上十分孤立，国内希望多建交几个国家，打破这种状态。当时中苏关系非常紧张，那时候有人说苏联打不过中国，事实上是苏联不敢打中国，所以我一到德国就非常清楚地向德国各界表达这样的观点，让他们解除跟中国建交的顾虑。当时我们在国外很紧张，加上国内政治环境也非常复杂，很难会有人相信西欧各国会有与中国建交的意愿。但是，实际上当时东德、西德没人相信苏联会打中国，他们觉得连美国都放弃了打中国，而美国则非常希望苏联打中国，从而坐收渔翁之利。从这个情况看，国际形势是复杂的、多面的，需要一个优秀记者从中调查和观察才能探明真相。对于这种时局的把握，是需要与所在国的各界广泛接触才能分析看清的。

新闻记者到当地采访，还要注意多跟新闻同行接触，利用当地的新闻机构打开局面。我在陌生地方采访的时候，有的时候就我一个人，我就去找当地记者了解情况，外国记者也都找我，我们互相了解情况。此外，所在国的新闻处、新闻局、新闻官也是很不错的选择。只要在他那里挂个号，他有什么招待会我就能去了。从罗马尼亚到尼泊尔的新闻机关，我都很熟。跟新闻同行熟悉了，有什么招待会、宴会，也就都请我去了，这样到陌生地方采访的局面就打开了。

3. 要研究问题，勿写官样文章

早年出去的记者大多数都没有受过系统的新闻学教育，所以工作全靠自学和悟性，要靠自己。即使是当时在新华社工作的记者，受过大学教育的也很少，一般都是初中、高中毕业。很多时候，工作要靠自己去学习，记者如果不努力，马马虎虎混过去也就混过去了，但是你要努力做好，这样的工作才有意义。

那个时候中国和很多国家都没建交，因此记者的工作就变得很重要。外交工作跟新闻工作虽然不完全一样，但马虎肯定都做不好。外交做不好，记者也当不好。所以，记者到一个国家就一定要研究这个国家的外交和政治。周总理曾规定，到一个国家要先翻书，这些书好多都是内部刊物，详细地介绍了所在国的政治体系、经济和教育系统。作为外交官，每个使馆都要写一份内部刊物，其内容很多都是从当地报纸上摘录下来的。

我们曾吃过没文化的亏，记得那时奥地利有个核电站，但是发不了电，奥地利政府非常希望把核废料搬到国外。此时有几个华侨，到北京来游说希望把核废料弄到中国来，一年给多少钱。这些核废料当时并非是废物，它里面可以提炼铀和钚，用来制造原子弹，对方也允许提炼，那个时候我们的兴趣很大。但是当时我们技术落后，没有技术条件处理核废料。那时候我们没知识，所以在这个事上就吃亏了。

王殊（前排左四）陪同德国前总理施密特（前排左二）游览长城

当时新华社记者的报道分两部分：一部分叫公开报道，就是可以发新闻；一部分是内部参考，简称"内参"。新华社有好几种内参。有的内参是一本一本的，有的一天能出好几本。那时，有的内参是手写的，是给政治局常委过目的。所以记者的工作，一方面是报道，另一方面是研究问题。写内参的时候，你要去了解采访国总统或总理的心思，不明白的内容，翻译不通的地方就通过估计和揣测了解大意。有的问题不是表面能看清楚的，对于潜在的问题，一时看不清也没有关系，只要肯下工夫研究，就肯定能分析明白。所以，记者采访脚踏实地非常重要，这种态度是和在使馆当外交官是没有差异的。

现在的记者是很幸运的，有很多选题可以报道，或者找几个自己感兴趣的主要问题去解决和研究。记者一定是走在民众前面的，因为他可以通过采访和研究接触很多人和问题。所以，当记者是个很好的职业。要把中文学好，没有中文基础是当不了好记者的。有的记者，写报告总是老一套，这样的报告是没人看的。

现在老一套的文字，我都不看。那时，我们写稿子是比较讲究技巧的，而现在你拿几个稿子来念，念来念去都是老一套，根本没新意。绝大多数的稿子，掐头去尾，只看中间就可以了。写稿子要避免大话、空话和套话。毛主席和周总理之所以选中我去做外交工作，主要是看过我写的东西，觉得我写的还不错，因为不是老一套。我过去搞文学，文学讲求写作的技法，所以我写新闻不愿意墨守成规。李先念帮周总理管外交的时候，有一次他去农村视察，跟我说，他看报告都是掐头去尾看中间。过去的时候，程式化写作还没现在这么厉害。现在很多的文章充斥着官话、套话，让人读后如鲠在喉，这些官样文章的信息量就会大打折扣。

闲居野谈观世界

退休以后，由于年纪太大了，已经很少出国。几年以前，我最后一次去了奥地利和德国。当时正值中国与奥地利建交整年纪念，当地的朋友邀请我参加一些活动，因为奥地利和德国很近，于是又去德国玩了一趟。我在德国也有朋友，但是都跟我一样，年纪太大了。有的不在世了，有的知道我来，自己行动不便就叫儿子来看我。好多朋友因为时间久远，现在联系不上了。除了德国和奥地利使馆现在还有联系，其他的我都没有联系了。现在外交招待会我都不参加，因为身体吃不消。年轻的时候我是非常积极地参加各种宴会的，主要是为了打开局面，如果你不去，人家以后就不会再请你了。

好多记者我现在都不太熟了，连名字都叫不出来。大使实际上也是和记者一样。本来我是非常想当记者的，不想去当大使。现在我仍然是当记者的意愿大于当大使的意愿。因为当记者可以去好多地方，但是当大使你却走不了。而且记者也并非总是采访，也可以写"内参"，新华社和《人民日报》都有"内参"，很高级的内参是领导人能够看到的。

我游历的时候首先到穷的地方去。现在好多人退休后，老待在北京，我是不愿意这样的。我去过西部几次，西部地区是困难地区，觉得那里有很多问题可以研究。我觉得年轻人应该干一点研究问题的工作。

那时候新华社派我到非洲去，我觉得非常光荣。现在新华社派驻外记者，谁都不愿意去非洲。外交部好一些，现在派遣外交官的时候，我国跟外国一样，外交官首先要被派往非洲等欠发达国家锻炼，在那里待一段时间后，再被派往发达国家。不然大家都想去发达国家，对那些在艰苦地区工作的同志不公平。

现在中国的媒体想去采访在非洲的企业，这些企业只信任新华社的记者。现在有些西方媒体对中国的印象不太好，这值得我们注意一下，但是也没必要刻意去改变。有人是不乐意看到中国发展的，但是我相信还是对中国友好的人更多一些。当然我们从事新闻宣传也是要做点工作的，但这不是一个人两个人就做得下来的。实际上，新华社对在国外广交朋友，是非常重视的。当记者的不能怕麻烦，不必总是一天到晚谈心事，也可以闲下来谈天说地，喝杯咖啡闲聊一下。所以当记者要广交朋友，这一点新华社、《人民日报》和《光明日报》的记者做得都不错。

不做记者后，大部分时间都投入中国的外交工作中。现在退休了，大家希望了解一些以前的情况，我反倒可以多写一点回忆录。工作还是要做自己有兴趣的工作，研究问题是最重要的，最起码要对得起记者这个称呼。

"把观众都放在心里了,观众也就记得你"

——沈力口述实录

【人物简介】

沈力(1933~2020),原名沈立环,祖籍江苏,在山东长大。16岁时沈力进入部队文工团唱歌,随团辗转各地为战士演出。后师从我国播音界著名导师齐越,齐越为她改名沈力。沈力在中国广播电视新闻史上占有两个第一:25岁时成为中国第一位电视播音员;50岁时成为中国第一位电视主持人,也被称为"电视播音主持的'第一滴水'"。她以主持生活类电视栏目《为您服务》而深入人心,仅1983年6月,《为您服务》栏目组就收到观众信件7248封,而其中有3300多封是寄给沈力的。沈力伴随着中国电视的发展、进步,一步一个脚印地走向广大观众的心田。

沈力

响应党的号召,毅然南下参军

1949年初,北平刚刚解放,长江以南的城市大都还没有解放。所以那时候党中央提出的口号是:"打过长江去,解放全中国。"因为一个个城市被解放,后续的工作人员却很少,所以党中央号召北平的学生踊跃参军,去补充后备力量。当时有一股参军热，我和同学一块儿就去参军了。我们参加了南下工作团，跟随大部队一路南下，我就这样开始了部队生涯。我参军的时候家里人不知道，待到知道的时候我已经参军了，家人也就没有什么办法了。

　　当时在部队生活，最开始的时候非常艰苦。我们南下的目的地是桂林。刚出发的时候，一路坐的是闷罐车，就是大家见过的装货的货车，是没有窗户，完全封闭的那种。当时我们第一站就到了河南信阳的鸡公山，因为前面没有路了，我们就在山上休整。因为参军以后我被分配到部队的文工团，所以我们就在鸡公山上排练节目，准备着为部队战士们表演，进行阶级革命教育演出等。鸡公山的风景很美，这里也是避暑胜地。但是由于当时处于战乱，土匪很多，我们上去的时候没有粮食吃，所以我们三天两头要下山背粮食和菜上去，才有吃的。那时候条件太苦了，因为从小没有干过体力劳动，往上爬山还要负重，确实非常苦，有时候忍不住掉眼泪，也会想家。但是我觉得这个艰苦的环境对我们是非常有益的。后来，过了鸡公山之后，我们继续行军，最快的时候一天会走八九十里地。每走到一个地方，打前站的同志们会去号房子、准备热水。那时候老百姓害怕战乱，很多房子都空了，空房子里面铺着稻草，晚上我们就在稻草上睡。脚起水泡了，就用一根头发勒破，将积水放出去让它再长。就是这样，每天不断地行军，不断地走，不断地演出。行军路上也十分艰苦，有时候没办法洗澡、洗头，女同志的头上就会长虮子，身上会长虱子，一开始很害怕，大家都不敢动。后来也习惯了，没事坐在太阳底下，把头发上的虮子往下一缕，两手一挤，"嘎嘣"一声。还有跳蚤，我都被咬过。大家戏称这些虫为"革命虫"。那时候部队文工团的人比较少，对文艺兵的要求就是"一专、三会、八能"，不像现在有各种具体的文艺分工。要求文艺兵又得唱又得跳，像我还在幕后给别人提词，别人也给我提词，我还管着演出服装配置等杂事。根据任务的需要，什么都得干。总之，你什么都要做，会的越多越好。

　　那个艰苦的年代对我们的成长是非常有益的，对一个人的一生也是非常有意义的。部队培育了我们正确的劳动观和价值观，虽然是为战士们进行阶级教育来演出，但在这个过程中我们自己也受益匪浅。部队生活伴随我从学生时代步入了社会，那个时候不像现在，大家都很明白外面的世界很精彩，那时候我们什么都看不到，就是跟着社会往前走。所以那时候我们知道了一个人为什么活着、为谁活着、怎么活着，开始树立自己的人生观、世界观、劳动观、群众观，为迈入社会打下了坚实的基础。

初入军营的沈力

我们在桂林待了三年的时间,我们的活动基本上都是为部队服务,也为当地的老百姓服务演出,进行阶级教育等。我们在第二十四步兵初级学校的时候,有一个对战士进行教育的任务。后来建制取消了,有四个人调到了高级学校,我被分到汉口,在汉口待了一年。后来在汉口的高级学校建制也取消了,我和一部分同事又被调到了解放军总政歌舞团,后来,我随着总政歌舞团去朝鲜进行慰问演出。那时候条件也是非常艰苦的,虽然已经停战,但是整个国家依然是千疮百孔。我们坐着大汽车爬山路,那段时间气温很低,天气非常冷,手都伸不出来,吃的都是冰冷的罐头。有时候半夜想上厕所都非常困难,因为手冻得连裤带都解不开。但是,我们吃的那些苦和朝鲜战场的英雄比算不得什么。我们也在那儿参观了很多地方,条件也是很艰苦的。在艰苦的年代里,部队生活是十分磨炼个人性格的,应该说部队就是个大学校,对我们意志和品质的磨炼是很有益的。

最初的播音路

随着年龄的增长,我特别想上学。在文工团唱唱跳跳的我并不满足于这些,我想继续上学。后来我向上级领导打了一个报告,要求转业去考学校,领导最终批准了。批了以后正赶上1957年,整个国家各个机关的工作人员压缩,各个学校的招生名额也在压缩,我就没敢去考。因为我参军走的时候只上了高中,课程这么多年也没有复习，我没有胆量去考了。想考的时候满腔热情，真到考的时候又胆怯了。我们在解放军总政歌舞团赴东欧演出的时候，当时没有飞机，我们同坐一趟火车，在火车上坐了七天七夜。而且火车一节一节的都很长，团部有什么事情就用火车上的扩音喇叭通知。当时我在团部帮忙做一些工作，播音是其中的一项，领导让我通过喇叭通知一些事。后来我遇到一位转业到中央人民广播电台人事部门工作的大姐，她说我的声音挺好听的，听说播音组需要人，建议我到播音组去考试。当时我没接触过播音，也不知道是怎么回事，就去了。我去的第一次见到了齐越老师和林田老师，他们都是老一辈的播音艺术家，也是国内很著名的播音员。齐越老师问我："你是不是感冒了？"我说我是感冒了。他说："那你过两天好了再来一次。"当时我感冒了都敢去，因为确实什么都不知道，不了解情况。过了两天，感冒好了之后，我又去中央人民广播电台了，那个时候的考试很简单，他们试了试我的声音，听了听，觉得还挺满意，就把我留下了。也没有像现在考试这样过五关斩六将，没有这么多环节，就是单纯地听了听我的声音就把我留下了。

刚去中央人民广播电台的时候还谈不上去工作，我基本上就是一个普通的学员。因为从来没有接触过广播，广播的整个流程是怎么运作的，我都不知道。那个时候，我要学习的东西有很多。我觉得自己非常幸运的是跟了齐越老师学习播音艺术。齐越老师是非常正直的一个老同志，他通过言传身教的方式教我学习如何播音，他一再教导我，播音这个岗位是党的喉舌，我们一定要有好的政治素质。首先，他在思想上对我产生了极大的影响，并告诉我做这个工作要遵守哪些具体的原则。其次是拿到一篇稿子怎么分析、怎么认识、怎么去播，从业务上给我具体的指导。实际上，在我学习阶段的最后时期，他让我试播的第一个节目叫"对台广播"，就是对台湾的广播。那时候的广播不是直播，只有新闻是直播，广播是录音。那时候我刚刚涉入广播录音领域，电视台也通知我去试图像。这些都是别人通知我去的，在那个年代，没有谁主动地想干什么就能干什么，那是不可能的事情。我们都是服从组织安排，上级让你到哪儿你就到哪儿。我记得那时候林田同志是广播电台播音组的领导，他通知我去试试，我就去了。试完了就回来了，该干吗还干吗，从来没想别的事情。

那时候电视的影响力远远比不上现在，我们那个年代的人非常单纯，领导叫你干什么你就干什么，要听从组织的安排，没有个人的这个想法或者那个想法。再说电视是怎么回事我也不知道，那个时候也没见过电视。我第一次见电视还是在捷克斯洛伐克，我看见一个方块里面出来一个人，但是根本不知道那是电视。所以也没有什么比较，没有比较广播有什么影响，更谈不上电视的影响了。所以，我们执行任务基本上就是服从分配。那次考试除了试图像之外，也没有其他的考试，领导给了我两篇稿子，让我对着镜头念了念。那个时候的广播电台考试，没有选拔，也没有在全国各地通知。我听说的就是播音部有人去，广播文工团有人去，究竟是谁去我也不知道。我根本就不大关心谁去考试或者谁不去考试，试了多少人我都不清楚，我也不会去打听，因为那个时候的人们没有这种概念。刚被选入北京电视台的时候，台里的播音员只有我一个人。北京电视台开播的初期非常忙，我一个人做播音员将近一年的时间。按照现在的节目制作和节目数量来要求的话，一个人不可能把一个电视台的节目全部都做下来。

　　北京电视台初创阶段的节目比较简单，只有一个台，每天晚上就是两个多小时的时间。节目最开始是播放台标，台标以后是播音员介绍一天的节目，最前面会播放新闻，然后中间是访谈、科教片等内容。其间，播音员要做一些简短的介绍，然后就是放电影。有时候放影片之前就只是简单地介绍一下，其实当时的播音员就是一个节目中间串联的作用。后来又增加了最后的简明新闻，从中央人民广播电台联播以后再给我们初稿，之前我们是没有初稿的。每天电影一播完，我们就"噔噔噔"地跑到楼下联播组去等稿，人家给我一个五分钟的稿子，我拿着稿子回来给领导审，领导审完最后再播五分钟的新闻，就是这样一个工作过程。五点钟到七点钟这两个小时最重要，这两个小时对我来说太紧张了。吃饭更不用提，每天都是放了电影以后才去吃饭，根本就没时间吃饭，连上厕所都是一溜小跑的。为什么呢？因为稿子太多，那时候有国际新闻和国内新闻，每天的新闻量差不多都在半个小时左右。所有的稿件都要通过你的声音直播播出去，而且稿件也没有打印，每个记者都是自己手写稿，有些记者的字迹龙飞凤舞的，有些特别特别难认，但是在电视面前又不能出错，这是一个非常紧张的事情。所以那个时候我就想了一个办法，用黑墨水把不要的都划掉，划得整整齐齐，然后用蓝墨水描一些不清楚的字，红墨水就是描必要的不能忘记的字。领导改了之后的稿子就像一个气球拉了出去一样，我得把它再拉回来，我得把那个稿子改得让我自己看得非常清楚，至少要保证播音时能看得清楚，这样在节目播出的时候就可以避免出错。导演间里有一台监视器，放在比较高的地方，我就要通过导演间的大玻璃看着里面的画面来进行解说，我不能坐着，我必须站着在那儿念，上面吊一个话筒，没有桌子，也没有椅子。有时候我就搬把椅子放那儿，放播过的稿子，有时候来不及，只好播一张扔一张，播完了以后满地都是稿子，然后再去捡，现场非常杂乱，有那么一段时间都是这种状况。

虽然说确实很辛苦，但毕竟那是一份新事业，大家也都很想去探索。所以，当时进了电视台的工作人员中有电台的，有八一厂的，还有各个行业的人才，大家都是从四面八方而来的，干劲儿都很足。我们每天播两个多小时节目，播前我们要开播前会，今天多少人怎么个安排法，大家心里都得有数。播完了以后，要在节目播出之后开会，总结出这一天播出的节目情况以及经验教训等。有的时候，我们的播后会就变成了业务探讨会，大家要讨论到很晚的时候才离开。比如10点完了我们能开到12点，然后再蹬着自行车回家，大家劲头非常高。大家彼此是各工种之间的协调，不像现在，你在楼上这个屋，他在楼上那个屋，大家可以不见，用耳机通话，我们那时候什么都没有，但是每个人都非常有激情。当然了，我们也不是每天都将播后会开到12点那么晚，有时候为了一个问题争得脸红脖子粗的，其实也都是业务探讨。因为毕竟在当时，电视台是个新事物，大家一起工作需要相互磨合，所以争论很难避免。大家有不同的意见或者意见分歧很大的时候，就会讨论到很晚而忘记回家。

那个年代的电视新闻都是直播，我在播报一些政治性新闻的时候心里也有过紧张，而且是非常紧张。我记得应该是播报1960年的元旦贺词的那一次，当时稿件来得很晚，已经没有时间逐字逐句地看了，只能三行并两行地溜一遍，就开始播报了，而且是现场播报，当时我两腿发软，两手冰凉，脸烧得厉害。贺词播完之后我都快瘫坐到地上了。虽然自己紧张得不行，当时面对镜头，却要给观众呈现出一种很轻松的感觉，不能让人看出自己的紧张来，而且还要面带微笑地面对镜头，这是一件不容易的事情。在电视播报的时候始终要把观众放在心里，你在给观众介绍这个新闻稿件或者这个节目主题的时候，一定要有高度的责任感，始终提醒自己，不能在这儿出错，我们是要对观众负责任的。

作为主持人，要想为观众朋友们做好服务，就得把心态调整好。那时候我们做播音是没有提词板的，播音员要想流畅、准确地播报新闻节目是很困难的。为了提高播音质量，对于播音员来说，最重要的就是要准备稿件。准备稿件过程中，播音的前辈老师们教给我的逻辑重音播音技巧就起作用了。大家可能也都学过，播报过程中哪些是重点、哪些是重音这些都要提前熟悉稿件。比如我播报到哪儿是不可以随便抬头的，应该抬头的都是那些重点的地方，用这样的方式来告知观众。我平时播音的时候很注意强化这方面的训练。所以那时候我基本上是边工作边摸索，努力地做到把重点的东西能通过面部的表情和眼神传到观众面前。我在播报稿件的时候，尽量做到在重点的地方抬头，另外用重音并配合着面部表情，使得电视播音画面更加形象化。

沈力在播报中

　　但有时候过于刻意地强迫自己，反而可能会出错。我在播报新闻的时候也出过错，其中有一个错误让我刻骨难忘。因为那时候为了追求电视内容的丰富性，一个主持人什么节目都要播。记得那次是在播报一场体育赛事的过程中，我们要播一场篮球赛的画外音。整场球赛进程很紧张，这就要求播音员语速要既快又准，只有这样才可以跟得上比赛的节奏。但是，由于我对篮球比赛不太了解，也不知道篮球中有哪些具体规则，更不清楚篮球比赛时的专业名词。那天竟然播报出了"大家在非常激烈地争篮球板"，后来人家说我说错了，不是篮球板而应该是篮板球。就是因为我不知道篮球规则里还有个篮板球的专业名词。这次事情之后，我就意识到，作为一名优秀的播音员，必须要有广泛的知识背景。

　　当时没有录节目的设备，我们那个时候了除了新闻之外，其他都要自己背稿，虽然没有领导要求你这么做。但是，我觉得作为电视播音员，面前是观众，老是低着头念稿子，与观众没有眼神的交流，也不是那么回事儿。我认为还是应该尽可能地跟观众多交流。但那个时候，播音员不能像现在的主持人那样海阔天空地说。那时是不允许的，你必须要忠于稿件，所以我就必须背稿。但是背稿呢，我又希望我自己不是像小孩儿背书似的机械地背稿件，而是要通过自己的大脑用自己的心灵去过滤。不得不承认的是，像国际知识这些很难背，什么西属葡萄牙，什么非洲那些国家的名字很难记，那些东西就要费些工夫来背了，一些文艺的专题也要背，唯一可以不背的就是生活类栏目。在主持20世纪

60年代初的生活类节目时，我就开始不要稿子了，我就记稿件的要点。比如说，冬储大白菜，我记几个要点，然后我用我自己的语言去表述，我觉得生活类节目你错也错不到哪儿去，没有什么原则性的东西，我就可以放开去锻炼自己说话的能力。比如说请了一位师傅来教如何织补尼龙袜子，虽然我们现在都不补袜子了，但那个年代很艰苦，一双尼龙袜子是很贵的，买来以后很容易就会破了。关于尼龙袜子怎么织补，那个上海师傅边做边讲，但是他说的上海话，大家都听不懂。后来编导就说，他做的时候让我做解说，但是这又很不好配合，后来我就干脆自己学补袜子了。我学会了我自己说自己做，这样就不用要稿子了，纯粹是自己讲。我就是通过这些方式来锻炼自己说话、表达的能力。所以我觉得我也是在探索，在试验，更是在锻炼。这个行业刚开始，谁也不知道电视播音员应该怎么做，在每一个新鲜的事物出现以后，我就探索一下，试验一下，看看应该怎么做，就这样一步一步地去做，这种做法不一定都是对的，但是我就是以这种探索的精神在努力做。

电视台开播的头几年有新闻、专题、访谈类的节目，也有些文艺类的专题节目，比如那时候就有《梁祝小提琴协奏曲》，第一个播的是我，后来改革开放以后就是刘露播了。像《毛主席诗词介绍》这种大型的专题性节目，会有演员，有朗诵，有配乐，有资料片，内容很丰富。应该说电视节目比较丰富的时候是在20世纪60年代初，大家都在探索，比如有卫生类节目的专题。电视台有新节目了，对播音员来说，就意味着有新的任务了，我们同样也得探索适应。比如大型的专题节目，那时候还没有主持人的称呼，就只是播音员，播音员在中间起到了承上启下的作用。比如舞剧的转播，舞剧的节奏在这个环节上要你出图像了，你必须跟着它的节奏走，否则就会脱节。另外像舞剧这样很讲究连贯性的音乐节目，我应该在乐曲停了之后再插播进去，而不是人家正在那儿拉着长调的时候你插进去，那样就不行。这些都是一些很细微的探索，播音员怎么跟节目融为一体，随着它的节奏，随着它的情感，说你下面的话，这些技巧都是在探索中掌握的。在播不同节目的时候，比如播政治新闻、体育新闻、科教片等都会有不同的播报技巧：播政治新闻时就一定要表现出严肃的、端庄的形象，尽可能地有力度，特别是女生，尤其我声音比较纤细，力度上差一些，但是力求去这样做；播文艺节目就应该更富有情感，使自己跟节目融合在一起；播体育节目就要有速度、有朝气……

角色转换：从播音员到编辑

"文革"期间，电视台里的节目变得越来越少，内容越来越单调，每天八个样板戏。新闻都是那种高调高音，就是要喊的那种高音，我的声音也不适合，如果就这么做着，我的嗓子肯定都废了，在业务上也不会有什么进展，我就想到专题部去，去当编辑，我想再学一点东西。我就正式向主管领导提出到专题部当编辑，改行了。到专题部开始的时候是跟着老同志学习，那时候有一个老同志叫张福华，我跟着他学的比较多。他去采访的人物也很多，后来因为允许记者出镜了，他经常带我去做人物采访。因为我出过镜，语言上也没有问题，他经常带着我去采访。杨振宁第一次来中国就是我采访的，还有赵浩生、美国驻华大使伍德科克、咱们的驻美大使黄镇、文艺界的丁玲、获得第一届"百花奖"的王公刚等，这些人物的采访工作都是我跟着他去完成的。从这些采访当中我明白了一个编辑在节目里为什么要采访这个人，为什么提这种问题。于是，我就开始悄悄地自己学习总结采访技巧和准备采访问题等编辑业务知识，渐渐地明白了一个记者要怎么做，我学到了很多播音员接触不到的东西。

从播音员到编辑这两种不同的工作，最开始的时候，我也是在慢慢地适应，不断地探索，跟着老编辑学习。我觉得自己在播音员和编辑记者之间没有什么不适应的地方，我一直在学习，一直在探索。比如刚开始的时候我跟着老编辑，我就偷偷地学艺，看人家怎么做，自己回来琢磨。后来我被分到文化生活组，真正当编辑了，因为过去在文艺部也参加过一些大型的文艺专题节目播出，储备了一些相关的知识。单独作为一个编导怎么去做，怎么样去找选题，怎么样构思，哪个地方要出播音员说话，我都是自己去探索。那个时候我的热情非常高，别人就开玩笑说我是高产作者，我一年出的节目很多。我曾经采访过文艺界的李谷一、李双江、侯宝林，我都给他们做过专题，他们后来见我的时候还会说起这个事儿。在音乐节目方面，我们也会跟音乐学院专业的人士合作，比如我们做"管弦乐的一家"这档节目时，挨个儿地介绍每一种乐器不同的特点、不同的音色，提高大家的欣赏水平。那个时候我们介绍过《春江花月夜》《二泉映月》等名曲，还介绍过瞎子阿炳，并给他做了专题。二十世纪三四十年代的歌曲我都通过做选题的方式在电视节目中介绍过。当然，那个时候的节目不像现在这么丰富。但是，我们也是想尽各种办法让画面说话，比如钻到图书馆搞研究，列宁喜爱的歌曲我都得去翻看，还要翻看列宁的照片，寻找他那个时代的资料，为节目添加历史背景知识，每天都钻到里面去，其乐无穷。我记得当时国外引进来了一种钢鼓，那个乐团来访问中国，我就去做了一个关于国外钢鼓文化的专题节目，具体介绍什么是钢鼓，它是怎么做成的，我们还把外景拉到植物园去，以丰富画面内容，迎合观众需求。冒着三十七八度的高温，节目组跑到那里去录节目，现在想想，那时候真的也年轻，身体也好，精力充沛，就是凭着一股韧劲儿去探索，去实践。

用心用情用行"为您服务"

在做《为您服务》栏目的时候，我不单单是主持人，我还是这个栏目的负责人，相当于制片人了，就是我什么都得管，从业务管到行政，还得做主持人，所以我觉得要是没有之前一段编导经历的积累，我是不可能完成这样的任务的。改革开放之后，广电总局有这样一个要求，就是要加强和老百姓的联系，所以我们台里就恢复了《为您服务》栏目。《为您服务》以前也有，但却是一个小栏目，是不定期播出的。因为我们的值班导演在每天播出的时候从头到尾盯着节目，除了值班导演之外，他们自己有兴趣就去做一些别的节目，然后就不定期地播出《为您服务》这个栏目了。后来台里就把《为您服务》这个品牌划归到专题部，专门成立一个组，就让我负责这个组，原来的老编辑都愿意来，我们就再找一些新人。我开始真的不想做，我觉得《为您服务》是第三产业，是服务性的节目，而且我觉得不如我搞文化生活类的节目有品位。

最初，我不太想做这个栏目，再说我这个人对于衣食住行方面特别不在行，不是我的长处，我也不喜欢。那个时候，专栏固定的主持人是没有的，这对于我来说又是一个新课题。我自己面临过很多这样的新课题：电视播音新课题、做编导新课题，栏目主持人又是新课题。后来我还是尊重领导意见，要对观众负责，要对得起观众，要做就必须要做最好。我一直是这样一种心态，所以我就特别努力地付出。这次的栏目主持人的新课题依然不好做，因为没有任何经验可以让我去借鉴。我开始其实就没有把这个主持放到特殊的位置上，我的工作重点主要是在节目内容上，因为每周一次的节目内容你必须得拿出来，不能"开天窗"。我得跟编辑们合作，一方面必须要按时播出，另一方面是要保证节目的质量。大家做了节目以后，我就负责编排节目，编排完了这一集，我觉得哪儿还需要说话我就出来串串场，最初我觉得我充其量就是一个串联人。那个时候脑子里也没有主持人的概念，不知道主持人是干什么的，广播学院也没有这一课，这些都是在工作实践里慢慢总结出来的。

主持人和播音员的具体工作是不一样的，比如说，开始的时候也是编辑给我写的稿，写了稿让我说，有时我不想这样说，我觉得要用我自己的方式来说，我就开始改词儿。我不是说编辑的稿子不好，只是说以他的说话方式写和我不太符合，你要让我说，我想这样说，所以时间长了以后我就发现这个问题，主持人也有主持人自己的想法、自己的追求、自己的习惯、自己的性格，逐渐就理出来了——主持人要有个性。所以那个时候我总结说，主持人如果都是一杯白开水的话就都一样了，也可能有的人是一杯咖啡，他很浓烈，也可能是二锅头那样的烈酒，他说话那就是很辣的、很有劲的；也可能他是一杯果汁，甜甜的，或者是酸酸的，如果没有个人的魅力，这个主持人就没有活力。所以后来我就那样想，作为一个主持人，他必须要用自己的眼睛去观察，要用自己的头脑去思考，要用自己的心灵去感受，要用自己的语言去表达。而播音员你必须要忠实于稿件，你必须要有很好的声音表现力。你看现在的主持人真是什么样风格的都有，但是在那个时候对于主持人风格和个性问题却是一个新的探索。

  当时我们为《为您服务》栏目设定的宗旨或者我们的追求就是全心全意。这里面还有一个小插曲，我刚开始不喜欢这个栏目，我还特别不喜欢这个名字，我觉得它特别的俗。然后我和另外一个编辑，我们俩写了一大篇文章说应该叫这个叫那个，然后交给领导看能不能改改名，领导一概不批，就叫《为您服务》。后来我明白了，《为您服务》就是要加强和观众的联系，就是要为老百姓服务。那么既然是为您服务，第一，我们就必须老老实实、全心全意地为大家服务；第二，可能是跟我那个不太对头的思想有关，我不想把为您服务办成那种婆婆妈妈、就事论事的纯生活的节目，我还是想提高它的品位。怎么办？我们要提高节目的知识含金量，加强它的知识性，我觉得这样才可以提高节目本身的品位。因为生活里到处都是科学，比如我们说吃，吃有吃的学问，吃的里头有营养科学，有饮食文化。我们教你做菜不是仅仅教你做一个菜，比如我们会讲五柳鱼的来历是什么，为什么叫宫保鸡丁，我们跟你讲饮食文化，讲这道菜的历史沿革，它这里面就有知识的含量了。讲营养科学，我们专门做过一系列的该怎么吃的节目，因为以前大家思想比较保守，不允许你谈穿和吃。改革开放以后，大家思想也解放了，各方面需求也高了，所以我觉得正好有这样一个契机。你把知识还给观众，观众就非常欢迎。比如说穿，我们不单就告诉你一个样式，这里面个子高了低了怎么穿，肤色白了黑了怎么穿，胖了瘦了怎么穿，这里面还有审美文化，提高观众的审美力。再比如说喝茶，老百姓的来信很多，有的就问红茶绿茶是怎么回事，隔夜茶能不能喝，还有的问小孩儿能不能喝茶，我就把这些问题集中起来做了一期喝茶的节目。从我们国家的茶圣陆羽谈起，然后就是各种茶的品种是什么样的，怎么泡茶，这里面有知识有趣味。我们再具体地回答观众来信的问题：某某提出来小孩儿能不能喝茶，某某提出来隔夜茶能不能喝，答案都在里面。大家就很感兴趣，这样我觉得就提高我们节目的品位和知识含量了。

《为您服务》这个节目，有几个突破，不是完全走前人的路，不完全是别人的想法，我们有自己的创新。

第一是供求关系的改变。过去都是我播你看，播什么看什么，《为您服务》是你要我播，这个供求关系就变了。我们70%以上的节目都是应观众的要求来设定题目的。一开始，观众来信，我开始从中找选题，每个月大概三四千封信，最多能到五千封信，我是每信必看。再忙我们也会抽出时间看观众来信，中午吃完饭便在办公室，我和当时的办公室主任，也是个女同志，在那儿放一把椅子，中午两个人两椅子一拼就开始看信。我们谁的信都看，从中找选题，这样就知道观众需求什么，再加上开选题会与编辑商量选题，这样选题就会契合老百姓的需求。

第二是心态和姿态的改变。过去我们播新闻，北京电视台后来改成中央电视台，发布国家的号令，代表着国家的形象，是居高临下的。但《为您服务》不一样，它是和老百姓家家户户都有联系的，我们必须调整好心态，必须平等地和老百姓交流。这种感觉很微妙，说起来容易做起来难。但是节目做完之后确确实实能感觉到，我们是和老百姓平起平坐的，我在和你（老百姓）用心地交流。比如说做几个凉菜，做完以后就结束了，观众想看效果到底怎么样，我就想从心里说话，我说："四个凉菜做好了，按说应该请您尝尝，但是隔着荧光屏您没法儿尝，那就请您自己动手去品尝，祝您做得愉快、吃得更香。"这样的话就从心里出来了，就跟老百姓用心去交流了。

第三是语言风格的改变。过去我们研习的就是书面语言，面对面地说话是不允许的。可是在《为您服务》里你是要跟老百姓交流的，不可能都是书面语言。但是用书面语已经成习惯了，要改变这种习惯就要从我做起，我就点滴地去推敲话语，什么叫"推敲"，就是天天在脑子里边转。比如说编辑写的稿子，"前不久发生了什么事情"，我跟你说话的时候不可能用"前不久"，我就想换种说法"不久前"，后来觉得也不对，就换成"前些时候啊"，这样就更生活化、口语化了。稿子我改得很多，凡是这样的书面语我就把它变成生活语言。语言上的改变就是力求它能生活化、口语化，摆脱、摒弃书面语言，尽量能用例子说明，这是一个改变。

沈力（左二）与工作人员讨论主持稿

第四是互动形式的改变。那时候的互动不像现在有手机和网络这么方便，那时候的互动基本是单向的，主要是通过信件互动。观众在信里无话不谈，什么都愿意说，非常热情，我就反馈老百姓的话，我那个时候已经开始指名道姓了。比如说西安有一群观众来了一封签了名的信，那时候录音机刚开始，高音喇叭特时髦，满大街上都放高音喇叭，他（们）在信里说我们很多人上夜班，旁边的百货公司老放高音喇叭，白天我们休息不了。然后我就找科教片，截取一段讲什么叫分贝，超过多少分贝对人有什么影响，我不懂的东西我就找科教片放一段，然后我把信公开了。过了一些时候，观众来信说你那节目播的第二天高音喇叭就停了，我就觉得很欣慰。虽然我们的节目小，但是我们同样能发挥我们的作用，你只要真诚地为老百姓服务的话总会收到效果的。所以，那个时候我们这种互动很多。比如刚才说的小孩喝茶的问题，我都是点着名儿的，指名道姓的，某省某人来信给我们提什么问题，我们怎么回答。那时候我们收到来信后已经开始集邮了，过去都是没有过的，开始了集邮热，有的时候很多信封上的邮票就不翼而飞了，我收的很多信封上的邮票都是被抠走了的。观众来信后我就想，就事说事不好，然后我就做了一个集邮爱好者的系列节目，从世界上第一枚黑便士说起邮票的来历。然后，指出为什么要集邮，怎么去欣赏，我们把好多好的邮票给大家展示，给大家开阔眼界、增长知识，最后，我们提出这种行为（抠信封上的邮票）是不好的，这一个节目既有历史的沿革，又有知识性和趣味性，观众既看到了很多好的邮票，又提升了道德层面的东西，知道怎么样去遵守规则，怎么样去集邮。我觉得像这种互动都是来自于观众，然后再还给观众，这样做节目一定是有生命力的，所以它会受到老百姓的欢迎。

我们做了五年多的《为您服务》，我们的选题源源不断。甚至于20世纪90年代有一次我去广播学院讲课，一个同学就说："我爸爸说让我代表他谢谢你。"我说："我又不认识他谢什么啊？"他说："有一次他们家闹钟坏了，怎么修都修不好，后来你们把信转给厂家，厂家就给我们换了新的。"就是说你给老百姓做点好事，他能记你一辈子，所以说真诚地为老百姓服务就能收到好的效果，当然，这是就服务类节目来说的。

跟观众的互动从20世纪80年代初就开始了。后来发展到国庆家宴，我们把老百姓请到节目里来做饭，这是史无前例的。为什么能做，不是我们突发奇想，是老百姓的想法到了我们这儿了，我们再想办法开发它，于是我们的节目涉及面就扩大了。当时我们节目涉及面很广，不仅仅局限于日常生活中的吃喝拉撒睡，我们的节目还涉及了百姓的文化生活、经济生活和社会生活。老百姓都有"3·15"的概念，但是老百姓的告状信都给我们了。最开始的时候是广电总局转到台里，台里又给我们。有老两口用了大半生的积蓄买了台彩电，出了问题以后厂家踢皮球，到哪儿都修不好。信给我们以后，我们就委托地方去调查，核实以后，我们就"曝光"了，节目播出以后问题很快就给解决了。这个信公开了以后不要紧，以后各种破烂产品的告状信就全都来了，我们那个房屋一角堆的全是什么带苍蝇的酒瓶子啊，买了一洗缩水的连衣裙啊，什么高跟儿鞋买了跟儿掉了连跟儿也给我们寄来了，类似的这种情况很多很多。但是我们还得有主流，还要有一个导向，不能把这些全都播出去，当时就想办法。我们请示领导，给《为您服务》刻了一个章，然后我们把这些东西转给厂家，以《为您服务》的名义，把老百姓的信给附上，所以就能解决很多问题。后来过了半年，我又抓了一个事儿，就是一个观众给我们寄来了一包烟，烟里打开了以后里面没一根儿整的，他给我们的信是化名的，还在信里附了一首打油诗。最后知道是部队里的一个退休干部，然后我就给曝光了，把烟头给大家看。后来厂家确确实实很震惊，拿着新的好的烟上门给人家道歉，人家老同志也非常好，写了一封表扬信，我们也给播出了。我们也爱护厂家，我们不是说把人家一棍子打死，过了大半年那个厂还评上了优秀，我们也把它播了。我们把厂长请到电视台来，证明我们还是爱护它（厂家）的。这样的事情没有"3·15"的时候我们都做了，这是一种探索。我们的节目涉及生活、经济、文化各个领域就是因为观众的需求众多。

《为您服务》栏目在开办之前，我们台里有一个主任领我们三个人到福建厦门，那个时候我们看不到海外的电视节目，而福建的前线台却录有一些台湾的节目。我们的领导就带着我们去看看海外的主持人节目和主持人形象，带我们去开开眼界。福建电视台大部分节目都是闽南话，我们也听不懂。但是我们也看到了他们做的一些特技的东西挺有意思的，等回来我们设计片头的时候，我们几个人就一起商量怎么做这个片头。《为您服务》栏目片头没有像现在这样的动画技术，当时叫土动画。我们就想《为您服务》突出一个"您"字，一定要突出观众。所以，我们就把那个"您"字镂空了，镂空了以后，后面是我们的摄像师在人民大会堂的台阶上组织了一批学生扮成走动的人群，衬在镂空的"您"字后面，后面全是人群，最后突出了是"您"站在这个位置上，是这么一个思路，全都是土动画，全都是我们自己琢磨出来的思路。

虽然说《为您服务》栏目小，影响力有限，但还能在舆论监督方面起到促进、推动的作用，这是老百姓推着我们这样干的。在《为您服务》里有几个变化，例如节目市场供求关系、主持人的姿态、播音员的语言、我们和观众的互动等方面都有些突破。从那个时候开始，以前没有做过的，我们已经开始做了。所以《为您服务》这个节目对我个人来讲，深有体会的就是你真心实意地为老百姓做事的话，老百姓就会认可你，你的节目就会有生命力。我看了那么多信，开始就是单纯地就是从信里找节目的依据，看多了以后真的被老百姓对我们的这种热情、关爱、帮助所感动。就是说，你作为一个主持人，心里要装着观众，他们给你的这种爱，你再回报给他的时候，这种感情的流露是非常真诚的、非常自然的。所以后来我只要站在摄像机前，对着观众讲话，我一定会有这种感情在里面。无论是做主持人，还是做播音员，你一定是跟你的观众能够同呼吸、共命运，你只有真诚，观众才能接受你，他就忘不了你。

实际上，现在我和中老年人，特别是和我年龄差不多的人在一起的时候，他们对我十分亲切。这种感情就是那时候建立下来的，因为你给他们做事了，他们就喜欢你，他们就认可你。把观众都放在心里了，观众也就记得你。所以我觉得《为您服务》，对我来说是一个很好的探索主持人应该怎么做的平台。我也非常感谢我们台的领导，特别是专题部的领导，给了我一个实践的机会。我们当时有一个主任叫朱锦和（音），他就说我的节目是信得过的节目，节目到他那儿就直接送库了，没有人审，我觉得这是对我的一种信任，也给了我一个探索的空间。那段时间我在探索主持人这方面确实有一些收获。怎么把节目做火，我们的编辑，我们那个团队都在想办法，我们不仅仅想着要告诉观众是什么，还真心诚意地去跟观众一起探讨一个问题，而且想办法让它丰富起来。

《为您服务》的成功是我们编辑团队的功劳。

离休后的"夕阳红"

  1988年，我从中央电视台的工作岗位上离休了，忽然停止了忙碌的生活，享受安静，我也没有感觉到有任何的不适应。因为人到点儿该退就退吧，但我当时也没有想好退下来干什么。但是，很多事情我也能做，比如有地方台找我一起做节目，我做过编导也搞过节目，我可以帮着他们做节目，这些事情让我感觉很充实。我基本上没有什么失落感，该下就下，我能做就做，不能做我再干别的，这几年忙忙活活的也都过来了。后来，中央电视台返请我回去主持《夕阳红》节目，《夕阳红》是当时社交部想做的一个老年节目，同事们都想到我了。我当时有点儿犹豫，因为我主持《为您服务》时已经是50岁了，我当时真的有点儿担心，你说电视里都是靓男俊女的，谁会看老太婆呢？但是《为您服务》我也是这么走下来的。《夕阳红》节目出来的时候，我是60岁，脸上纹也多，更老了，我说观众还能接受我吗？我有点儿担心。但是我想既然领导找我了，我就义不容辞。也因为这么多年在《为您服务》栏目组，我觉得我和观众之间有一种无形的情感线在联结着，观众给我的太多了，我非常受感动。因此，我想我要是还能为他们做一点儿事情，他们要是能接受我的话，也是一件挺好的事情。我说我先试试，如果观众接受我我就做，如果不接受我，我打道回府一点儿问题都没有。就这么做了几期以后，观众有反馈了，有的观众说他们是和我同步地在成长，看着《为您服务》一直走过来的，所以现在我又出现在这儿，再主持节目他们非常地欢迎我，这样我心里就踏实了。

  《夕阳红》节目是跟老年人在一起，这个栏目对我来说又是一个全新的课题，虽然我当时60岁了，但是我没觉得我是个老人，我对老年阶段一概不熟悉，他们的生活是个什么样的状态，应该做些什么，应该用什么心态去和他们交流来主持节目也是一个探索。做了一段以后，接触了那么多老同志，采访了那么多老年人，我认为老年人的确是一本读不完的书。我很敬佩，他们有一种坚定的人生信念，这一代老年人，有乐观的生活态度，有一种锲而不舍的学习精神，我真的是很佩服他们。

  所以我特爱他们，跟他们在一块儿也很开心，我会尽我最大的努力为他们服务好。而在《夕阳红》的栏目组，我跟很多年轻人在一起工作，他们非常尊重我，愿意跟我合作，我和他们非常愉快地度过了几年。在具体的业务问题上，我感觉更加得心应手，做老年人的节目让我的心态也自然地放平和了，我是一边在做节目一边在向他们学习。你看他们的手工做得、书法写得都非常棒,我看着都爱不释手。比如一个女同志,她得了癌症,但她非常乐观,我去医院看她,她拿各种各样的碎布头做的艺术人形,真棒。她不是干这行的,她退下来了,她喜欢钻研,做布贴画也做得特别棒。我觉得自己的晚年应该向他们学习,所以我跟他们真的是不见面的好朋友,我非常感谢他们。

要想赢得观众的喜欢,就我个人而言,从做播音员一直到《夕阳红》这个节目,我觉得是和观众心贴心的真诚在起作用。我是真心实意地在为他们服务,为他们做事,我没有虚的东西,我是真诚的,我想他们也能感受到。我觉得主持人和观众之间应该是一个平等的关系,我在做《为您服务》栏目时就开始思考这个关系。

任何时候都应该把观众放在首位。所以,我所有的采访节目我自己绝不会坐到中间,我一定是在旁边,我要采访,主人一定是中间位置,我一定是在旁边。我在说话的时候特别注意分寸,平时参加一个活动,就特别注意自己的言谈举止。比如说今天我们来到小平同志的家乡,大家的心情和我一样激动。马上我就琢磨,什么叫大家的心情和我一样,你怎么摆这个位置,同样的一句话我改成我和大家的心情一样非常激动,这是一个主次的问题。也许人会说,你也太较真了,太繁琐了,说话哪儿这么费力,但是我就是这么做的,也一直要求自己这么做。你永远要尊重观众,爱戴观众,观众永远是你心中的上帝,摆好这个位置我觉得是非常重要的。和中国电视一起走过这么多年,我一直在面对各种各样的挑战。我觉得我这个人的命挺好,我也不是刻意要求什么,机遇对我来说都挺好。我想转业了,没上成学,到了电台,也不是我刻意去求的,从电台调到了电视台,也不是我刻意去想的,这都是机遇。后来到了电视台以后,我又成了主持人,又是一个机遇。面对机遇,你只要努力,自己去探索,去不断地付出,就会有回报。除了把握机遇,我们还要有责任心,我不是为我个人在做,我是要把节目做好,我是要对得起观众,对得起自己的良心,要去努力做好,把它当成一个事业来做。只要你想做这件事,想把它做好,再苦再累,你也会乐在其中,反而不会觉得苦。

"我一生中最感欣慰的事情,是电教节目挽救了当时的教育"

——洪民生口述实录

【人物简介】

洪民生(1933~),浙江宁波人。中国电视艺术家、高级编辑、书法家,曾任中央电视台副台长。在中国电视史上,洪民生堪称一位"福将"。这位上海布店里的小学徒,新中国成立后却成为中国人民大学新闻系的高才生。毕业后本该成为大学教师的他却偶然踏入了电视行业直至成为中央电视台副台长。命运之神的眷顾,使他一次次抓住了人生转折的重要机遇。在20世纪80年代中国电视行业发展风起云涌的大背景之下,洪民生以开创性工作,他创办了一系列中国电视名牌节目:"新闻联播""西游记""电视大学"等,而中央电视台"春节联欢晚会"更是以新年俗的方式,成为国人的文化记忆。

洪民生

从布店学徒到北大学生

我是学徒出身。我在上海念书就念到初中。我学习是很不错的,后来因为家里条件有限,还有弟妹,就不能念书了,于是就做学徒。当时,我是在上海人公认最大的绸布店——信大祥绸布店做学徒,布店当时总共有一百多人,三年为一期。我刚进去的时候是新中国成立前一年。我晚上睡在地板上,就铺几张报纸,把活干完了,就看书学习。这时,老板过来了,问我在干啥,我说看书,老板却不让。那个时候当学徒就要集中精力做工作,实际上就是受剥削的工人。

我进去的时候穿了一双球鞋,梳个分头,还穿了件小长衫,不方便工作,后来全都改成短衣,穿的鞋子是不能系带的。穿戴上的一切都是为了好使唤、方便楼上楼下跑,进店的第二天就给我剃了光头。当学徒的第二年上海就解放了。上海解放后我非常高兴,没事就学业务,卖布的方法、布匹的颜色、配料都记得一清二楚。比如女孩子来我们店买布,给她推荐什么布匹,如何进行颜色的搭配,这些我都懂。当学徒的时候虽然不让看书,但是每天要交字,一张大字、一张小字,还要学打算盘。我的打算盘打得很好,就是算盘外头两位数我都能记得。我对布店业务很熟悉,那个时候我们有四个店,我在总店工作并担任工会委员、劳资协商会青年代表,这是我早年的学徒经历。

后来总有记者采访我们的布店,因为我对业务比较熟悉,店里让我负责提供信息。再后来记者要稿子,于是我就慢慢开始学习新闻写作。我怎么学习呢?就是人家采访的新闻稿刊登后,和我提供的稿子一个字一个字对照,结果一看没有几个字是我写的,全是人家改过了。我每次将改过的地方都记下来,这样就逐渐找到写稿的路子了。我在布店工作了七年多,后来做了供方经理,那时我才23岁,一百多人的大店,我来管理业务。我的生活待遇也比较好,工资比后来在人民大学做教师高出很多。

后来,复旦大学直接推荐我进《解放日报》做记者。当时只有两个人获得推荐。一个女工人,另一个就是我。我坚决不同意,认为自己文化水平不行,我只是初中毕业,写自己行当里的新闻还差不多。在这个基础上,组织又推荐我考大学,并给我介绍了几个北大的教师,叫我去找他们,我最后也没有去找。后来,他们帮我找个同伴一起学习,经常练习快速写作。练习的内容主要是自拟题目,在规定时间内完成作文。

这个训练对我帮助很大,每次我都拼命做,做完了就交给复旦的老师批改。

他们批改作文后就告诉我怎么修改。这样反复训练了几次后，我就去报考北大了。我感觉太奇怪了，怎么选我呢？我高中都没念过，一个初中生，直接考北大，北大那时候多厉害啊，后来竟然考上了。我估计可能是因为我的作文写得好，之前练过两次，又能结合生活实际。考卷一到手我就马上写作文，速度快，可能这个原因北大要我了。当时那个同伴的帮助对我也很重要。

以科班出身，从不懂开始

1956年，我考入北京大学学习。这时正好北大新闻系划归到人民大学，就这样在北大读了两年后，1958年我又转到中国人民大学新闻系学习。1960年，我毕业后留校当老师，在方汉奇先生门下，主要从事新闻史的教学与研究工作。留校后，我也没怎么当老师，因为正赶上三年困难时期，我就自愿报名到京郊，做了一年半的大队支部书记。

当时乡下非常困难，我们人大负责一个县的对口支援工作。最早是由人民大学的副校长担任县委书记。我在公社下面的大队，是最基层的负责人。当时人大负责的这个县，共有4个大队，选调优秀师生担任大队负责人，但是最后坚持到底的就我一个人。一起来的4个人中，有个女孩子，她坚持不了回京了，还有一个因病退出，另外一个则调到了条件稍微好点的县里任职。

在大队，我一个人住在老乡的驴圈小房里。开始身份是下乡干部，后来干了将近一年，大队全体成员正式选举，老乡每个人拿着黄豆在小学校里选，我被正式选为大队干部。后来，我又被人民大学突然召回。当时召回的通知到县里后，怕老百姓不让这些人大干部走，就不跟老百姓打招呼秘密地到县里集中，然后全部撤回了。撤回后，我们这些人被安排在郊区休养所，休养了一个礼拜，随后又赶上学校放暑假，就又休了一个假期。

开学后，人民大学的教师超编，我们被重新分配，当时有很多地方让我们挑。我文笔不错，很想到新华社或者《人民日报》报社当记者，可是那时候这些单位不招人，招人的单位以外文杂志居多，我不愿意去。后来听说电视台要人，但我们对电视台是怎么回事都不懂。我有个同学原来在人大是教摄影的，其实那时候我比他还会摄影呢，但是我不教摄影。我就拉着他一起去看看电视台是个什么东西。我们去后，台里的人来接待我们，聊过后觉得电视台也不错，于是我在1962年10月正式来到电视台。我做电视节目，可以说是从零基础开始的，因为当时全国也没几台电视机，人大新闻系也没有电视方面的教学和课程。

我在电视台工作的时候，整个北京也只有200台电视机，所以可以说我们是整个电视节目第一批创业者。当时电视传输采用的是微波站接力传送的方式，电视节目从北京播出，先接到天津，然后再到山西太原，这样慢慢地接过去，到"文革"前全国有22个省市建立了微波站，因为形势需要，全国人民都要看毛主席，所以微波站的任务主要是为了传输"毛主席接见红卫兵"的电视信号。

那时候我也做电视节目，使用的是胶片拍摄。我和我爱人就是这么认识的，当时我到她的摄影教研室学摄影，正好是我爱人教我，我很快就掌握了拍摄技巧。我和她是大学同班同学，我们一家四口，其中有三个是北大毕业的，我有两个儿子，我的大儿子是北大物理系毕业的。

初到电视台，开办文艺节目

当时的电视台规模很小，广播大楼里面有一个小楼，我被分配到社教组，主要做社会教育节目。那时候，电视台只有新闻和少儿节目，其内容远没现在这样丰富，节目主要是唱歌、跳舞一类。社教节目也是第一次创办，之前没有人搞过。社教组最初就有四五个人，内容有体育、卫生、科技、文化生活、国际知识，可谓五花八门。我负责做文化生活的专题节目。这个节目原来是让我的一个同学做的，但是他没做成就调到山东去了，于是由我来接办。

我自己理解的文化生活是所有的艺术门类统统都该有。因此，我的节目时常联系文联的12个协会，诸如工艺、美术、绘画、书法、舞蹈什么都做。那时候不懂的东西很多，都是一边学一边做节目，对电视制作不了解。很多人当时问我什么是电视，我也解释不清楚。我一般会说，就跟小电影一样。还有人经常问我"电视跟电信局什么关系，跟带电的什么关系"，我常回答，"反正都不怎么有关系"。

那个时候电视都是直播的，好玩儿极了。节目要播出的时候，先用人工操作把字幕"文化生活"播出来，然后我就上去主持。这个过程事先要稍微排练一下。比如说，有一次做《黄河大合唱》，我去请李焕之[1]来演唱，并请他来讲解，事先他先讲一下，我记下内容和分镜头使用。然后，我去借电影资料片、搜集图片，最后摆好机位拍摄。当时我的节目至少要用三个机位，一个人只管一个机位。他讲的时候，我就把画面切到《黄河大合唱》电影片上，这样就做

---

[1] 李焕之（1919~2000），著名作曲家、指挥家、音乐理论家。其创作的《春节组曲》已成为中国春节播放最多的交响乐曲。

到有声音有画面。他讲到别的地方,我就把它切到其他图片进行配合,这样就构成了一个节目。

那个时候电视节目制作还是很复杂的。工作人员弄不好就会切错画面,第二天台里简报就会通报批评。这个节目本身很有新意,如果录像带能保留下来,现在回看会很有意思。可惜很多录像播出后就删除了。我还做过"用相声说漫画"的节目,当时请来侯宝林、马季这些相声大家,还请了个漫画家来画漫画。让相声大师们自己准备一下就开讲,他们很善于发挥,将漫画的内容讲得惟妙惟肖、十分生动。我还做过"克拉玛依之歌"节目,这是一首非常好听的歌曲,我找了三个歌唱家用不同的唱法诠释这首歌曲,赋予了这个歌曲不同的感觉。我还做戏曲节目,为观众普及戏曲知识,让大家都能看懂戏曲。我一个人一个礼拜就要办一个节目。那时做节目我什么都干过,编辑、摄影、写台本,还客串主持人,因为播音员不知道我要说些什么,有的稿子我也写不清楚。那时台里特批让我来主持,尽管我的普通话不行,但这也没关系。

后来组织上让我办"新人新事新风尚",再加上文艺节目,时间紧张得要命,那个时候一点休息时间都没有。我一进电视台,不到两个月就开始制作节目。我的节目是知名节目,请来的都是名人,包括王进喜、陈永贵等先进人物都到我们这里做过直播。

电视大学是我开办的最感欣慰的节目

我办的最感到欣慰的节目不是"春晚",而是"文革"结束后的电视教育节目,后来改名为"电视大学"。这是我个人历史中最重要的一个部分,其中很多内容我以前很少讲。

那个时候,"文革"刚刚结束。"文革"中全国的大学教育几乎都停了,大学很多年都不正式招生了。一次,教育部社会教育司的两个年龄比我大一点的同志来到台里,台宣传办公室领导叫我负责接待。他们想和台里合作办教育节目,并给我讲这个节目的必要性,我听后,觉得做这个节目很有意义。于是我跟他们一块儿,到基层开了将近20个座谈会,深入工农兵群众中,尤其是到工人中去了解他们对教育的渴望。座谈后,我觉得自己坐不住了,深深感到工农群众很需要文化知识。很多人说,现在我们饭能吃饱,就是没有文化。还有钢厂工人说,"我们连ABC都不认识,操作机器时结果按错一个按钮,操作失误了"。基层群众都迫切需要学习,很多大厂也都十分支持,提出如果有机会让工人学习,工厂也愿意给他们创造学习条件,一边工作一边学习。

就这样我和几个同志一起很快就办起了电教节目。根据社会最需要的科目，我们先开了三门课，分别是数学、电子和英语。当时只有北京能收看到节目，很多都是工厂组织集中收看。我到下面去看播出效果，那场面很壮观，偌大的教室里面放了九台电视机，工人们一个一个坐着做笔记，有的工人还拿着望远镜在看。就这样，我的电教节目一下子就打开了局面，这场面让我感到十分紧张。后来，组织上就让我把电教节目接管起来，我开始组织一些人专职制作电教讲座，节目后来的知名度也在不断提高。记得当时配套电教节目出版的教材，王府井新华书店门前排起了购买的长队，人群居然从西单排到东单菜市场，一整条街都是买材料的人。当时人们的学习热情空前高涨，很多人都学英语。

这个节目引起了各方面注意，甚至掀起了全国学习的热潮。当时这样的教育节目除了北京以外，上海还有一些，别的地方还没动静。我们受到鼓舞又搞了电视大学。当时台里向中央写报告希望得到中央支持，进一步扩大电视大学的规模，将电视大学做成全国性的电视节目。当时，电视节目传到全国，技术上困难还很大，首先微波传输就是一个限制，当时的技术无法传这么远。报告递交上去后，中央马上批了下来，一下批了5000万给台里办电视大学，教育部负责教材出版，中央电视台负责制作节目。

这是我一生当中最感欣慰的事情，因为电教节目可以说挽救了当时的教育。后来我去外交部采访，遇到一位处长级的官员，最初也是学电大英语出身的，可见我们还是培养出了一些人才。

电视大学正式挂牌后，我们进口了一批设备，最便宜的录像机型号是2860，我们买了500台。中央电视台留下大部分，然后又分给每个地方台几台录像机。这样当地也可以录制电视教育节目并在当地播出。正式开课后，我们还组织了第一次统考。当时中央很重视电大统考，要求电大的毕业生水平要跟同等学力的大学水平一样。我们开了几个考场，英语、数学、物理、化学各学科都有。我除了管录像，还全面负责电视节目的制作工作。当时，有个转播车归我管，那是从英国进口的转播车，台里把人配齐交给我来调度指挥。"电视大学"成功后，组织上让我做电教部主任，我也是电教部的第一任主任。

当时电大统考有的是开卷考试，我到青岛、烟台等地去看英语考试现场，当时规定几点同时开考卷，不能提前。试卷都是飞机运过去、有人保护的，然后我就在考点看着发卷。当时在英语考点，我发现大部分考生都是年轻人，也有几个年纪比较大的。最后，教育部告诉我，考试成绩大部分优秀，说明电视大学办学是成功的，学生的学习是有收获的。

电视大学的成功，让教育部和央视都想让我接着做这个节目。教育部想把我要过去做电视大学副校长，电视台这边则想让我搞宣传，留在台里发展。当时广播电视教学节目是电视台和教育部共同制作的，电视台负责录像和播出，教育部负责教材的审核和教师的聘请。后来电视大学成为独立的教育机构，归教育部管理，央视就不再参与节目制作。

参与创办"春晚"

我重新回到央视后，继续做文教部主任。此后央视的电教节目开课更多了。我们也会搞一点花样，如情景英语，带点画面增加趣味性的，还增加了计算机讲座。当时文教部下设三个组：一个是文化生活组，这是我的本行；一个是科技卫生组；还有一个是少儿组。我在文教部做了几年节目后，因为文教部跟艺术有点关系，于是组织上又把我调到文艺部当主任。文艺部里有很多老导演，有的辈分比我还高，我是1962年进台里的，有些导演是1958~1959年就进来的。论资历都在我之上，让我做主任我感到压力很大。

我当时兴冲冲地向台里保证，给我三年时间，把文艺部搞好。最初的时候想把办公室弄到文艺部去，但是我在文艺部还没怎么扎根，一下子任命又下来，提拔我当中央电视台副台长。我把这个任命书往桌上一甩说，"我不干，我还是在文艺部干算了"。组织上说，"不行啊，人选已经定了"，这样我被硬拉去当上了央视副台长。

应该说我赶上了一个好时代，我是1977到1978年搞电教，1979年就到文教部搞了两年文艺节目，1980年我又升任中央电视台副台长直到1994年卸任。改革开放以后，老百姓强烈要求丰富文化生活。我到文艺部工作的时候，强调突出各种老演员来唱歌，这一举措引起了社会强烈反响。比如请郭兰英这样的老一辈歌唱家多次来到电视台献艺。

我们那时做文艺节目比较早，所以做的很多工作都是开创性的，中央电视台的"春节联欢晚会"就是这样的。当时电视台也有一些其他文艺晚会，但都是录像播出的。当年我们进口了录像的设备，录下来再播。主要是因为以前直播过程中连着出过几次事故，所以后来台里要求，所有的文艺节目都要求录像播出。到了1983年，我们的老导演黄一鹤[1]找到我，提出"今年春节晚会是否可以换个样，采取直播行不行"？我以前做文艺节目就是搞直播的，我还搞过

---

[1] 黄一鹤：央视著名电视导演，1983年"春晚"总导演。

毛主席接见红卫兵的直播。我说："直播是我们的拿手戏啊，当然可以，咱就筹备这个。"当时离春节只有两个月，时间很紧张。我们聘请了侯宝林、王昆等艺术家当艺术顾问。我是搞播出出身的，所以对直播的程序和技术比较了解。当时向台长请示的时候，他二话没说就支持了。

　　1983年，我们办"春晚"的起点是比较高的。我们提出，第一要让观众不换台一直看下去；第二就是点播，我们全部可以调录像，当时为此专门设置了四部电话。请来当时观众最喜欢的演员，所有的节目都是一流的。比如想听唱歌，当时老百姓喜欢的歌手我都能请到，所以节目办起来是有把握的。

　　第一届"春晚"的条件还是非常差的，演播室设在广播老楼里一个600平方米的房间内。当时有人提出要设主持人，但是我们还没有这个概念，就请了几个演员来客串主持。马季做个开场白，就高高兴兴地开播了。因为只有600平方米演播厅，因此没有多少客人可以请，地方不大，来的艺术家演员就成了观众。该上台了，上去表演，演完下来坐在那儿看节目。当时现场布置也很简单，但是节目都很精彩。这期"春晚"出现了好些"杂交节目"，唱歌唱戏的来个歌舞，说相声的来个《刘海砍樵》反串，小品也是在这里第一次出现的。还有哑剧《吃鸡》，这都是演员排练用的节目，结果播出后观众反映很有新意。当时没有广告，全程一直演下来，一演就好几个小时，大家高兴得不得了。我们当时还请了海灯法师进行表演，我到尼泊尔去看他，他打坐，只吃个馒头，床也不睡。我说想请他上台表演，他就让随同的两个身强体壮的徒弟在旁边拿两个棍子，现场打他，看他的硬气功。观看完表演后，我说这不行，搞这玩意儿太可怕了，有功夫也不行。后来我就让海灯法师作一首诗，然后介绍一下，就完了，要是在电视画面上做表演恐怕不太好看。

　　那时候演员和我们的关系都很密切，并不是说只聘一下、表演个节目就完了。1983年的"春节联欢晚会"，收视的范围还很小，主要是在北京，还有一些微波站能够看到一点。因为节目搞得好，各地都要求收看，于是邮电部门加紧在各个省之间连线，这样就把电视收看地域进一步扩大。此后随着文化事业的发展，电视业的影响也进一步提升。电视机由黑白变成彩色，电视产业开始步入发展快车道。

　　春节晚会的创办是为了满足人民群众迫切的文化需要。台里领导十分同意我们的创意。当时台里领导的指导思想，就是让老百姓高兴地看节目。还有一个以前很少谈到的重要问题，就是中央领导也特别想满足老百姓的文化娱乐需要。当时我们的文化部部长同时是《人民日报》的总编辑和社长，理论水平很高，我每次向他汇报"春晚"的情况，他都很支持。

当时社会上非常流行李谷一演唱的《乡恋》，但是当时大家对这首歌曲存有争议。如果搞直播，有观众点播这首歌，播还是不播？如果大家都点李谷一的《乡恋》怎么办？为此事，我向文化部长做了请示汇报。部长一听有争议也没把握了。他说，"如果有争议就不要播了，如果每次都点播，让李谷一换唱别的歌曲"。可是直播当天，观众们就要点这个歌曲，一直点到第四次后，我给部长报告说，"今天人家就点这首歌，不唱这个歌今天恐怕结束不了"。他想了几秒钟，果断地同意播出。就这样这首单曲才得以播出。当时领导的思想也不是保守，主要是因为歌曲本身有争议，怕惹麻烦。我的权力是文化部长赋予的，导演的权力则是我授权的。这件事说明当时的领导人很理解老百姓希望看好节目的心情，也希望百姓能快快乐乐过个年。

我们两届春节晚会办得都非常成功，办下来没花多少钱。我问演员和参与者是要纪念品还是出场费？参加"春晚"的所有人都说要纪念品。当时我们做"春晚"也没多少钱，所谓的纪念品就是拍几张照片留个纪念。1983年那届春节晚会在社会打响了。当时那个影响，就跟现在网络传播差不多，传来传去大家都说非看不行了。

就这样1984年的"春晚"，我下定决心，要把它搞成精品。事实上，这一届"春晚"是我感觉搞得最好的一届。1984年的"春晚"节目题材都非常新颖，主要是增加了港台的歌舞节目，让人耳目一新。节目选择很好，张明敏的《我的中国心》，奚秀兰表演的高山族舞蹈都很有新意。而且舞台布景也更加考究，我们第一次安置了地灯，这在过去是没有的。舞台上灯光闪耀，演员们载歌载舞，视觉效果很好。另外有从台湾刚回来的主持人参加节目主持，体现了全国人民的大团结。节目的质量和数量都比上一届有所提升。

这届"春晚"结束后，我和所有主创人员都很高兴。记得那天"春晚"播出结束后，当时大部分演员都没走，不像现在都有汽车，演完节目都开车走了。当时很多演员都不走，演出结束后我请他们吃饭，为了表示感谢，我那天喝了很多酒。喝完酒，初一的晚上接着跳舞，我跳到凌晨四五点，大家都走完了我才走。这两届"春晚"的成功举办，让我们一下子感到很有成就感。"春晚"在当时，还引起外国使馆的关注，很多使馆向我们要录像带看。"春晚"从此一发不可收，成为一种新民俗，为中国的百姓过春节带去祝福和快乐。我在"春晚"的演播室过了十个春节，参与了十届"春晚"的导演、策划和创作。虽然我不挂名字，但实际上总导演、总策划我都是参加了的。

洪民生在春晚演出现场

1985年"春晚"败走麦城后的重整旗鼓

1985年的"春晚",是我们大失败的一届。失败在哪儿?主要是前两次的成功让导演冲昏头脑,想搞得规模再大一些。当时黄一鹤心气儿足,台里也支持他,他将"春晚"现场从演播室挪到了体育馆。现在看起来这届失败主要原因是节目太多太杂。一是由于在体育场主办,空间大,灯光也没配合好,电视画面视觉效果很差。二是由于当时缺少资金和户外演出的直播经验,演出中话筒挂的太少,机位设计也不好。节目演出中,想拍一下观众笑的画面都找不出来。此外,节目里好像还有谁说了不恰当的话,引起了观众的不满等。节目演到晚上12点我在上面坐不住了,跟导演商量砍掉了两个小时的节目。如果不砍掉,恐怕演到初一早上六点钟也结束不了。导演当时胃口太大,节目贪多,什么都搞上。整个节奏就被拖下来了,十分冗长。1985年"春晚"的教训太多,事后我们认真地进行了总结。不是哪一个环节出问题,而是整体环境和指导思想的问题。1985年我在全国电视台长会议上做了检查,我向当时与会的各地方台台长鞠躬道歉。因为当地民众很多骂地方台,他们播出央视的"春晚",实际是代我受过。

在全国的一片骂声中,中央电视台第一次用新闻的方式向全国观众道歉。我要承担责任,并等着台里罢我的官。可是很奇怪,我等着部长来宣布处分,却不知什么原因我不仅没罢官,还升官了。到现在我还没搞清楚是为什么。

可能是我的口碑还不错吧,同事也理解我是热心做节目,失败的原因是多方面的,于是继续让我留在那儿接着干"春晚"。我力挺让失败的黄一鹤导演也接着再干。另外我也向文化部长汇报,要求做一个有责任和实权的领导。"春晚"的任何意见都要通过我，让我心里有数。不能说，谁想唱歌就上去唱而我不知道，这不行。这样自上而下实现我跟导演、演员的沟通。我不怕罢官，"春晚"不能玩火，玩不起，它关系到整个党的文化事业。就这样我一直做到不搞"春晚"为止，此后没有一届"春晚"是失败的。

连续参与主创了几年"春晚"后，我们基本上找出了"春晚"成功的规律，那就是不断创新，让老百姓看最喜欢的节目。此外，还要让老百姓在"春晚"中体会点喜怒哀乐、甜酸苦辣。总是一个味道，时间长了百姓会腻的。所以在早年的"春晚"中总会有很多辛辣讽刺的经典节目。例如有一个相声节目是讽刺"官僚主义"和"不正之风"的，叫《领导冒号》，意在纠正社会的不良风气。最初几年的"春晚"，时常能看到针砭时弊的优秀作品。主要是我感到整体节目虽有酸甜苦辣，但辣的不够，光是歌功颂德不行，要能把百姓心声反映出来。

最近央视播出了一个"春晚"纪录片，一共5集，记录整个"春晚"创作团队走过的艰辛历程。这个节目和"春晚"同步播出，看了以后很过瘾。纪录片想让观众理解"春晚"，很多演员在排练节目过程中付出了很多汗水，有的难度很高，练了半天才完成动作，最后导演宣布节目不能上，参加排练的演员哭成一片。这个纪录片真实地将节目审查的残酷程度真实地记录了下来。同时也让观众看到导演对节目的精益求精，这么好的节目都不让上，真的是认真地对待节目和观众。

"春晚"的文化很深刻。我是"春晚"最忠实的观众，前十年的"春晚"，我从头到尾都参加过每个节目的审查和修改，后面我则要看"春晚"的彩排和直播，一次都没落过，这在全国还找不到第二个人。虽然后来我不管"春晚"了，但我还是可以提些建议。例如彩排的时候如何变化，我是什么看法，给导演组做参考。因为，我已不在领导位置，所以我只是建议，不会乱插嘴干涉导演的工作。

我对"春晚"特有感情。每次做"春晚"的顾问，我总对导演哈文说，我参加"春晚"是要挑毛病的，就是让她心里没底，然后好好干。实际上"春晚"里面科学规律很多，要分析起来是一种很科学的理念。晚会的节奏和进度就可以用到心理学，我们专门研究过观众心理学。看"春晚"的主力是孩子，不要得罪孩子，然后还要善待老年人。整个节目在晚上12点前要有3~4个节目能形成小高潮，这样层层递进后，到12点慢慢形成高潮，让观众不断有激情感受。12点钟声敲响后的节目又怎么设计？因为这个点你再想搞什么节目基本没人看了。

参与《新闻联播》的初创

《新闻联播》设想源于"文革"后期。1976年全国电视会议在上海召开。我负责起草会议文件。我们当时的局长是邓岗（时任中央广播事业局局长，笔者注），是新华社派来的，他挺支持我们的工作。邓岗带我们一帮人到上海开会，上海方面对我们非常优待，派了专车来接送。既然是全国电视工作会议，就得讨论东西，讨论什么呢？有一个提案就是建议办《新闻联播》。

那个时候各地电视台相互联通不断扩大，地方电视台也都有自己的新闻节目了，于是希望搞一个全国性的新闻节目，这个就叫联播，就是联合播出的意思。初步讨论是让北京来组织制作这样的节目。会议后，我们带着这个决议回到北京。我作为会议的参与者，知道联播的事情，但过后也没当一回事。

那个时候，我还在电视台的宣传办公室工作，具体业务是节目审查。后来，《新闻联播》的事情说要具体执行，我和其他几个人被抽去落实这个工作。怎么弄呢？当时拍摄的画面都是使用胶片，地方上的新闻影片送到我们这儿的时候，有的都过一两个月了，再播出那也不叫新闻了。我们还要将各地送来的片子重新编辑，分发给各地播出，编出的这个东西就是《新闻联播》的雏形。当时所谓的新闻都是这么干的，而且拍摄新闻不像我们现在这样追求时效性和新闻价值。当时《新闻联播》大多是应景之作。比如春天到了就拍春耕。拍摄的方法都是老一套，摆拍的多。比如说要选几个漂亮、好看的或者典型人物拍摄耕作的场面，为了显示春耕大家都忙于田间的景象，还要赶几头大牛在一起拍摄，当时的新闻都是这样拍出来的。

不管怎样，联播的事情开始执行了。有几个地方大台，往我们这儿送片子慢慢形成定制。中央台为此专门成立了一个新的机构叫地方组，负责到机场或到指定地点去接地方送来的片子。有的重要新闻既要有专人送，也要有专人接。我们还有一个很好的洗音组，把声音洗出来然后送到编辑组进行编辑。片子在编辑组将各地的新闻弄到一块儿，然后打出个牌子来播出，当初不叫《新闻联播》，有另外一个名字，就这样一个新闻节目的形式就此形成。它创办之初，是暂时的，谁也不会想到后来会有这么大的规模和影响力。

当时《新闻联播》的新闻来自全国七八家电视台选送。如果有特别的内容，中央电视台也会派人去直接采访和拍摄。到后来慢慢形成一个概念，各电视台成了中央电视台的集体记者站。节目形成之初，我参与其中一段时间的工作。后来，慢慢转到新闻部专门负责了。当时新闻部的编辑组和地方组等，都跟全国地方台有接口。我做中央台副台长的时候，《新闻联播》的规模就已经很大了。我每个星期五的上午，召开全国新闻电话会议，由我来讲最近《新闻联播》的内容要求，地方台领导记录传达，主要说明近期中央的宣传精神有什么，需要宣传的重点是什么，让地方台来提供。有的还可以在电话里对话，这个工作我干了好长一段时间。

那时候，山西台有个同志对我们的宣传精神理解得特别深透，另外他人在北京，因此他的新闻使用率比其他地方台都高。他能吃透精神，要求什么就提供什么，很会揣摩编辑的需求。这样新闻联播的内容和形式慢慢确定下来，最后像政策一样被固定下来。《新闻联播》的职责也更加清楚。最后中央下文，明确我们中央台在各个省台不派记者，而是成立集体记者站，地方台送新闻带子，经过央视的选择和审看，最后播出。

应该说，我也是《新闻联播》的创始人之一。最初开播时，我也参与了部分工作。虽然我实际工作的时间并不长，但是起了关键性作用。我最早是和几个人参与制作播出的，慢慢把它变成一个特别的新闻形式，毋庸置疑全国联播是有划时代的意义。此前重要新闻都是通过中央人民广播电台在8点钟播出的。随着电视的发展，电视替代了广播，人们养成了晚上7点钟收看《新闻联播》，了解重大新闻的习惯。在这个过程中，我参与了《新闻联播》的制作工作，算是起到了承上启下的作用，其创办的背景大致如此，历史事实应该不会有错。

用荧屏弘扬书法艺术

书法是我在绸布店做学徒的时候学的，当时的进步不大。学徒的一个重要学习内容就是练字（记账用），今天写篇大字，明天写篇小字，交给总会计让他批改。新中国成立后的一天，我在马路上走，无意中看到电线杆上贴着一个教书法的广告。我感觉学书法很好，再一看地点在大世界南京路那儿，离我们不远，就去了。那个书法老师叫丁一毛，和我还是同乡，也是宁波人，专门教书法，我就到他那里学。当时是一块钱一小时，那时候一块钱还是蛮值钱的，我整整学了大概一年，按照他的方法学，进步非常快。他的教学很得法，用他的摹本，可以摹和临，最重要的是他手把手教你练习。不管多少字，书法一共就有十笔，字是由笔划组成的，所以先把基础打好，把每个字的单笔练好，经过结构搭在一块儿就形成了。过去字帖是不能摹的，摹就摹坏了。临摹是不断把自己的心融入字中，这样才接近帖的本意，进步自然就快。我完全按照他的方法做，仅三个月以后，我把字交给总会计一看，他大吃一惊说："为什么你的字一下大变样了啊？！"我就跟他如实地说了。这位总会计一听连忙问我在哪儿学的，让我带他一块儿去，这样总会计就跟我一起学书法了。这个老师学问很大，年轻时候就是书法家了，他给我讲书法家的故事，总能吸引我。他说练书法一个要看，一个要手把手教。看就是亲眼看，自己比较哪个好哪个坏。后来上海搞"三反""五反"运动，到处张贴大字报。我的书法算是派上用处了。我常常写大字报，贴出来，我又跟其他人的字对比，一点点积累经验，书法也就慢慢练了起来。

书法练习到一定境界，会让人非常痴迷。夏天人家午睡，我不睡就练字。我不是聪明人，但是我很刻苦。我的主张就是不管你有多难，我用三倍的工夫来对付你。你再聪明，我三比一对付你，我就是通过下苦功来练习书法。

学书法也有好处，毕竟它是一门传统艺术，是要用心去研究的一门学问。我现在给人家题字，都看好多书。有人说，书法有"法"，这个观点我绝对同意。所谓的"法"就是方法。书法对我的工作人生都有很多启示。人生是有方法的，生活也要有方法，你要怎么活着，用什么方法活着，结果是不一样的。书法对我的工作也有启示，我做工作讲究方法，"七分功，三分法"。

我人生一路下来，十六岁在布店做学徒，二十三岁担任供方经理，整整在布店做了七年，书法也没练出来。后来，我在丁老师那儿正式学书法一年多就很有起色。我一直跟着他学，出师后有时候我还是去拜访一下，他还会给我讲，但是我已经自学了。后来，我又自学新闻写作，写散文，写诗什么的，反正净在文化圈打转了。书法学习必须要爱到这个程度，像我现在到马路上走，我不看别的，只看招牌，这块招牌字好，那块招牌字不好，总是这样去比较，养成了一种习惯。我到一个地方去参观，也要看当地碑刻。

后来我萌生了将我的爱好同电视台工作结合起来的念头，创办一个电视书法节目。开始的时候，我偏重于书法文化的讲解，讲的跟别人都不一样，我把最好的老师都请来探讨电视书法节目该怎么办。我说："我学过书法，在电视里不要讲史，书上讲的东西都不要讲，你们每位老师好好总结自己的心得，这一撇应该怎么写，通过书写示范，然后把写得不好的东西展示给观众，让观众跟着改，告诉观众怎么改，字才好看。"我还建议将颜体、欧体、赵体用口诀归纳出来便于观众记忆。

洪民生在练书法

我当时办的书法讲座，请的都是第一流的书法家来讲的。后面的画面是我配合做的，一台机器拍背景，另一台录他的神态，然后互相切换。当时条件十分简陋，人家要印讲义，我也没地方印，只是用刻蜡纸做少量的讲义发掉，发200份就算很多了。但当时讲解的书法课程质量高，以至于多年以后，上海书法杂志创刊后还专门找到我，向我索要当年书法讲座的提纲。我把提纲贡献出来，跟书法杂志社联手转载，别看只是简单的提纲，让人学习后受益匪浅。

学习讲座让好学之人找到适合自己的电视节目。在后来的文化生活节目中，我办了一系列学习节目，甚至还有学芭蕾舞的。我什么都讲，依据电视的特点言简意赅，讲要害的东西。电视的直观性很适合讲书法讲座一类的知识，但在广播上讲就绝对不行，没有画面的配合，听众听得云里雾里的，弄不清楚。戏曲讲座也是，选择电视是因为它能表现戏曲的动作和舞蹈动作等。你看电视戏曲讲座，就明白怎么看戏曲，什么是艺术的虚拟动作，转身都有什么身段，什么动作代表关门，什么动作代表开门，每个动作之间都是有关系的。这样一讲，观众再看戏才觉得有味道。

书法是在我自己得益后，正好又在电视台工作，算是利用文教部主任的权力将书法讲座影响扩大了。后来我做了电视台副台长，还是很喜欢办书法节目，我曾主抓创办了"全国大字比赛"，把小孩儿都组织起来写毛笔字，看到书法人群不断地扩大，我感到十分高兴。在我的任内，大概搞了四次"全国书法篆刻大赛"，包括少儿组、青年组和老年组。

那时候故事非常多，有个小孩儿给我们写信说，"叔叔，我上回寄的书法参赛作品写错名字了，大字不是我写的是我爸写的，不能算。这张作品才是我的……"我们后来吸取这个教训，凡是小孩儿的作品，后来也扩大到成人，头几名作品都要到北京来面试，当场书写，以免作弊。

我还遇到过一个四岁半的小孩儿写"振兴中华"四个大字。我们书法家评委谁都不相信这么点的小孩儿能写这种大字，字体很有气魄和力量。我们马上联系小孩的家属来确认，他爷爷和爸爸接电话都说是小孩写的。于是我们将孩子请到现场进行表演。孩子到了现场后一点也不怯场，就写这几个字，拿来一个筒，墨汁一倒，把鞋子一脱，把纸铺好，上去一挥而就，四个遒劲大字，让我们在场的每个人都确定这个字确实是他写的。原来，老师教这个孩子就这四个字，孩子太小也不懂意思，反正就是反复临摹练习。我看见孩子后非常高兴，抱着他照相。结果他的妈妈送我个小孩儿的名片，上面一堆获奖荣誉。我看后说，教育孩子不能太功利、为出名，孩子现在还小，对书法还不懂，你现在教他写字写好，还要把人做好。让孩子过早成名，会为名所累，对他的成长并不好。他的母亲听我这么一说很是同意我的观点。

还有一个11岁的男孩，当时参赛也得了奖。他妈妈陪他来领奖，跟我们说为了来北京，卖掉了家里的一头猪。她说，孩子就是爱写字，家长都不认字，家里穷的连纸都买不起，最后为了参赛才买了几张纸给他写作品。我们一致评论这是优秀作品，我们看见孩子非常朴实，又听见他妈妈说生活这么困难，都十分感动，纷纷鼓励他好好写字。他因为舍不得浪费纸，所以每一张纸都写的非常认真，因为那是用钱买来的。当时新加坡和其他地方的评委也都很同情，赞助了这个孩子和家长回乡的机票。

还有一个例子说明我办书法比赛的影响。有一次，我在一个地方开会，一个人突然给我鞠躬，让我十分诧异，忙问缘由。他说："我是在你们书法大赛里得过金奖的参赛者，您亲自给我颁的奖，而且跟我讲了几句话。您说的这些话，改变了我的一生。我后来还是坚持学习书法，最终走进了艺术院校。"他说的这些，我都不记得了，没有想到书法比赛，能改变人的命运。这个人后来坚持写书法，现在已经在文化部工作了。书法电视讲座和比赛，虽然不一定让每个观众都成为书法家，但书法的底子却对他们走上社会、参加工作提供了帮助。还有很多人现在仍会回忆那段参加书法大赛的经历，像文物出版社的原社长如今是书法家协会副主席的苏士澍，他最早也是参加我们书法大赛的选手。

我喜欢用自己的爱好来办电视。还有个例子就是央视拍摄四大名著电视剧，这个策划是我想的。谁也没叫我做过，也没有命令必须拍，我就是以个人爱好为出发点。我想用电视表现四大名著一定会很好玩，尤其是可以用电视特技来表现《西游记》里的很多内容。我小时候看过《西游记》小说，又熟悉电视特效，坚信电视一定能拍出《西游记》。这个想法没人告诉我，也没有人安排我来做。我看时机成熟了，就向台里一套建议要拍四大名著，首先就拍《西游记》。

当时我们台长很支持，他懂设备，建议我们买最好的特技设备来拍摄《西游记》。记得我们台里有对夫妻是搞戏曲节目的导演，因为戏曲不景气不想干了，要离开电视台。我跟他们是一代人，我劝他们说，我们都是一起摸爬滚打过来的，现在电视是个很好玩的东西，你们不要离开了，我有个好活儿，马上就拍《西游记》了。我当时还停留在导演戏曲的角色上，没有导演过电视剧。我坚信有了特技设备，孙悟空钻到如来佛肚子里的画面就能拍摄出来了，实际上绝没那么简单。《西游记》的投资都是我具体抓的，演孙悟空的主演六小龄童也是我去选的。他在回忆录里写过我们当时见面的情形。他说："洪台长坐在那里也不说话，我有一点紧张，只怕不太满意。第二天就通知我过去，于是我就成功了。"

儿时教育决定人的一生

孩子早期从事艺术学习比如声乐、戏曲、钢琴，甚至表演，对孩子将来成才都大有好处。这有助于孩子早期大脑的智力开发，提高对事物的认知能力。为此中央电视台组织了少年演出队——银河少年艺术团。我多次参加艺术团的家长会，我问孩子的父母，让孩子参加艺术团会不会影响功课？父母差不多都讲，不仅没有影响，而且孩子待人更礼貌了，对其他的课程也都有很好的表现，可见艺术和求知是一个联动的关系。艺术有两个基础：一个就是书法、绘画、雕塑这个系统，它们相互之间都有关系；还有一个系统就是音乐。这两个艺术系统都关系到旁系，知道这个关系，就能做到全面科学地培养孩子。

我到电视台做少儿节目的时候，实际带着我儿时的感受。最初搞少儿节目，我是不会哄小孩儿的，但是我感到儿童时期的教育决定一生，要特别地懂得教育，对此我自己有着深深的体会。我出生在浙江宁波，家乡有一所洪塘小学，我在那里读了一年书，大概是小学一年级吧，这对我一生都产生了影响。因为我们的小学教学太生动了，在这里面教你种菜、养花，甚至还有个邮局，我跟同学们一起用小片儿当信纸放在邮筒里，用邮递的形式互相送给对方，这让我感觉学习是个非常好玩的东西。从此养成了一辈子读书的爱好，看书不发愁，我喜欢书，喜欢动脑筋。有了这个小学校，有了那一年无忧无虑的读书时光，使我从小就养成了良好的学习兴趣，终生受益。

后来，小学校长多次请我回到学校去，叫我写写字，现在校名"洪塘小学"几个字是我写的，2010年我们这个小学居然已到百年华诞。一百年的小学到现在一点不落后，设施很完备，都是华侨资助的，教室宽敞明亮。很多古老的建筑现在都被保护起来，甚至连里面的座位都保护起来了，现在学生都在旁边的新校舍上课了。我还记得，我小时候坐在第几排、第几座，我都干了什么事。小学一百周年校庆的时候请了几个人回去参加校庆。其中一个是澳大利亚华侨，还有一个就是我。开始我有点儿为难，校方给我设计了半天。母校领导说："洪老师，我们已经排练好了，在诗朗诵的时候让你在朗诵者当中出场。"我说："你要是这样我就不去了，这样不好，不平等，让我低调过去介绍一下就行了，有什么需要我来办的，我就办一下。"

后来校方答应了我的要求，校庆仪式办得很朴素。主席台上坐两个人，介绍到我的时候我就起身向大家致意。然后就是一块儿吃饭聚餐，地点在他们的篮球馆里面，几十桌的宴席，我坐在那儿，所在地的镇长陪着我。这个时候，校长过来请我代表校友给大家讲几句话，我很高兴地同意了。我讲一些我在学校的经历，讲了我小时候怎么接受教育，我是怎么学习，我对家乡眷恋和热爱。我还特别叮嘱镇长，"你以后规划咱们这个村啊，千万不要把我们学校门前的那条河给掩埋掉，这可是我们小学的标志性记号"。我说完这话，全场都乐了，校长也很满意。

所以说，人的成长虽然漫长，但是小时候的经历绝对对他一生都会起到很大的作用。怎么来待人，如何来学习，都是从小形成的一种习惯和气质。现在有的孩子教育得不好，主要是学的太多太杂了。家长有钱了，让孩子什么都学，学完书法学钢琴，学完这个学那个，孩子不堪重负，影响精力和体力，甚至影响孩子智力的发展。

"记者工作是我的人生追求"

——郭梅尼口述实录

【人物简介】

郭梅尼(1935~),著名记者,湖北孝感人。1953年6月,从共青团武汉市委的一名团干部走上了记者之路。先后担任《中国青年报》报社记者部主任、《科技日报》报社编委、《科技日报》报社记者部主任、首任女新闻工作者协会副会长、中华全国新闻工作者协会特邀理事等职。曾获全国"三八红旗手"、首批"全国优秀新闻工作者"称号,并获首届"范长江新闻奖"。郭梅尼长于人物通讯,文笔优美,真挚动人。其优秀作品不仅获得国内外很多新闻奖,而且多篇入选中学语文课本。其代表作品有通讯《生命的支柱——张海迪之歌》《钱三强在居里实验室》《一个普通的灵魂能走多远》以及作品集《人生当架几座桥》《生当作人桥——桥梁专家茅以升》等。

郭梅尼

记者要有一双时代的慧眼

在青涩的学生时代，我总是喜欢参加学校举办的各类活动，特别喜欢写讲话稿、上台参加诗歌朗诵会等活动，表现得非常积极。16岁的时候，我被推选为中南区文学代表大会的学生代表。我读高三下学期的时候，共青团武汉市委觉得我比较合适干文艺宣传工作，便调我去团市委宣传部工作。1953年，《中国青年报》准备在全国建立一批记者站，而当时武汉市团市委领导们就推荐我去参加。因为有了两年团干部的工作经验，加上年轻有活力且爱好写稿子，当时中青报记者部的主任丁旺同志当即便同意我加入《中国青年报》社。由此，我便走上了从事新闻事业的道路。

当时因为没有读过大学，整个武汉市里，念过新闻系的大学生也寥寥无几，所以我对新闻一窍不通，不懂新闻是怎么回事。那时候虽然很努力，也很深入，天天坐到工厂等新闻，但是还是不知道如何下手去写新闻稿件，以至于半年都没有登过稿子。稿子没有上报纸，依然留置在青年报，我们称之为被"枪毙"了。自己当时写过不少稿子，但基本上都被"枪毙"了。当时我就在想一个问题：作为一个记者，首先要知道的就是，第一个要抓的是什么。无论是做记者，做编辑，还是做总编辑，一个新闻工作者首先就是要知道你应该抓什么，应该报道什么东西，这对于你来说是第一课，也是终身的课，将来作为一个部门的总编，作为一个报社总编，你都要知道你要报道什么东西，这也是我刚踏入新闻界的一个最深切的体会。半年都没登我的稿子，我当时挺灰心的，总在想这篇为什么不登呢？虽然报社会写信给我，告诉我这篇稿子有什么毛病，怎么修改，但我依然十分热情地想写好一篇新闻稿件。

1954年的时候，武汉大桥首先开工的是汉水铁桥，工程开工了以后我就到工地去住着，跟那些工人住在工棚里，有时候还跟工人一起上夜班，跟工人们聊天，积累了很多材料，就拿笔记本都记着。可是，后来写的稿子还是不行，都退回来了。然而，有一天来了一个《人民日报》的大记者叫陆浩，他找到我，向我询问一些工地的情况。跟我同住工棚的统铺上面的一个人，叫陈慧珠，是一个实习生，她在那个地方跟工人一起劳动，干得不错。我就把她的情况跟陆浩介绍了，陆浩回去很快就写了一篇稿子，登在了《人民日报》上，这个事情使我产生了很大的感触。我就在想，我在这里住了这么久，为什么就写不出好的新闻稿件呢？为什么陆浩没来多久就能写出一篇好新闻。自那以后，我自己总结了，他写的是关于什么的内容，他写的就是这个实习生跟工人师傅怎么样学习，然后学到了书本上学不到的东西。我想的是，因为他很好地抓住了一个主题，就是跟当时的知识分子要和工农结合的时代背景联系起来了。人家写的文章是跟当时的时代潮流结合在一起的，而我当时写的文章都是跟踪采写某个人怎样工作的，写的稿子都被"枪毙"了。我写他干什么？我为什么要写他不写别人？这些我当时都没有思考过。不是任何一个人，任何时候都可以拿到报纸上来宣传的。什么时候写什么人，这要看时代的需要，记者要把个人和他身上的事放到时代秤杆上称一称，看看他有几斤几两的新闻价值。这是我自己做记者以后总结的最早的一个教训，也是我终身受益的一个教训，我后来总结成一句话：记者要有一双时代的慧眼。

不断探索，不断超越

到了1956年，我回北京了。回到《中国青年报》报社总部以后，我被分配到编辑部。大约有将近一年的时间，我都在编辑部实习。在编辑部实习过程中，我知道了新闻是怎么回事，报纸是怎么出来的，对这一套流程都有了基本的了解，学到了很多东西。当时，在孙中山先生诞辰90周年的时候，我写的一篇采访何香凝先生的文章，是一篇通栏的稿件，很快登上报纸了。后来我又在文艺部实习，在文艺部实习我就比较熟悉了。有一次，我去白杨拍的《祝福》摄影棚做采访，写了一篇通讯，叫《〈祝福〉摄影棚的里里外外》。一改过去报道电影类新闻总靠写影评的体裁形式，这篇比较有开创性，就是把摄影中发生的故事都写出来，这时，我才知道记者手上的这支笔的分量到底有多重。后来报社发现我写人物通讯很不错，我也就基本上确定了自己要从这个方向努力，所以后来就一直写人物比较多。

大约到了1959年，我被下放当了一年的公社社员。到1961年，青年报社又把我调回编辑部，专门写一些重大的典型报道。青年报社在"文革"以前，基本上把我当作一个专门写人物报道的机动记者。"文革"开始后，《中国青年报》就停刊了。报纸复刊以后，我就专门负责写人物通讯类的文章。有写数学家的，题目叫《把五星红旗插上科学之巅》；也有写青年教授的，温元凯是科技大学的一名青年教师，他很年轻就评上了教授，我写他的文章在头版头条登出来以后没有多久，他便当选为人大的主席团成员；还有一个叫史丰收的，他的快速计算加法是从前面往后算，他就是快速计算法的创始人，而他原本是一个农村不知名的青年，是因为被报纸报道才出名的。1981年，我写了两篇比较有影响的报道。一个就是曹燕的《追求》，她是挂着两个拐杖的残疾人。这篇稿子是讲一个残疾人怎样为社会做贡献的。还有一个是太原工学院的教授袁甫，他是从台湾回来的，文章题目叫《摧不毁的信仰》。在那个信仰危机的年代，他的故事十分真实、感人。1982年比较出名的是写了两个中学生：一个叫刘琳，一个叫钟华。一般的中学生也没有什么英雄事迹，是很难写的。但是这两篇稿件的特点就是，一些非常小的事却让学校的老师们特别感动。刘琳是个身患骨癌的女孩子，十几岁就得了骨癌，而她在身受病痛折磨的情况下，仍然帮助同学，帮助病友，给病友唱歌。都是一些小事，但却最值得关注。这篇稿子的标题是《社会主义的乳汁》，文章描写的是这样一个孩子是怎样成长起来的。这篇文章刊登以后，老师和同学们来了很多信，都说他们全家人是怎么流着眼泪来看这篇报道的。那个时候因为我写人物通讯，其他报社都想做这样的新闻报道，对人物通讯很感兴趣。所以我一边讲课，一边总结自己写文章中间的经验和体会。实践以后总结，总结以后下一次再写的时候就进一步的探索。所以，我就是在实践、总结、探索的一个循环模式上工作的。如果不去探索新体裁，不能突破和超越自己，四十年的新闻工作也不会有多少进步。真要是那样的话，恐怕长期从事新闻工作也没有什么意思。所以要不断地总结，不断地探索，这样才能不断地突破，不断地超越。自己突破自己、超越自己是非常难的。所以我写了这两个中学生以后，我已经在探索写人物类报道的新方法。

《生命的支柱》与《人生当架几座桥》

就在我思索改变以往人物通讯文章的写作手法的时候，报社让我去写张海迪。对我来说，写张海迪的故事又是一次突破。这里面有两个突破和超越：一个在表现手法上，我没有按照时间和成长轨迹等常规的写作手法来写。比如写张海迪的文章，很多文章都是按照她小时候怎么得了病，后来怎么不能上学，怎么学习，怎么给大家做好事的套路写的，这样的文章不会产生很大的影响。到我写的时候我就得想如何突破，我写她的什么，我要怎么样来表现。抓住这方面是很重要的，记者要有一双时代的慧眼，我一定要写20世纪80年代青年最关心的问题。主要是他们思考些什么，想些什么，要把这些东西抓住。

在中青报创办六十周年纪念会上，我被邀请和网友对话。头一个讨论的就是写张海迪的文章《生命的支柱——张海迪之歌》。主持人问我，当时有几十家报刊都写了张海迪的报道，为什么你那篇影响最大，而且还得了全国新闻大奖，至今人们还是记住了这一篇，它和当时其他文章到底有什么不同？我当时就想，他们多数都是写张海迪身残志坚，残疾了还给大家做好事。而我却深入研究了20世纪80年代的青年,他们最困惑的是什么,最需要解决什么问题,最关心什么问题。经过这样的研究,我认为20世纪80年代的青年,都是从"文革"中走出来的一批人。他们都遇到过很多困难和挫折,失学的、失业的,各种各样的问题都有。而这些问题张海迪都经历过,没学校接受她,找工作也找不到,经历了各种各样的困难。但是她还比大家更多一重困难,就是她身体有残疾,而且很严重。那么她是怎样走出困境的,她是怎么奋斗的?奋斗出来之后她要干什么?这些都是十分尖锐的问题。胡锦涛同志当时是团中央第一书记,他当时有一个讲话,他讲到张海迪回答了亿万青年当时最关心的问题,那就是——人为什么活着,人应该怎样活着。张海迪,一个重残的青年,她代表了经历过"文革"的一批青年们。她活着比死了还要难,她为什么活着?她是怎样活着的?在如此艰难的情况下她还给大家做了这么多事情,发挥她生命的价值。她身体脊柱有问题,但她的生命是靠什么精神支撑的?我要抓住时代的特点,抓住20世纪80年代青年们最关心的问题,这也是超越和突破其他报道的开始,所以,我就把标题定为《生命的支柱——张海迪之歌》。

郭梅尼为张海迪写的通讯《生命的支柱——张海迪之歌》

另一个突破是在写先进典型人物的时候，要突破以往报道追求"高大全"的报道方式。《生命的支柱——张海迪之歌》里，我写到她的自杀，这本身就是一个突破。整个稿子分为三个部分，其中第二部分主要讲她的自杀的经历。我听说过张海迪有自杀的经历，但是我以为是保密的。后来我听了她的几盘录音，公开地讲了她在困难的时候，找不着工作的时候，想过自杀。我觉得这个录音，最令我感到震撼的地方就是她讲自己自杀的那一段。为什么没有一个记者敢写呢？这么重残的人，有过自杀想法是很正常的。但是那个时候，先进人物自杀是很不光彩的事情，所以他们没有一个人敢写。文章登出来以后，我收到很多来信，我的办公室堆满了几箱子的信，写得最多的内容就是关于她的自杀。这样一个20世纪80年代的"活雷锋"，她经历过苦难和挫折，说明她是我们中间的一员，是一个我们可以看得见、摸得着、实实在在的楷模，她的事迹是真实的、可信的。

1985年底，《科技日报》刚刚成立不久，我又被调到那里做记者部主任，我还推荐我的爱人也过去，还有《中国青年报》报社里面的几个老编辑和记者，我们开始创建《科技日报》报社记者部，同时帮着创建整个报社。1986年元旦，《科技日报》正式出版发行。就在此前几天，我听说桥梁专家茅以升90寿辰快到了，我想，这不是很好的采访机会吗？我找到他过去的老秘书，打听茅以升老先生能不能接受采访。当时茅以升已经90岁了，除了眼睛不太好之外，耳朵能听，脑子也十分清醒，他当即同意我第二天便可以安排采访。我赶紧找了很多写茅老的文章和茅老写的书，还找了一些补充资料。晚上我在家里赶快翻着看，因为时间有限，不可能一篇一篇挨着看。第二天我去采访他之后，又找到了茅老以前的秘书和他的几个女儿，向他们寻求茅老的资料信息。写完稿件之后，我把稿件读给他听。我说题目就叫《人生当架几座桥》，他一听就连说三声好。因为茅以升是桥梁专家，他对桥梁是最有感情的。我写的稿件没有写他修桥的技术过程，而是把文章分为三个大段，分别用三个小标题概括：头一个小标题叫"架起知识的大桥"，要修桥干事以前，你先要有知识的准备，架起知识的大桥；第二个叫"架起奋斗的大桥"，就写钱塘江大桥建设的过程；第三个叫"他就是一座雄伟的大桥"，因为钱塘江大桥是我们国家自主设计的，第一个修建的人就是茅以升。"人生当架几座桥"，这句话概括了他一生的追求。这篇文章一开头就说，"朋友，你架过桥吗？在你的一生当中，你准备架几座桥？"桥梁专家茅以升一生架过许许多多的桥，有物质的桥，也有精神的桥，他本人就是一座雄伟的大桥。我看了很多关于他的书，对我启发最大的一点就是茅以升对桥的理解、对架桥的理解。他理解得非常深透，他说桥是非常了不起的东西，桥可以予人方便，人们可以从这一边到那一边去。桥可以几百年都在一个地方默默为人们服务。所以他说不管是物质的桥，还是精神的桥，做任何事情都是在架桥。

郭梅尼所著《人生当架几座桥》

我到《科技日报》以后，采访科学家更加方便了，也认识了更多的科学家。《人生当架几座桥》是在《科技日报》创刊的时候登出来的，当时十分轰动。后来，我又写了一批老科学家和院士。除了写文章之外，我还肩负着为报社培养年轻记者的任务，尤其是采访科技方面的记者。当时写科学家的文章写得好的有《光明日报》的金涛，后来当了《科技日报》报社的社长，还有《人民日报》的陈祖甲，但是他们的文章篇幅都很有限，都比较短，像我这样写一万字长文的科学家通讯非常少。对于写科学家，可以说是一个新的课题，也没有几个记者可以写得很好。因为采访科学家们之前，就得做好相关的采访准备工作，不然会跟科学家们搭不上话。科技方面的报道在当时的中国新闻界，对新闻记者来说是一个新的课题，我在这方面探索了一条新的路。我认为我们这一代中国的新闻工作者，应该关注我们这一代的老科学家，他们应该被记录、被人民熟知，我们应该有这种历史使命。在中国所有写科学家的文章中，从字数来讲，我是写得比较多的。但是，比起中国众多的科学家们，我还是觉得太少。我在《科技日报》工作时常常讲，机不可失，时不再来，老科学家们为国家做出了那么多贡献，我们只能在他们晚年退休后多去关注他们，表现在新闻领域，就是多写文章，多去报道他们。我们要为这些中国的科学家们立传，要把他们写出来，我想这是《科技日报》人的历史使命。现在我年纪大了，希望年轻一代的工作者们来完成这个任务。

打开人物的心灵宝库

关于写人物通讯类文章的采访心得，我过去在清华新闻系、人大新闻系、南开大学等学校都讲过很多了。在这里我想讲的就是必须深入采访，采访的深度决定报道的深度，你采访得有多深，你的稿子就有多好。所以我说几分耕耘几分收获，你如果付出了三分劳动，三分耕耘的，你的稿子写出来只有三分效果；你如果付出十分劳动，你的稿子写出来就有十分的效果。我对这一点体会是非常深刻的。比如说张海迪的稿子，我付出了十二分的劳动，那么我得到了十二分的效果、十二分的收获，读者来信密密麻麻几大包，他们粗略统计了，将近十万封信，张海迪的故事也成为街谈巷议、举国关注的故事。之所以这篇稿件的影响如此之大，得益于我前期做的深入扎实的采访，这些充实的第一手资料让我有很多细节需要去写。

我经常讲的就是，采访必须要到现场。"文革"前我们下乡以后，一直都住在老乡家。我跟老乡家的女孩子们睡一个炕，她们都跟我好得很。有很多悄悄话，她们都会在晚上睡在炕上的时候跟你聊，这样就什么都能采访到。曾经有一个记者来采访我，说你经常上山下乡到农村，住在人家老乡的炕上，长虱子什么的不觉得很狼狈吗？我说我不觉得很狼狈，我觉得非常有意思。因为那里的生活是很丰富、很有意义的。同时，我也觉得，不这样的话我稿子就写不好，只有越深入一线，你的了解和体会才越多，你才会有真挚的感情。所以，采访必须深入到现场，亲眼看、亲耳听、亲身感受。特别是在采访张海迪的时候，采访越深入，报道就越有深度，效果就越好。《中国青年报》社派我去采访张海迪，让我等到她来北京接受表彰的时候去采访她，写篇专访。我说不行，要我采访我必须到现场，我要亲眼看、亲耳听、亲身感受，一定要到现场。后来经报社领导批准，正月初六，我生日的那天买了票，第二天早上到山东济南。到济南是当天晚上六点多，还要坐车去聊城，才能到张海迪的家。到了张海迪家以后，海迪她不在，因为采访时间有限，稿子要赶在第三天刊载在报纸上，我当时就决定去尚楼（她父亲下放的地方）找她。后来在面包车上我挨着张海迪坐，她说："你挤我紧一点，你摸摸我这边。我这边的肋条已经拿下来了，支不住。"她平时都是把身体支在轮椅上。

我认为记者在现场看到了画面，亲耳听，亲身感受，才能算是扎实的采访。现在的记者都是住在宾馆，或者打个电话，这都是不行的，肯定写不好人物。

深入的采访，不仅是要脚的深入，更重要的是心灵的深入、思想的深入，一般记者采访很难达到这个程度。每个人的内心都有一座宝库，一个优秀的记者就是要能够打开人们心灵的宝库。作为记者，你怎么能够很快地打开人物心灵的宝库，我觉得要有接触群众的习惯。记者就得练这个，这是记者的基本功。我开始去采访张海迪的时候，头一天她不在，晚上才回来，她妈妈说你们不要跟她多谈，她晚上很累了。我见她以后，跟她谈了我以前采访的另一个人，也是残疾人。这个残疾人在庐山图书馆工作，叫小徐，因公救火的时候把脸烧伤了，烧得很可怕。有一天小徐跟我聊天，他说："郭阿姨，我看见一个浙江的报纸说，有一个因公负伤的人，两条腿截断了，报纸上说他很幸福。这是不真实的，说老实话，像我们这样的人，活着比死还要难。可是为什么还要活着呢？我认为一个人来到世界上是有责任的。作为一个党员我是有义务的。我现在虽然没结婚，但是我有个弟弟，马上就要高考了，我在街边看见一个字典，就想买这本字典送给我弟弟。作为一个党员，我对党是有责任的。如果我一遇到困难我就轻生，就自杀，那我不是太自私了吗？"我听了这些话之后非常感动。我就把他说的这些话写了出来，他活着比死了还要难，他为什么还要活着？为了向家庭、亲人尽责任，为党尽义务。每个人都应该这么做。

活着比死了还要难，张海迪也是这样。采访张海迪的时候，我就想怎么打开她心灵的宝库。采访她的时候，一上面包车，她说她要小便，我想这是一个机会，我一定要陪她去。在这种环境下，她才会跟你讲她真实的生活状态。她说下肢截瘫的人大小便失禁，她每天上班以前就拿手挤压膀胱。有好几次挤出来的不是尿，而是血，甚至把膀胱都挤破了。我才知道她的痛苦。后来，回到北京以后，我有个朋友是中医大夫，去给张海迪看病，给她检查的时候需要扎针，试试她肢体有没有感觉。所有的人都出去了，脱下衣服以后我看到她的脊椎弯的就像 S 形。两边四条大的伤疤，是她做过的四次大手术留下的疤痕。医生从脚尖往上扎针，一直扎过腹部，还是没有感觉。她胸二椎以下，全没有知觉，以上才有知觉。医生出来的时候，摇了摇头，长叹了一下说，我看过的所有残疾病人中，她是最严重的，她完全是靠精神在支撑的。通过沟通和交流，她给我讲了很多心里话，她说："郭阿姨，照理说像我这样的人躺着吃躺着喝，没有人会谴责我。可是我那么活着有什么意义呢？我想做一个对社会有意义的人。给人扎针的时候，感觉到自己小小的一银针，竟然能让人站起来。所以我这样一个人，也能做有意义的事。"后来她讲到了她的自杀，讲她是怎么挺过来的。没有这样一些深入的接触，她不可能向你打开她心灵的宝库。任何一个人的心灵深处都是一个宝库。作为一个记者，与被采访者面前有一堵墙，开始的时候他们不可能跟你谈什么。写人物要写出人物的内心深处，作为一个记者，你要很快推倒自己跟采访对象中间的墙，让你和采访对象的心很快地靠近。

记者工作是我的人生追求

我们家有四口人，我和我老伴，还有女儿、儿子，其中三个人都是记者。我儿子残疾，是脑瘫，生他的时候因为难产，生的时候胎位不正造成的，但是他非常努力。平时我除了要搞好我的记者工作外，我还要培养他、帮助他，从生活到学习。他一天学校门都没有进过，但他可以用一个手指头敲电脑，创办了健康康复中心，后来被选为全国自强模范。我和我老伴都是《中国青年报》的老记者，我女儿也是《中国青年报》的记者。我女儿从小就经常到报社玩，她对《中国青年报》比较有感情，后来她上了人大新闻系。毕业后，要求去《中国青年报》工作，现在也当了记者部主任。我们这里有一块牌子，一家两代三人，荣任本报记者部主任。这有个好处，很多事情都可以在家里面商量。特别是我跟我老伴，原来都在青年报，常常是我写好了稿子先给他看，他看了以后，觉得可以了，我才拿出去。他原来也是当记者的，后来青年报复刊以后就当社领导。他比较会把关，所以他常常说我得的这些奖，军功章上有他的一半。作为一个记者，要有深厚的文学艺术功底。我父亲的笔名叫丽尼，他是20世纪30年代比较著名的散文家，出版了《丽尼散文集》。家里有很多文化类的书籍，我特别喜欢我父亲翻译的屠格涅夫的书。我喜欢看京剧，京剧里面的那些表现手法对我后来写通讯很有用。

记者工作是我的人生追求。我从18岁走上记者之路到现在，当了50多年的记者，一辈子都在从事新闻记者的工作。在《中青在线》跟青年对话的时候，曾经有读者问我，"是什么力量驱使你干了一辈子记者工作？"我跟他们说，"主要是两个动力：我的采访对象和我的读者。我的采访对象，是他们的故事感动了我，鞭策着我。因为他们的事迹好，我才能写出好的稿子。我的读者给了我非常大的教育，读者热爱你的作品，然后才热爱你这个记者。"一些读者给我来信说我影响了一代青年人，然后列举了我写过的一篇篇的文章题目。有很多青年，在遇到困难的时候写信给我，这些事情都一直鼓励着我，不断地激发我写出好的作品。读者的来信，是读者对你的信任，是你用金钱买不到的。我常常讲，我不图万贯家财，也不求高官厚禄，只想深刻思想，感受生活，积累知识，做一个精神富有的记者，去歌颂我们时代的新人，这就是我今生的追求。我已经七十多岁了，回顾我这一生，从我走记者这条路来看，从我写的作品来看，我实现了我的诺言，我做到了。

"我1961年到电视台后……"

——寿沅君口述实录

【人物简介】

寿沅君（1937～2020），浙江诸暨人，电视节目制作人。1961年从中国人民大学新闻系毕业后，被分配到中央电视台任少儿电视节目编辑，从此开始与电视结缘。20世纪80年代初，她创办了《北京中学生智力竞赛》《双向传送运河知识竞赛》等栏目，开中国电视益智节目之先河。随后又创办的《十二演播室》，成为当时最受欢迎的青年电视栏目。20世纪90年代，她创办的大型女性电视栏目《半边天》，以"展现时代女性的风采"为主旨，开辟了中国女性电视节目的半壁江山，成为中央电视台的品牌栏目。

能进电视台，全因跑得快

我是1961年9月份到广电总局报到的，然后再经过广电总局的分配才到的电视台。据说，我们在分配前谁都不知道广电总局下头还有广播电台、电视台、唱片社和国际台。那个时代是政治挂帅，我们来了一大拨人等待分配。家庭出身好的、社会关系清楚的会首先被单位挑走。我有一个同学是烈士子弟，他就被挑到中央人民广播电台市政组，不是去中南海报道，就是去人民大会堂报道。而我出身不好、社会关系又比较复杂，所以一直没人挑我，最后到电视台也一直排不上号。

20世纪60年代，广电媒体第一是中央人民广播电台，第二是国际广播台，然后才轮到电视台，当时电视台是刚刚组建的[1]，所以没人愿意去。这时有人把我推荐到电视台，他们介绍说，"这个人身体挺好的，跑得特快，电视记者不是要抢镜头嘛，去电视台挺合适的"。最终我就到了电视台。

我到电视台报道的时候，清楚地记得当时要填一个大长单子，我的编号是

---

[1] 1958年到中央电视台前身北京电视台开播，此时仅创办三年时间。

161号，也就是说在我以前来北京电视台工作的人已经有160个了，我就成为电视台的第161个成员。进到电视台后我被分到文教组。那个时候，全国也没有几家电视台，北京台算是全国最大的了，当时主要是跑北京的一些文化单位做节目。

我1961年到电视台后，第二年冬天才到少儿组。一个原因是少儿组需要人，另外一个原因就是当时社会对女性还有一种看法，认为女性做电视太累，干不动。当时在文教组接触面还是比较广的。那时候我挺瘦的，只有92斤，但是我们背着AK16摄像机，重30多斤，是德国淘汰的设备。当时国际上封锁我们，我们自己又没钱，所以就引进过来当摄影机使用。当时，我是新来的，不怎么会使用这个大家伙，再说又是个女同志，身体瘦小，要背个30多斤重的摄像机，在所有的人看起来都有点不忍心。就这样，单位照顾我，让我赶紧换工作。于是我又被换到少儿组去做编辑。当时文教组得拍文教新闻，少儿组则用不着去拍片子。我被派到少儿组时很不乐意，觉得自己的性格跟少儿节目的距离比较大。我本身属于那种走路快、干事快的人，而少儿节目让我觉得婆婆妈妈的，一句话要说好几遍，我不太喜欢。但是没办法，当时领导让你上哪去你就得上哪儿去，要听党的话，为此我还哭了一场。

首次触电少儿节目，封闭中寻求突破与改变

第一次做少儿节目，是去给人当助手。那时候少儿节目都是直播的，因为没有录像技术。节目内容，主要是少儿故事，比如英雄小八路之类的。故事内容都是用图片来表示的，图片是画家画出来的，比如说这个故事需要30张图片完成，你播出的时候，单号的搁在一个架子上，双号的搁在另一个架子上。要两个助手，上头有个吊机。先把题目切出去，比如说"英雄小八路"（是二号机），然后我要切一号机，"啪"切过去，这个时候负责"英雄小八路"的那个人赶快把前一幅图拿掉，把下面那张图片摆好，然后就是我切过去，就这么两头倒，所以做一个节目现场要很多助手。

这类工作有的时候容易出错。因为我手指比较长、比较细，特适合拿图片，脑子又转得快，人比较灵活，所以从来没出过错。我有一个男同事，他的手指头短粗，拿起来哆里哆嗦，只要他给谁当助手，就不好办了。有时候一拿把两张一起拿掉，有时候一拿把上面那张掉下来了，出错是难免的，但我还真没拿错过。

后来我又开始全面实习了一遍少儿节目的制作流程，包括去幼儿园、小学

看节目。后来我被分到做学前节目的组里,这个节目主要是做给3岁到6岁的孩子看的。一开始我就反对用成人视角来做,主张要用儿童的视角做节目。从成人的视角转化到儿童的视角,经历了很漫长的过程。一边慢慢学习,一边慢慢观察,看别人怎么做,看儿童文学。以前儿童文学我看得少,不爱看,为做学前节目,我要看大量的儿童文学,还在家看儿童文学理论的书和文章。反正你到了这个地方,就算不喜欢你也得努力。

后来身边的同事跟我说,因为那个时候我转换得特别快,脑子比较好用,甚至把原先做节目的同志给顶掉了。这事我当时一点都不知道,只是在工作中发现,我能上手以后,那个同志就被调走了。

我做少儿节目后还做过少年节目和小学生节目,一层层往上叠加,20世纪60年代做青少年节目的经验,为我后来做《十二演播室》这个品牌栏目积累了经验。

"文革"时期,电视被停播了。我休息了很长时间,天天净搞"革命"了。到了70年代,我们这种人虽然整天搞革命,实际上心也不在革命上。我因为出身、社会关系等原因,也就是跟着混,干不出什么名堂,我颇有自知之明。业余时间还是放在想业务的问题上,老在想做什么节目。

当时电视这个东西,领导的要求都是从政治上考虑。当时电视观众少、要求也低。观众的要求就是不管什么政治不政治,只要好看、有趣、逗乐、开心,能看得懂就行。但是领导从来都是要求首先政治要好,不出问题。所以当时的很多节目,尤其是儿童节目,用现在的视角来看都看不了。

当时的少儿节目,内容主要都是讲刘文学、英雄小八路、英雄黄继光、董存瑞、赵一曼,还有很多劳模的故事。很多事情跟他们很远,当然也有跟他们近的,比如说劳模时传祥[1],时老爷爷肯定有些故事可以讲,但领导不要求我们讲这些,就要求讲他不怕脏、掏大粪、跟刘少奇握手的事,所以你想用儿童视角来做一些节目,当时客观形势和环境是不允许的。

我们组里出过一个事儿,现在大家都在当笑话讲。有个男同志接了一个任务,要给小孩子讲"巴黎公社"。你想"巴黎公社"离中国的小孩多遥远啊,大人都搞不清楚的历史。那年不知道是"巴黎公社"成立多少周年,为了庆祝需要上这个节目。领导让他写出来一个稿子,交给组长审,结果不合格要修改。他拿去修改,第二稿还是不合格。问题主要是他的语言全部是比较抽象的政治

---

[1] 时传祥(1915-1975),全国著名劳动模范,北京市环卫工人,以"宁可一人脏,换来万户净"的工作精神赢得了世人的尊敬。

语言。他写的时候很矛盾，节目要求用儿童的语言来讲"巴黎公社"，但儿童语言又很难来讲述这么一个政治事件，你真的没法讲。就说"巴黎"这两个字，就要跟小孩讲半天，公社就更讲不清楚了。所以就这样，前前后后，倒来倒去改了13次，被否掉了13次。但是这个选题又必须要上，不做还不行。为什么呢？已经排好了的，"巴黎公社"周年纪念那天必须要有这么个节目。别的节目没法配合，就少儿节目是万能胶，贴这儿也行，贴那儿也行，所以少儿节目里头要讲一个"巴黎公社"的故事。结果到节目播出前的最后时刻，没办法只能用第二次修改的那个稿子，这么一折腾，后面改的就是白劳动呗。我都不明白当时的领导是怎么想的，最后审过来、审过去还是用的第二稿。现在，我们一看到这位同志，就叫他"十三稿"或者"第二稿"，跟他开玩笑，这个同事已经快80岁了，不过还很健康。

20世纪70年代，我在业务上有一个转变。我老琢磨用什么形式能够将电视节目跟观众密切起来。我总在想，我们做给观众看什么？观众爱看不爱看？虽然领导说要做小观众喜欢的节目，但实际上你又做不到。

记得1972年，一个美国的电影电视代表团访华。在那个闭塞的年代，能有一个西方的代表团到中国很不容易。中方安排日程的人，也安排不出什么访问内容来，除了看样板戏还是样板戏。为了有些改变，中方就安排美国代表团到广电总局跟中国电视工作者座谈，毕竟都是同行嘛。那时候座谈不是你想去就能随便去的，要政治上忠诚可靠，组织上信任的人才能去。也不知道那次怎么看中我了，也不计较我的家庭成分和社会关系了，就叫我过去座谈。

座谈的地点，在广电局的一个大会客室里。那时候大家都很紧张，我们跟美国人不敢说什么，更何况对美国毫无所知，也说不了什么，中美两国离得那么远，我们甚至对美国人有种恐惧感。美国人也很尴尬，说了几句"样板戏很好看"之类的言不由衷地话后，就沉默了。于是两拨人这么面对面傻坐着，大眼对小眼，没什么交流。主持人和陪同来的人，戳戳我们："说啊！你们说啊！说点什么赶紧打破这种尴尬的状态。"但是我们座谈的人都担心说错话。提个问题？提什么问题啊。能随便提问题吗？陪同的人就是从他们自己的位置考虑，也不考虑我们提问题会不会犯错误，当时提个问题犯错误就麻烦大了。

后来我想，我做少儿节目的，问个少儿节目的问题总不至于犯什么政治错误吧。我就向当时的美国同行问道："美国小朋友喜欢看什么电视节目啊？"就问了这么一个问题。美国人中间马上有个人，"噌"的一声站起来说，这个问题我来回答。因为美国人坐在那儿，也挺难受的，一看有人提问，马上抢着回答这个问题。那人回答说："我们美国小朋友啊，最喜欢看的一个电视节目叫作《考考你》。"我问:"考考你?考什么呀?"他接着说:"我的孩子,特别爱看这个《考考你》节目,老嫌我开车开得慢,让我开着车带孩子回家去看这个节目。还有的孩子在家里通过打电话去参加节目。"他说了半天,讲的比较简单,我们听得一头雾水,只是隐约明白了,美国现在有个一个儿童节目叫《考考你》。他是开汽车送他孩子去看节目,还有的孩子是通过电话参加节目,这个节目已经播了100场了,观众很喜欢。听完他这么介绍,我还是莫名其妙,不知道这个节目是什么玩意儿?但是再问也问不出什么东西来,总之介绍完后还是不知道怎么回事。

那个时候我们对外面的世界一无所知,座谈结束后我老是想着《考考你》是什么节目,什么叫"坐着汽车去参加",什么是"打电话去参加"。座谈结束的时候,那个回答问题的美国人还特意过来,跟我热情地握握手。后来我说,你说了半天我也听不懂,也没人翻译。没想到这个美国人似乎看出我没明白,他很热心,过了几个月以后,我就收到一封他从美国来的信。信寄来后,我赶紧拆开来看,里面有两张照片和一份很简单的信。大意说,"上次你问过这个问题,我也没说清楚,现在寄两张照片给你看看"。这下可热闹了,单位里迅速传开了,"寿沉君接到了一份美国来的信"。当时是1972年,这可不得了,美国谁给你的信啊,政治办公室立马就来人调查,我赶紧把照片装进去,把信交给调查的人。信被政办室的人拿走后,调查的人看了半天也看不出什么特务嫌疑,于是又还给我了。这时,我才仔细看到那两张照片。一张照片是三个小孩并排坐在一起,好像在想什么事。另一张照片是一个老师模样的人手里拿着一个杯子,里头有一个玻璃棍儿,就这样举着,人的前面有桌子。看到这两张照片后,大家就搞不清楚了,同事们整天在一起议论,猜想这两张照片是什么意思。有人说是上物理课,有人说是上化学课,猜来猜去也没猜明白。不管怎么说,这段经历对我还是有启发的,后来我们不是整个80年代搞了很多竞赛嘛,实际就是这个《考考你》的一种翻版。

开电视益智类节目之先河

20世纪80年代初,我们创办了一个叫《北京中学生智力竞赛》的节目。这个节目一出来就轰动全国,这个节目是我跟另外一个导演搞的。我猜想,这个节目可能跟那个美国的《考考你》有些类似的地方吧。他们的《考考你》我到现在都没见过,所以我办的节目很多都是自己的创意。我们这个节目带动电视节目进入了知识竞赛的时代。这个节目对少儿节目、甚至对我个人来说意义都是很大的，算是一个转折点，它在电视节目中开辟了新的类型，就是电视益智类节目。

那个时候还没有益智节目的概念，主要是考虑怎么普及知识、宣传科学，将科学、文化融入类似于体育比赛的这种竞赛规则里，效果一定很好。我在设计节目的时候，强调要互动性强和制造悬念。益智比赛究竟谁最后拿冠军，谁能答得好，大家都是不知道的。可能你现在比我分高，你得50分了，我才20分，说不定"咔嚓"，几个轮回下来我得80分了，你还是50分，到底谁拿冠军，未尝可知。这种结果的未知性和不可预测性构成了一个巨大的悬念，对观众产生了极大的吸引力。就像体育比赛一样，到底中国赢还是美国赢，只有比赛结束，到最后才知道。那个竞赛也一样的，只不过他用的不是球，而是用问题，一个一个问题来问你，最后决出胜负。

这个节目一出来，一下子在全国引起了轰动。节目的创意是从20世纪70年代开始的，到20世纪80年代我才开始正式做出来。这个节目形式一直用到现在，而且现在知识竞赛、服装比赛、主持人大赛，这个赛那个赛的已经很多了。文艺节目、社交节目、儿童节目，甚至新闻节目里头也都有这类比赛。像王小丫主持的《开心辞典》，就是竞技节目，这个东西现在可谓"万寿无疆"了。

现在电视益智类节目什么东西都可以往里塞，但是它的确也是在发展，不是停留在我们当初那个层面上了。我们当初条件还是比较简陋的，而且当初看美国那个《考考你》节目里有个桌子，我们也搁个桌子，现在想到那个画面觉得挺可笑的，但是两者的内容肯定是不太一样的。《考考你》我估计也是讲科学竞赛的内容。

20世纪70年代末，我当时已40多岁了，特别是女同志，是最后冲刺的阶段和机会了。随着观念的转变，我们之前的业务标准和观念都被颠覆了，很多东西等于从零开始。以前宣传的思想，后来都被批判掉了。比如，以前提倡什么小孩去救火，结果小孩自己也牺牲了，这些都是我们当时提倡过的，后来都被证明是错的。以人为本，人的生命最重要，人的价值又都被重新提出来了。但是这话你要在20世纪60年代说，那你就是叛徒哲学，给你上纲上线，所以谁敢说呢？拨乱反正后，大家都很伤心，宣传了20多年的东西，结果被证明是错的，而这时自己的年龄已经快50岁了，又要重新干起来，所以就在心中激励自己要加油。

20世纪80年代我最主要的工作就是开创了一个电视知识竞赛的时代。今天我查了一下，大概做了十个竞赛。其中有为庆祝"八一"建军六十周年而举办的《"八一"军事知识竞赛》、为国际和平而做的《国际知识竞赛》，跟香港合作的《红楼梦知识竞赛》，以及办了三届《中学生智力竞赛》和一届《语文知识竞赛》。此外还有《演讲比赛》《史地知识竞赛》，双向传送现场直播的《运河知识竞赛》《计算机知识竞赛》《青年学习鲁迅演讲比赛》《主持人比赛》等，其中我要着重讲一下《中学生智力竞赛》，因为这是中国电视第一次将知识竞赛搬上电视荧屏，并取得巨大成功的节目。

  举办中学生智力竞赛的设想，就是把宣传科学和普及知识，通过类似体育竞赛的规则以生动的、有趣的、紧张的、有可比性的方式传给孩子。最初没有想到会有那么高的收视率。开始的时候，我给台里打报告提出要搞中学生智力竞赛，领导都说不懂什么是智力竞赛，不支持搞。我非坚持要搞比赛，领导看我坚持就说，你要搞那就搞吧。最初我找了北京27个学校来参加，组织了4个老师来出题。在台里，我把灯光美工动员起来，设计场景和灯光，这是一个比较大型的电视节目，之前电视台还没有人做过。我和同事们摸着石头过河，毕竟在中国的电视屏幕上，电视竞赛节目还是头一回出现。

  领导又不放心地问："这种节目一问一答的，这么死板，能有人爱看吗？"我说，"不死板，我会把它弄得不死板"。结果他还是不放心，为保险起见，他说先在8套播吧。当时我们中央电视台有两套节目，一个是1频道，一个是8频道。1频道是对全国播出的，8频道是对北京市播出的，北京以外看不见。这样《中学生智力竞赛》就开始在8套里面首播。播了四场比赛以后，观众反响异常热烈，观众来信一麻袋一麻袋地往台里送。这些信的内容，大部分是外省市收看不到这个节目而提出抗议，尤其北京周边的地方，他们说，这么好的节目你们不在全国播，就你们北京看看就行了？就你们北京人晓得就行了？你们是不是看不起我们外地观众？强烈的反响，让台里招架不住了，从第五场开始（一共十三场比赛），节目就被挪到了央视1套来播。此后的来信大多是围绕节目而提出，什么题目答案不对了等，大部分还都是赞扬的信件。

  当时节目的主持人是赵忠祥。一开始你跟人家说竞赛人家都不懂。赵忠祥很聪明，一说他马上就明白了，而且他本身也是博学多识，在当时就是比较好的主持人了。开始三年《中学生智力竞赛》都是他主持的，这是第一次主持人参与比赛节目主持，以前还没有先例。我觉得他做主持人做得很好、很成功。所以赵忠祥因为我们的节目也名气大增。后来赵忠祥出名了，他再出点错，人家就会说，你看赵忠祥那么有名还说错话。我们就决定变化一下，让专家来主持。赵忠祥虽然权威性已经很高了，但是专家更准确。而且专家里头先用的是老师。老师循循善诱，比较温和，比较会跟学生沟通。节目也开始有了各种各样的变化，内容变、形式变、主持人变、编排方式变，只要你去想，总归能想出办法来的，而且可以取得好的效果。导演更不用说了，导演是这个节目的灵魂，导演如果除了吃了饭就是睡觉，什么也不想，人家怎么做我也怎么做，那这个节目就没法前进、没法发展。导演就是所有的大小事儿都得管，头脑要清醒，要不怕苦。导演的事儿涉及各个方面、什么都有，但你还是要抓住重点。

海洋出版社出版的《中学生智力竞赛》

　　这个节目的兴起，跟当时社会氛围也有很大关系。"文革"期间全国很少有人读书。那个时期书架也封了，有的书都塞到床底下去了，大部分人将书几分钱一斤卖掉。有的书香人家，几块钱一斤就把古书都卖掉了。拨乱反正后，重新读书求知的风潮又来了，知识竞赛恰好是一个起点。我记得有一个安徽的观众，来信说每到播《中学生智力竞赛》的时候，他们院子里的28户人家都看这个节目。看完了以后，他们还聚集到院子里讨论一番，评论哪个题目出得好，哪个题目是对的，哪个题目好像不对。有的人还去查一查书，回家去翻字典，掀起了整个院子的读书热潮。

　　还有一个细节就是署名做节目。在"文革"以前做节目，比如说记者是谁、编辑是谁、灯光是谁是可以放在节目字幕里播出的。在"文革"当中有规定，所有节目一律不出字幕。所以20世纪80年代初搞《中学生智力竞赛》的时候，我们按照以往的思维习惯，前三场没有在屏幕里列字幕。当时，我跟另一个合作者，我们两个都对这个字幕不太感兴趣，认为很麻烦就没写。后来节目在第1套播出以后，观众来信像雪片一样寄到中央台来。全是大麻袋一袋一袋地扛到收发室。当时收发信件的同志有意见，说信上没有写名字，也不知道往哪个办公室送，"这谁的节目啊？送哪儿去啊"？于是他们就把信扔到总编室。总编室收到这么多信也有意见啊，就说"送给寿沅君去啊，怎么扔到我们这儿啊"？送信的说，"我们不知道寿沅君在哪儿"。后来台长知道后，就说，"你们再播出节目就把名字写上"。就这样我跟另外一个合作者才把名字写进去。我在电视台工作20年，这是第一次把节目跟自己的名字联系起来，之前别人都不知道这节目是谁做的。后来大家都知道是寿沅君做的，我也因为这个竞赛出了名。后来我在广播学院还听说他们传这样的话，"看文艺节目找邓在军，看竞赛节目找寿沅君"，也不知道是真是假。

当时竞赛节目的观众特别多，收视率排第一估计没问题。竞赛节目多了就不能一成不变，要经常创新，不能老是像第一次竞赛一样，你得换样子。我就不断地思考、不断地琢磨。后来还有"政命竞赛"，像《国情知识竞赛》《红楼梦竞赛》都是上面分派的任务。《红楼梦竞赛》是和香港合作的，这个比赛里头还设了翻译，不是英文翻译中文，而是汉语翻译粤语，也就是将普通话翻成广东话。因为香港人来参加，有些人不懂普通话，只懂广东话，这也是竞赛历史上很好玩的事。我们到国际台和外交部找了几个粤语翻译，才将竞赛完成。

我还做过少年演讲比赛。有一个搞演讲研究的人说，我们那次演讲比赛有16个城市的青年参加，基本上没有少年，参赛者年龄都偏大。我将演讲比赛设计成三种形式，一种是命题式。命题演讲是有若干个题目放在台上，选手自己抽一个，到后台去想5分钟，5分钟以后一起来讲。一个是即兴演讲，还有一个是辩论演讲。前面两个都不怎么受欢迎，辩论演讲却热火朝天。我们借空军部队的一个小礼堂录像，结果把空军部队的小战士还有八一中学的学生全都吸引来了，小礼堂座无虚席。

其中辩论最热烈的话题是"父母能拆孩子的信吗？"场面几近失控，外面的学生要冲进去讲，好不容易冲进来了，还要冲到台上讲两句过过瘾。我们的选手们倒还比较镇定，后来解放军都出来维持秩序了。这个话题在当时还是有点闯禁区的感觉。当时很多父母还认为，孩子是我生的，我干吗不能拆孩子的信啊？基本上都这种观点。实际上是不能拆的，孩子也有隐私和人权嘛，要尊重他们。结果学生对这种思想早就形成了，而家长没有，所以当时辩论现场的冲突是非常厉害的。

带子录好拿回台里技术部存放。结果第二天要播的时候，到处找，没有这一场的带子。后来那个管技术部的人来了,他说对不起,他把这场带子当成资料带洗了,而且还让我们给他保密,如果我们不保密他是要受处分的。当时我们真心疼得要命,最好的一场辩论就这样没有了,自然也没播出。台里面也不知道这事,除了合作者和我两个人以及他本人以外,谁也不知道。我们想算了吧,反正已经没了,他处分又能怎么样,当时只是臭骂了他一顿。后来这个人到我退休的时候,已经当技术主管了。

第二场的辩论题目是"你认为京剧加西洋音乐伴奏怎么样?"一拨儿是赞成的,一拨儿是反对的。这场辩论给我印象最深的是冲上去一个11岁的小学生,他上来就说,"我认为不好,不合适,交响音乐配京剧清唱就好像关公穿了件马褂,又打了个领带"。他表达得特别清楚,跟他对话的是武汉江汉大学的大学生,那个学生也是咄咄逼人。但是观众都支持那个11岁的小学生,反对大学生,纷纷在台下起哄。大学生很有气势地连着用了5个排比句,具体内容我现在复述不出来了,给人一种咄咄逼人的样子。那个小学生很镇定地说:"你这些问题我不能回答,我11岁,我就认为这个不好,关公外头穿马褂打领带好吗?你说?"

我后来问过小孩的老师,原来开始的时候没想带这些孩子来,怕他们小,听不懂捣乱,于是就带了两个孩子来了。我说,这个孩子讲得挺好的,回去要表扬。第二天老师带着这个孩子又来听了,我问孩子,"你回去以后感觉怎么样啊"?孩子生气地说,"不怎么样啊,我坐车人家老看我"。观众看到比赛后,孩子也出名了。

还有一个是为纪念国际和平年而举办的《国际知识竞赛》。这是受命做的,但限制比较少。联合国倡导将1986年定为国际和平年,所以要举办知识竞赛纪念一下。比赛形式上我也有创新,我让节目组做了一个大圆形转盘,用转盘来选题,转到哪儿就回答哪个题目。这种形式之前没有人做过,开始的时候我们不敢用,跟美工设计商量了半天。怕人家说我们是在赌博,怕观众说你们中央电视台把赌具都弄到台上来了。后来,我说不管它,如果说我们赌博,我就顶着,跟别人没关系。其实,后来播出后效果很好,转盘做成五颜六色,一转起来很好看。

出席《国际知识竞赛》的人规格也挺高的,好多老外交家都来了现场道贺。当时的联合国秘书长德奎利亚尔专门发了一封贺信,祝贺这个节目开播。那个时候我们也会"炒作",我就借德奎利亚尔在这封贺信里头说的,"在中国举行的国际知识竞赛,是贵国响应联合国号召的一次重要的庆祝活动,是对国际和平年活动的宝贵贡献",这些内容后来都被写进中央电视台台史里了。他还说,

"就是有这么一个竞赛的形式,不断创新、不断发展、不断思考,才得到了观众喜爱"。他的信对我们确实鼓舞很大。此后我搞竞赛又进行了双向传播、现场直播等形式的尝试。

《运河知识竞赛》是直播的,当时我的同事做了一个节目叫《话说运河》,是继《话说长江》以后又一部大型文化纪录片。《话说长江》播出以后,其主题曲"长江之歌"堪称经典,现在还在传唱。所以当时的编导就琢磨,《话说长江》以后有了"长江之歌",《话说运河》以后节目得结束,怎么结束呢?这句号怎么画?导演想来想去,就来找我。他灵机一动说,"哎,你给我弄个竞赛怎么样"?我说,"竞赛老掉牙了,老是你答我问,扣十分加十分的,没意思,要弄就要弄新的"。但是新点子一时想不出来,我说,"对不起了,我想不出新的"。导演求我说,"哎呀,再想想吧,你的脑子现在不用,还什么时候用啊"?我说,"你再给我一个礼拜,我再想想"。后来,我想起运河一头发源于北京,途经天津、山东,流到浙江,从钱塘江那儿入海,那咱们一头一尾来点什么行不行?就这样我有了一个非常粗糙的想法,然后我就找人来做筹备。导演听到我的创意后说,"这个想法有戏",于是《运河知识竞赛》就开始正式运作了。

我们找来了地理老师,弄知识竞赛题。赛场定在北京和杭州。让两地教育局各找三个学生组成两队比赛,看你源头的人了解运河的知识多,还是结尾处的人了解得多。就这样,京杭两地对比赛规则都接受,比赛就开始了。我们还找了《话说运河》的主持人陈铎和虹云主持比赛,北京是陈铎,杭州是虹云。用当时最好的技术,通过直播方式将京杭两地的声音和图像实现远距离同时互传。当时,我们还是用微波传送,就是用一站一站的微波站来传导信号。京杭之间有30多个微波站,电视信号要一站一站地传送过去。当时三十多个微波站要在同一时间实现信号连接,技术风险还是有的,如果中间有一个地方短路,直播就会中断,这个责任就太大了。但是我们负责主管技术的副台长,特别自信,保证不会失误。央视的技术部门还专门派工程师到杭州去做考察,我又找美工对两地的赛场进行设计,要求两地赛场环境一定要有特色和明显的区别,同时还要围绕运河这个统一主题来设计。后来设计的方案就是北京的整体色调偏一点暖色,杭州的则偏冷色。杭州偏柳绿,北京这边偏桃红,从色彩上加以区别,但是空间方向上要一致。

对于两个主持人的服装我们也提出了要求,并让他们即时交流。如陈铎会问,"哎,虹云,今天杭州天气怎么样"?虹云马上说,"今天杭州天气很好,不冷不热,你看我今天穿的是薄毛衣"。然后这头则说,"北京可冷了",通过主持人的对话,让观众产生两地共此时的感觉。然后,在电视画面的切换上,我们又使用中间隔开画面，一半一半的双视窗模式。一半是北京，一半是杭州，这样也能使观众产生两个空间的感觉。但是声音却可以跟一个画面的感觉一样。因为是双向传送、同时交流，所以技术上来说，是高了一个层次。这些东西在当时都是中国首次使用。现在卫星直播已经很普遍了，一个"锅盖"在那里一放就行了。可当时双向传送而且有来有回，听都没听说过。这是很大胆的设想，而且搞了三场，一点差错都没有。沿途微波站同志努力的工作，才保证了直播互传的顺利完成。

当时这个直播动作惊动了主管部门，因为是头一次嘛，所有的领导都来看直播，有总局的领导、台长、总编辑、部主任等。播完后挺逗的，领导们还站起来依次跟我握手。节目结束后，画面已经切断，杭州那边还传过声音来，问我们夜餐吃什么。我们说，"吃面包"。他们说，"吃得太差了，我们吃宁波年糕"。我们还利用"职务之便"内部交流了一下夜餐吃什么，挺逗的。

这次比赛是中国电视传输技术和电视节目转播的一次创造性尝试，诞生了一种新的电视节目传输形式即双向传送、现场直播。这个技术难度在当时是很大的，但也被拿下了，一点问题都没有。比赛传输中唯一的一个毛病就是超时了几分钟。因为你播节目的时候，任何其他节目都不能播了，微波站你都占了，正常的传送都为你让路停播了，所以我们一播完，其他电视台的节目才能转播。但这次直播总体是非常成功的，这种创新让大家都感到很有成就感。

"十二演播室"里的"青春"印记

"十二演播室"主要是针对青年人创办的一个电视栏目，它的受众主要是青年大学生。这个创意是我们自己想出来的，因为少儿节目、儿童节目我们都做过，但是青年也是一个很大的群体，他们的性格和思想特别活跃且敏感，对事物的感知非常快，所以也应该给这个群体创办一个专门的电视栏目。当时电视里面年龄段分得很清楚，学前、学龄、少年儿童都有自己的节目，分得特别清楚，但是唯独青年这一大块儿没有节目。各级团组织都有反映，大学生也有反映。好多大学生说，北京有《大学生》杂志，怎么电视却没有给我们看的电视节目。所以，我们就想创办一个面向大学生的节目，进一步扩大观众群体，当时我们也有能力来做这个事情。但是，想法虽好，做起来却挺难的，仅仅栏目的申报和审批就用了两年。

节目创意是1989年开始申报，1991年才开播。期间节目样式一改再改，最后的方案，就是采取访谈的形式，每期请一个名人。第一期我们请的蔡振华，当时蔡振华刚从意大利回来,被聘为中国国家乒乓球队总教练。那时中国乒乓球成绩不太理想,请他回来执教,挽救危局。节目播出后,观众反响挺好。为了贴近青年人,栏目组还特别举办了一次主持人大赛。新节目、新方式、新主持人,所以青年观众还是比较欢迎的。

我们的节目不长,每期只有25分钟,中间还有一个小幽默,在编辑上下了一些功夫。"十二演播室"当时特别团结,等于我这个老太太带着一群小孩儿干活儿,然后这老太太呢还有颗"童心"。我每个月要带大家出去玩一次,而且玩的过程当中我们都带着摄像机,随时抓拍一些东西。有时我们出去会拍到很好的东西,比如说空镜头啊什么的,或者临时碰到的一些特别的影像。实际上,这也是一种业务学习和交流,只不过不是待在屋子里头。

我们开始做"十二演播室"的时候,台里不放心,放在2套下午四五点钟的时候播出,这个时候大学生基本上都在上课,很少有人能看到。后来收视率慢慢提高,总编室也没通知我们,把它调到1套,在晚上八点多播出,收视率一下子提高了很多。

"十二演播室"审批通过后,又延迟了半年才播出。关于节目的名字,我想一定要取一个响亮且特别的名儿。有人说叫"青年之友",不好!有的给起"希望之光",也觉得不好,就这样名字老是取不出来。我把当时各地所有的电视节目单都拿过来参考,其中有一个名字给了我启发。浙江电视台有一个栏目叫《中安桥》。我是杭州人,我知道中安桥是杭州一个地名。浙江电视台就在中安桥旁边,所以栏目的名字叫《中安桥》,这是一个生活节目。随后我又去斯洛伐克参加电视节。当时苏联送了一个参展节目名字叫《十七楼》,但什么内容我不知道。这个名字同样对我有启发,一个《中安桥》,一个《十七楼》,听过让人耳目一新。

后来我就打听《十七楼》是个什么节目。人家告诉我,苏联电视台的青少部就在电视台大楼的第十七层,所以他们就把这个青少年节目取名叫《十七楼》。我们当时的演播室是调度分配的,这个星期你的节目进三演播室,他的节目进五演播室。有一次台里给我们分配到十二演播室进行录像,这也是我们第一次录制节目的地方。我灵机一动,啪一下"十二演播室"就出来了,这个名字既是我们录节目的地方,又没有人用过,很有个性,于是"十二演播室"的栏目名字就这样正式上报了。

为了这个名字,我还去动用关系,找主任上一级领导。那个人原来是我在新闻部时的组长,人挺好的。我就跟他说了我取名和创办节目的过程,他说:"你这个过程值得钦佩。有些人随便取个名儿,大众化就完了,就为一个名儿,你还这么认真。"我说："这个'十二演播室'可以拍成很有意思的东西。"他说："不用说了，我看'十二演播室'挺好，但是你们的头儿不同意我也没法硬压啊。"我说："那我不管了，反正已经告诉你了，你看着办吧，要叫'十二演播室'我就马上启动干活，叫'希望之光'我就不干活，你看着办吧，要么处罚我。"他说："谁敢处罚你啊。"

后来有一天，我们这个领导突然叫我下午四点钟和那个取"希望之光"名字的主任一起到他的办公室去。我不知道他要唱什么戏，在办公室里，领导对我们的主任说："关于这个青年节目要赶快上，题目我看暂时就叫'十二演播室'吧，有更好的，我再召集你们换，有好的一定要换，没好的暂时用这个吧，怎么样？你们有意见吗？"那个主任一看自己顶头上司拍板了，就没话说了，"行行行，'十二演播室'也挺好的。"就这样"十二演播室"诞生了。

开启女性电视栏目的《半边天》

1997年我离开了《十二演播室》，来到了《半边天》栏目组。《半边天》节目开播于1995年元旦，它作为一档女性节目，开创了很多第一。

这个栏目的筹备比较复杂。央视1995年以前一直都没有妇女节目。虽然央视的对象性节目很多，比如说少儿节目里就会有幼儿节目、小学生节目、中学生节目，还有青年节目，此外还有农民节目、工人节目、残疾人节目、少数民族节目，但是却从没有过妇女节目。1995年，第四次世界妇女大会在北京召开，在这个时代背景下，妇女的地位再次被关注。其实，妇女大会已累计开过三次了，以前中国媒体几乎没有什么报道，第四次要在北京开了，所以整个社会都很关注妇女问题。

1994年，报纸版面上已经有一些关于妇女大会的报道了。原来说到妇女地位，中国人很自信，中国妇女也很自信，认为中国妇女地位特别高。男同志最常说的话就是"家里都老婆说了算"。其实不是这么回事，如果按照联合国世界妇女地位标准，中国好像排在100名前后。那个时候还有几个前辈给我们撑门面，像邓颖超、蔡畅，这都是老革命家，她们还在中央领导岗位上干过。她们去世以后，中央开会，新闻联播的镜头这儿摇过去，那儿摇过去，发现女同志实际已经很少了。虽然出了个吴仪，但妇女参政依然比较少，接受教育也比较低，同工同酬也根本做不到。当时生产队记工分，男的十分，女的七分。最棒的，做的一样的成果，女的也只能拿七分，或者拿六分。这个情况中国人不太知道，中外比较后才知道，原来我们错了。当时电视台有几个女同志认为没有妇女节目不公平。"为什么有那么多对象类节目,妇女却没有节目?"而且中国妇女被歧视的现象在社会上还比较严重,所以就决心做一档妇女节目。

实际上,1994年妇女节目就开始筹备了。当时正处在世界妇女大会的前夕,形势好一点。于是,台里让我们先做样片播出看看反应,当时我做妇女节目还有性别意识,我首先有的思想就是平等观念。我觉得自己作为女性节目制作人,在电视台也经常会遭受歧视,所以做这么一个妇女节目很有必要。

在节目筹备阶段,我的主要任务是培训。我们发了招聘广告和传单后,来应聘的人特别多,来自各行各业,很多人还没搞清楚到底是来干什么,甚至还有小学生,一进来就说"阿姨好"。报名以后,所有应聘人员都要经过一个程序,笔试、口试,统一进行新闻业务的培训。应聘者大部分都不是学新闻的,都不知道新闻要讲事实,不能撒谎,不能跟编故事一样瞎编。我当时主要管培训,因为已经有了"四妇会"("第四次世界妇女"大会简称"四妇会")的气氛,地方台首先响应,其实真正第一个出现女性节目的是山西电视台,并不是我们中央电视台。山西电视台是1994年的5月份就开始播出女性栏目《女性世界》,而中央电视台是11月份才播了一个特别节目,然后12月份试播《半边天》一个月,1995年1月正式开播。

当时,我们做完《半边天》的样片送到台里审查。当时编委会跟外面的领导层是一样的,里面的女领导就一个,还是党委书记,其他领导如台长、副台长、总编辑、副总编辑都是男的。结果片子送审后,人家说,"搞什么《半边天》啊?栏目够多的了,算了吧,算了吧",就这样第一次这个栏目没通过。后来还是台长杨伟光签字同意"可播",才播出的。

节目虽然开播,但只是试播。如果好就正式播出,如果不好,一个月后就停播。这让我们压力很大,我们心里都悬着,暗示自己一定要做好一点,这样才能开播。当时整个节目有四个小块,总的名字叫《半边天》。为《半边天》这个名字我们开了二三十次会,新潮的年轻女孩儿编导、制片人都不同意叫《半边天》。年纪大一点的同志来问我的意见,我觉得不错。另外,我们还开过两个外国人的座谈会,问问他们对节目名字的意见。外国人百分之一百的同意《半边天》。她们认为,这个名字太好了、太形象了。后来筹备的领导人都是年纪稍微大一点的,所以我就利用了手里的权力,定下了节目叫《半边天》。

节目里面还有小栏目,其中一个是"九五话题",专门介绍1995年将要召开的"四妇会",算是时政知识吧。还有一个小栏目叫"我是女人"。我不太愿意叫女人这个词,因为我是南方人,南方人说"女人"是贬义词。但是年轻人喜欢这个名字。

《半边天》还有个小栏目叫"女性生活",当时我们一直在提醒大家,不要用我们自己的水平去衡量观众。因为女人也需要生活,所以这个栏目主要介绍一些穿衣服的常识、做饭的常识、穿什么衣服去什么场合等,比较广泛。还有一个栏目叫"妇女与社会",这是我们的重点版块,这四个版块组合起来就是日常版;还有一个版叫周末版,是星期天播的。相对比较轻松,弄个笑话啊、漫画啊、游戏什么的,还有一些是介绍国外艺术的节目。

那时候《半边天》播出的频率很高,我今天自己一查吓了一跳。当时一天中,半边天在中央电视台屏幕上会出现16次,多频繁啊。《半边天》开播之初,我坚持一个创作理念就是妇女是有自尊的。所以做的女性人物都是比较强悍的人,即所谓的"女强人"吧。有些人不愿意叫"女强人",因为有些地方强盗才叫强人。这在当时的妇女节目中还是比较少见的一种创作倾向。以前女同志在节目里也有出现,但次数都比较少。他们出现的形象往往都是弱者或者受害者的形象,有的被欺负了,有的被强暴了,有的被家暴了,被父母赶出门了,或者跟邻居打架头破血流了,总之都是被欺负的弱者形象。到了我们《半边天》的妇女则都是优秀的、强悍的,或者自尊的、要告状的强势女性。

节目播出后,观众反映十分热烈,尤其是弱势妇女反响尤为强烈,认为《半边天》教会了她们自立自强的方法。诸如"过去父母让我去死我就去死,现在我不死了,我要像《半边天》一样,起来反抗"等的话,在信中时常出现。从解放妇女的角度来说,这个节目还是蛮好的,尤其是来自较低文化和偏僻地区的妇女对节目反响较多。她们偶尔看过一次节目,就会给其一生带来很深的影响。城市里的知识分子反倒是反应比较慢,都在后期才有反响。到后来,我们明确地提出性别意识以后,知识分子才有反应,他们比较慎重,总是抱着一种观望的心态去看《半边天》,考虑什么时候发言好,发言的时机是不是准确啊等等。

我自己可能也抱有观望的心态,一个节目比较好,看看它第二期做得怎么样。当时创办这个栏目,我们就提出了明确的性别意识。这种意识集中体现在严把问题审视标准和审稿这几关。《半边天》的出现,为妇女节目遍地开花打了头炮,此后《半边天》名声越来越大。当时最重要的是同行反映,《半边天》出现后,像黑龙江、辽宁、河北、北京、福建、山西、陕西、山东、广东都开办了妇女节目,全国省台开办的妇女节目加起来大概有三十几个,形成了一支庞大队伍。开办第一年,我们就拿了个全国评的优秀电视节目政府奖一等奖。这对大家是极大的鼓励。

当然我们也不是所有的节目都好。整个节目,我们坚持的是女性本能的性别感觉，主要针对社会男女不平等的问题进行发问。对其他的什么人格尊严、权利尊严，这些意识我们当时还触及比较少。但到了创办的第二年，整个节目才将这些观念慢慢地体现出来。现在来看，当时有一些节目做得不太好，问题主要出现在用男权的价值观来判断是非，这样的节目是有的。当时我们做了很多期打拐和卖淫问题的节目。在打拐的认识问题上倒没有出什么问题，在卖淫问题上，我们用现在的眼光去审视节目，当时采访所反映的倾向是不对的，在对女性的尊重上做得不好，但当时我没有觉得。记得有一期节目叫"女人请自重"。从这个标题你就可以看出节目的立场是站在男性的视角看待女性问题，现在回看这个节目，节目的视角是有偏差的。实际上，卖淫是个社会问题，妇女本身的问题只是一个方面。后来我们了解到很多妇女卖淫，有着深刻的社会原因，而不是她个人修养的问题。实际上节目打错了人，一棒子将卖淫的过错全打在女人身上了，这是定性错误。

到了1996年下半年，形势突然发生了变化，好多妇女节目纷纷停播下马了。究其原因，就是妇女大会过去了，妇女节办的时候，领导有一种思想就是配合宣传需要。"四妇会"开会的时候各种媒介一起宣传铺天盖地，电视、电台、报纸全谈妇女问题。大会闭幕了，立马就全没了，因为配合宣传的任务完成了，发了多少文章，多少照片，成绩大大的，可以论功行赏了。从观众角度来看，观众也觉得不好看了，看够了，想看点新的节目，找点新的话题。于是妇女节目一度陷入低谷。

妇女节目纷纷停播还有一个很重要的原因，就是男性领导和男性观众主导电视收视。男性观众群体人很多，且男性领导能量很大，他们提出"你们《半边天》做了半天都把女人带坏了，都成'女强人了'，女人还是要有女人味"。他们提出女性节目要有女人味，为了迎合男性观众的需要，很多地方台的女性节目去追求"女人味"去了。

《半边天》在这种大背景下，坚决不走"女人味"的路线。我们也分析过什么是"女人味"？这是男性给女性的一种定位，就是女性要柔弱、要嗲，衣服要穿得少，关键部位要漏出来，穿得少还要穿得薄。这是从男性视角把女人当成一种观赏品，当成一样物品，好像是被人欣赏的花瓶。如果女性节目没有女性的性别意识，光是男人怎么说，男人需要看什么就弄什么，男人怎么说就怎么拍，什么香车美女、珠光宝气，那这样的女性节目是死路一条。我们一定要坚持自己的特色，要用女性的视角来看世界、看社会。因为男人的视角和女人的视角的确是有很大区别的。虽然人类有共同的视角，但是性别不同，看待问题的角度的确有很大差别。

还有一个原因决定一档节目的去留，就是收视率。当时衡量节目的好坏主要就是看收视率。收视率是商业化、纯经济主义的。就算你坚持自己的女性视角和性别意识，如果没人看，没收视率也坚持不下去。很多地方台女性节目的停播就是这样。节目没有收视率，地方台就给你下马了。有的地方台，先给你两个月经费，两个月以后就不给你经费了，你要自己想办法拉赞助和广告。没有经费怎么办，最后只有关门。我们的《半边天》还是有得天独厚的优势，每年台里给拨一次经费，这让地方台觉得你们可以腰板硬。实际上，我们腰板硬不起来，我们的钱一掐，还是捉襟见肘，到最后什么钱都没剩，这是真实的情况。

　　《半边天》的节目制作人十分强调女性的性别意识，为此我们专门找妇女研究所的人给我们做培训。当时还有个民间机构叫传媒接触网络，他们专门有做传媒培训的。我当时要求，凡是在《半边天》工作的司机也好，秘书也好，帮忙做杂务的也好，统统要参加培训。我前前后后一共进行了七次培训，慢慢地男同志的女性意识也都产生了。

　　《半边天》的性别意识建立以后，体现在节目里头就是做了几期很好的节目选题。我认为最好的一个节目就是"厕所"。中国从没有媒体这么强势地来采访公共厕所。我们派一个编导、一个主持人、一个摄像三个人，在西单的西四开头，从西四那儿进入，挨个儿进每一个公共厕所。他们进去手里拿着秒表，拿着记录本和话筒，走到西单的南头，一共进了27个公共厕所，记录了男女厕所的面积和坑池数量，并且计算男女如厕所用时间。统计的结果显示，这27个厕所就面积而言，所有的男厕面积都比女厕要大一倍到三倍。女厕所的坑位比男厕所少三分之二，如果男的三个的话，女的只有一个。而如厕使用时间呢，女性平均三分多钟，而男性则仅一分钟左右。女同志如厕很不方便，有的没地方放包，还有抱着孩子的，当时一般公厕也没有手纸，上厕所的过程还真是非常复杂，这个情况一般男性是不知道的。

　　这期节目播出后，接到的第一个观众来信说，"我向我老婆道歉了"，因为每次两个人出去，他都嫌自己的老婆上厕所以后半天都不出来，他还以为是在里头磨蹭磨蹭，跟谁说话呢。现在看了这期节目，他对妻子多了份理解，冤枉妻子了。公共场所的女厕坑位少的问题是不争的事实，即便是人民大会堂的厕所我们也都去统计过，也不例外。

惜别《半边天》

我给《半边天》划分了三个成长阶段。从1994年到1996年是一个阶段，从1997年到1998年是第二阶段，从1999年到2000年底是第三阶段。我觉得能参加这样的节目真的很幸运、很过瘾。我梦想的东西，都通过这个节目得以实现。理论的提高、视野的开阔、世界上的新观点都是在参与节目之后得以丰富发展。这个节目的内容是新鲜的，形式是新颖的，尤其是它的思想是超前的，是以人为本的。

我们离开以后，换了一个制片人。这个制片人刚来报到时，我印象中他的第一句话就是，"寿老师啊，这《半边天》一个星期做五期太累了，咱们把它改成一周一期好不好"？当时我听到这话，心里一下凉到脚后跟了。当时，我们天天都在争取一个礼拜要播七次，每天都有《半边天》多好啊。他一来就说每天一期太累了，换成每周一期，当时我的心都凉透了。最后各种原因我离开了《半边天》，到2000年我彻底离开这个节目。我觉得在那儿我已经发挥不了什么作用了。

离开这个节目以后，我就发誓再也不看《半边天》了，我觉得看了以后我会很伤心。因为这么多人这么多年的培育，花了那么多心力，最后节目没了。大概是2012年的三四月份吧，《半边天》最后"寿终正寝"了。在停播之前，这个节目一会儿挪到早晨7点钟播，一会儿挪到半夜12点播，谁还看，完全是为了面子。过去也有过这样的问题，遇到问题我们就想办法解决。我请彭珮云来喝茶，当时我们遇到困难，台里要把我的节目每周5次减为3次，我自然不干，所以叫彭珮云来组里参观，让她给我们说几句话，让台里别减。彭珮云对女性问题很清楚，她性别意识挺好的。后来台里就没动我们的节目。

现在环顾中国电视荧屏，占中国人口数量一半的女性有那多的问题，却没有一个电视节目为她们专门解决问题，安慰她们一下，给她们说几句话，或者反映她们的心声，这是十分遗憾的事情。中国女性电视观众群体庞大，只要节目制作好，接触现实，一定会有收视率的。平常我们总说母亲是我们最爱戴的人，但是却没有人愿意出点时间制作一档针对她们收看的节目。关键还是不重视，没有最强的力量和最合适的人去做这样的节目。

"真正的好新闻是自己采访、感受、提炼出来的"

——段存章口述实录

【人物简介】

段存章（1938~），山西左权人，《人民日报》高级记者。1963年在山西人民广播电台农村部任编辑，1975年选调到《人民日报》社记者部，先后任驻大寨首席记者、驻黑龙江省首席记者、《人民日报》机动记者组组长，1985年被评为主任记者，1992年晋升高级记者。在大寨记者站驻13年之久，出版了《大寨人的故事》《我在大寨十三年：一位党报记者眼中的大寨人》等著作。他自学成才，从农民通讯员做起，从事新闻事业40余年，最后成为优秀的新闻工作者。

段存章

走上新闻道路

年轻的时候想过当县报的记者，但是成为《人民日报》的记者是没有想到的。从农村的通讯员成长为《人民日报》的记者，就像做梦一样。

我家里穷，五年级没有上完就回了村。我从小喜欢写东西，五年级以前跟语文老师学习，成绩比较好。后来辍学没有了学习的机会，就在农村做工。下雨停工的时候，想起写稿，但当时也不知道怎么写，就给《山西日报》写了一封信，问怎么才能当《山西日报》的通讯员。过了半个月，《山西日报》给我寄来一个很大的信封，里面装了很多信，总结一句就是：多写就明白。后来我到供销社工作，报纸也不看了，每天卖货打算盘，偶然在一个销售淡季又想起了写稿，就趴在供销社的柜子上写了一篇帮助农民卖菜籽、关心农民的小事，寄到县里面的小报，竟然刊登了。

这件事是我人生的一个转折，否则我一辈子可能就在供销社里卖货了。这篇文章发表之后我很激动，白天在供销社干活，晚上在家里写稿，写的稿子越来越多，上县小报的机会也越来越多。县里都知道有这么一个会写文章的年轻人，当时大学生少，我就从乡里调到县办公室给领导写材料。

从县里参加工作到在省电台当记者编辑这八年时间是我进步比较大的时期。1963年山西省广播电台为了加强基层通讯工作，选了20个人（我也不清楚自己怎么成为其中的一员）去省台，当时我是希望去《山西日报》，因为广播电台没有报纸的覆盖面大，后来觉得机会挺好，就去了。那时家里面刚添了小孩儿，生活比较困难，心里挺矛盾的。不过家里是支持的，现在看来，如果当初我不走，现在可能出不来了，只能在县里混口饭吃。

我从来没有想过从县里到省里再到北京，只是感觉挺喜欢做这件事情。当记者这么久，已经喜欢上了这个职业。如果一件事没有写出来，我脑袋里总是翻来覆去想，写了就轻松了。

当通讯员时曾经想上《人民日报》，但是稿子被退回来了。现在要再说上《人民日报》我也没有那么兴奋了，但是当时即使只在上面发表豆腐块大的文章也高兴得不得了。

《人民日报》起家的时候十分重视通讯员，虽然有专业记者，但是通讯员队伍是很重要的骨干力量。作为一个群众性党报，通讯员很重要，尤其战争年代，没有进城之前也是靠通讯员作为消息渠道，专业记者很少。进城以后，依然十分重视通讯员来稿，比如李克林[1]，作为副主任可以管通讯员来稿也可以不管，但是她每天固定来稿室，起码半天或几个小时从大麻袋里翻来稿，有时候被毙了的稿子也被她翻出来，编写成新闻。她就是能够从通讯员来稿里看到

---

[1] 李克林（1916~2003），曾任人民日报农村部主任，是参加了《人民日报》创建的为数不多的女编辑（记者）之一。

基层，能够把党的政策和基层的情况结合在一起，这是她的习惯。

结缘《人民日报》

我想上《人民日报》的愿望很久了，但是《人民日报》的门槛太高，只能从最开始的县报、广播站开始，能上省广播电台也很了不得了。后来慢慢上了《工人日报》《大公报》。我当时写稿都要复印一份，除了给其他媒体投，同时也给《人民日报》投一份。不久之后就会收到一份打印的回稿："段存章同志，你的稿件已经收到，但本稿不适用，此退回。"当时只要收到来信，就给你回一封信，十分认真。上《人民日报》的第一篇稿子之前，不知道收了多少退稿，但是我不放弃。第一篇稿子写的是山西供销社一个经理，他有一个本本专门记录哪个老百姓缺了盐、油或者米，我写了一篇稿子叫作"李经理的小本本"，实际上是一篇小故事，居然上了《人民日报》。如果你写一些广而泛的东西可能上不了《人民日报》，但是如果写一些实际的小故事，就有了典型性。这一篇上了《人民日报》后，我高兴得不得了，后来在1962年和1963年连续上了两篇，也都是小短文，一个写的是80岁的老太太过生日不铺张浪费，勤俭过生日；还有一篇写的是山西一个为集体放羊的老汉，冬天怕刚出生的小羊冻着，就把小羊羔抱在怀里，救活了好多羊羔。没想到《人民日报》登刊后还配了一个插图，画了一个养羊公穿着大衣揣着小羊羔，可见当时《人民日报》非常重视来自群众的信息。

在我看来，《人民日报》只做一些动态的新闻是不够的。一些故事性强的文章上大报还是有意义的。一些硬新闻可以在县里或者省里报道，当时主要是关于"土改"的报道，这些报道在省里面容易上，但想上《人民日报》很难。上《人民日报》的新闻需要有思想性。

1963年我调到广播电台当编辑，第一次作为记者回老家采访。当时是国庆节，我当时也年轻，骑着自行车，兴致勃勃地在村里转。我在农村住了七天，写了一篇通讯，并没有完成任务。当时写作水平低，以前从未写过通讯，我下了功夫去采访，但是却没有表达好，回来后我的稿子在新闻组组长那里没通过。这个过程中我发现了一件事，这个村发电站的电机坏了，电机厂家千里迢迢赶来村里，义务修好了。我发现这件事之后，单写了这篇新闻稿，上了《人民日报》，还在第二版头条加了很长的编者按，名字叫"负责到底"，并且配上了一篇通讯，重视程度很高。这篇稿子登在《人民日报》第二版经济版上，从这篇稿子我发现要上《人民日报》还需要有一定的时效性，就是突出反映中央当时的政策中想要说明的东西。

如果报纸天天说空话也不行，要变成老百姓生活中生动的东西。《人民日报》之前的报道就很好，用事实说话，不单单就事论事，事里面还包含着道理。从我上《人民日报》的几篇通讯来说，《人民日报》看事情的眼光和大局思想是很高的，紧紧抓住了中央的精神。

我当通讯员的时候都没有见过《人民日报》的记者，当时在电台做编辑，从山西电台来了两个记者就觉得特别不得了。真正见到《人民日报》的记者是1967年以后。接触多了，发现《人民日报》的记者比如安岗、李庄这一代老新闻工作者都保持着共产党的好作风，实事求是。

李庄、安岗这些人都是战争年代的新闻工作者，他们与群众的关系是现在不能比的，他们与群众之间有血肉联系。1942年敌人大扫荡，《新华日报》牺牲了46个编辑和记者，这在新闻史上是惨痛的，他们最小的只有十四五岁。当时李庄是太行新闻工作者，只有二十来岁，跑到老百姓家里，老百姓看到他穿着回族的衣服，便拿着三儿子的破衣服破帽子给他换上，保护了他，这种感情在这一代新闻工作者中终生难忘。安岗在前几年退休了之后，我去看望他，他还跟我说一块去太行山采访，问老百姓的生活怎么样。当年安岗在太行山办的第一份报纸就是朱总司令批复的。

我从电台的农村部到在省级电台里写稿、编稿，后来到《人民日报》，这个转变不是一天过来了。一到电台，感觉到知识不够了。人家都是大学生，而且都是清华、北大的。那时候到基层，很多都是北大毕业生，编稿、文字水平都比我强。我没有读过大学，但是我能写。领导一重视，写稿就不是问题。我的第一篇稿子是北大的施得雄督导的。原本是我家乡人写的《农村基本建设》大约有5000字，让我压缩到500字，把我难住了，几次都交不了。后来组长烦了，第一次写稿还是给我发出去了。

我这个人能吃苦，白天该工作工作，晚上两点以前我几乎没有睡过觉，看书看到头昏脑胀的。那个时候是住集体宿舍，晚上两点多紧挨着我床的人都睡熟了，我不惊动他们，开门、脱衣服都是轻轻地。1963年去了电台以后，我在电台工作时看了大量的书，知识水平有了很大提高。

我为何去了大寨呢？因为"文革"开始了，我当时在（山西）电台，还是想去基层，想看看我这两年努力后写作水平到底怎么样了。当时两派造反，我还是一派的头头，有了一定的审稿权，我可以签字组织他们采访。当时"农业学大寨"运动轰轰烈烈，记者去了很多，《山西日报》和山西电台都派了记者轮流去，有的人去了好几回。

1964年我第一次去大寨,在那儿住了7天,给河北广播电台写了一篇稿子。真正长时间待在大寨是1967年冬天,我作为《人民日报》的一个写稿人去作采访。

真正好新闻是自己采访、感受、提炼

当时我驻扎在大寨的时候,只要一有毛主席的最新指示,《人民日报》的编辑(我也不认识)就给我打电话,要我给他写群众反映,我就赶紧给他写。写了之后给陈永贵念念,给郭凤英念念,他们同意了就发。

写给《人民日报》的文章里,1968年有一篇东西对我影响深远。它不是指令性的,也不是谁让我写的,因为我住到大寨里,通过劳动和大寨人民熟了,看到陈永贵当了省革委副主任以后,还跟群众一块儿回去劳动,端着大碗在山上吃饭,给他派的警卫员他也不要。根据这些事儿,我就写了《不是要当官就是要革命》,记述了陈永贵当了省革委副主任以后的生活作风变化。这篇东西写了他不脱离劳动、不脱离群众、不脱离艰苦奋斗。大寨接待站只有一个小平房,记者都是七八个人挤在一个通铺上,晚上根本不能写稿。我就借了邮电局一个办公室写这篇稿子。吃过晚饭写,写着写着听到外面摇铃响了,一抬头,天亮了。一晚上写了一万多字,写完以后我就找人打印,投给了《人民日报》,还投给《山西日报》。

过了有半个月,《人民日报》打电话说我的稿子收到了,内容还不错,要我修改一下。那时候我还没有去过《人民日报》,就坐上火车到了王府井,和几个编辑一起看稿子,老师们提了一些修改意见。改了以后我就回大寨了。结果一等几个月没消息,又过了几个月,党的"九大"快召开了,《人民日报》又给我打电话让我再过去修改。第二次改了以后很快在《人民日报》第二版以很大的篇幅刊登了,之后上海《文汇报》发了两篇社论《陈永贵当官不像官》和《不要警卫员》,引起很大轰动。这篇文章其实配合了"九大"对陈永贵的宣传。

段存章所著《我在大寨十三年》

真正的好报道还是要自己采访、提炼,不能单纯靠指令。20世纪80年代初,安岗带我去上海采访,到了上海以后,我们深入到广场、车间去采访,《文汇报》《解放日报》的老总去看他,提出来到上海之后见见市长和市委书记,安岗说不要,这次的采访任务跟两位没有关系,可以不见。如果现在的话,安岗要去采访起码会有宣传部长陪同,安岗认为记者就是记者,但这种想法现在很少了。作为记者要去实际采访,电脑再方便,把所有的资料简单堆积在一起跟采访出来的效果是不一样的。现在很多采访,就是安排好线路的采访,提供给记者的材料都是事先编辑好的材料。我采访必须要找到第一手的资料,我亲自了解了情况,写着也心安理得。

你调查研究了,事实上没有问题

大寨的报道很多,刚才也说了一篇。现在回头看——我曾写了一本书叫《我在大寨十三年》,基本上把我在大寨十三年总结、思考的东西都写了。从报道上讲,我不是一贯正确的,有不对的时候,也有半对半错的时候。当时讲"以阶级斗争为纲",我不能脱离这个,如果离开了,稿子就发不了。那个时候我写了一些报道给《红旗》杂志,他们就让我坐车回来修改,说我的文章里没有

《红旗》杂志的新提法。我必须找一本《红旗》杂志，看看有什么新提法，加在文章前面或者后面，总结一下，才可以发表。这就是"以阶级斗争为纲"。

我写大寨的东西，实际上调查研究了，事实上没有问题。但是也有一些文章并非来自实际调查，"文革"的时候，我也批过我在电台的老领导。"浮夸风"的时候，《人民日报》的大多数编辑记者都有跟风。

农村基本建设会、全国农业饥荒会等我也都参加了，李克林让我写了一篇杂文短评《窝头加镢头，高山能低头》，讲大寨治理河山。那个时候中央还提倡搞农村基本建设，我也写过两篇社论，现在回头看农村基本建设没有错，但是后来搞的形式太多，伤害了一些老百姓，这才有问题。我在大寨写了一篇文章，叫《泼脏水，不要把孩子倒掉》。现在看也有这种情况，上面一号召，记者马上就积极抓典型。找出来的典型肯定都是真实的，但是很多无法产生太大的影响。

应该用历史的发展的眼光看待当时的"农业学大寨"专题新闻报道。当时全国的形势是"工业缺油、农业缺粮"。这样的大环境下，喜欢用树立典型的方法做宣传。昔阳县的大寨村是当时全国各地抓典型中比较平凡的一例，《人民日报》都有报道过。山西省委书记陶鲁笳也将昔阳县的大寨村作为山西省的农业典型向毛主席汇报过，毛主席特意了解了陈永贵的情况，找来一些近期的报纸，看看是怎么报道大寨村的。随后，毛主席在几次中央政治局会议上讲到"农业学大寨"。客观上讲，大寨村的农民确实是靠自身勤奋努力和艰苦奋斗解决温饱问题的，20世纪50年代土地改革以来，昔阳县大寨村农田可用地很少，大多数土地是山地，土壤条件也不佳。陈永贵带领全村上下搞农村合作社，推动农业合作化运动，实现全村温饱。陈永贵真正开始出名源于1963年的一次大洪灾，洪灾过后，大寨村修筑的水利工事起到了较好的防护作用，粮食减产量较少。经过前期动员，1964年，大寨经验开始推广起来。期间，陈永贵在人民代表大会上做报告，毛主席也专门接见了陈永贵。1952年至1962年是大寨群众艰苦奋斗、建设大寨的十年，1963年大寨村提出农业发展"三要三不要"，陈永贵本人也提出自力更生的"十大好处"，展示出大寨群众自力更生的精神，成为农业生产的典型被树立和推崇。本来单纯的大寨农业生产问题，加入了"农民公社运动""取消自留地"等因素，后来才发现"农业学大寨"运动确实有负面因素。但是，不可否认的是，在当时粮食奇缺的情形下，农民群众靠自己的艰苦奋斗开垦土地，解决温饱问题，是有成绩的。只是，大寨模式在中国并不是可以完全复制的，内蒙古、新疆、广西等偏远地区的农业生产活动绝不可能像大寨模式一样去复制。

邓小平同志主持中央工作以来，开始大规模地拨乱反正，大寨新闻报道的政治意味渐渐消失，新闻报道的重心重新回到农业生产上。农村新闻报道逐渐客观，涌现出华西村和吴仁宝、南街村和史来贺等多种角度的农村典型。多元化的社会形态下，就是要有多元化的新闻报道，不过，我们一定要用平常心来看待大寨现象。

要站在人民立场上，和人民同呼吸

1964年国家提出"农业学大寨"以后，参观大寨的人多了，一天几万人，记者成群结队去，客观上确实有困难，要不进行限制，场面就无法控制了。大部分记者住在接待站，不允许进村，更不允许参加劳动。我一个年轻人住在那里40天，每天就是看看材料，聊聊天，进不去。每天中午，成群结队的人包括西藏来的人，拿着毛主席语录，喊着口号，路两边站得满满都是人，我就想怎么进村采访。

有一天我想到，大寨后面挨着山，可以有进村的路。我就找了一条小路，看见贾敬才在前头，跟着他慢慢进了工地。我没跟他说话，就帮忙搬个石头、铲铲土，没有人赶我。贾敬才休息的时候坐在一块石头边抽烟。我跟过去坐下，老贾这个人很随和，跟我简单聊起天来。后来我就每天抽半天时间去里面劳动。不光与贾敬才，和其他人也熟了。后来慢慢熟悉到我能去参加散场会，村民家里也能去。陈永贵叫我小段，其他人叫我老段，大寨人都很热情。

这样，我不用采访，在劳动过程中就了解了大寨的情况，比如《陈永贵当官不像官》就是在劳动中观察出来的。别的记者没有我这种特殊优势，有些人想写陈永贵，就千方百计找我问情况，我反而成了被采访者。

那时候我没有名也没有利。有那么多《人民日报》、新华社记者（都在），我作为（省）广播电台记者不算什么。而且我年轻，还不到三十岁，加上文章也不署名，没有什么思想包袱。不算给电台、《山西日报》的文章，1968年光给《人民日报》我就写了11篇文章，都在一版、二版占了比较大的篇幅，我也很高兴。《人民日报》有很多资历老的大记者、大编辑，我没想到能得到他们的认可。《人民日报》的稿子和省里面的不一样。在省报很厉害的记者，没有一两年适应不了《人民日报》。按照《人民日报》的老编辑说，处理稿子、判断事物的眼光是不一样的。从这时开始，虽然我不是《人民日报》的记者，也慢慢开始给《人民日报》写东西了。

之后，我就感觉到，我的思想、视野不一样了。我写过一本书叫《一路师》，就是人生的路上都会遇到很多老师，当记者的好处就是一路走一边采访各行各业的人。在全国范围内跟在全省范围内不一样，像现在国际新闻记者全世界跑，眼光又不一样。跟大量的社会人接触，某种程度上学到的东西比书上的东西还要可贵。因为书是人写的，有假有真，但是生活很真。

新闻记者要有担当、有责任。《人民日报》记者起码要站在人民立场上，和人民同呼吸。现在提倡"走基层"，我觉得应该是"记者在基层"。走的话就成形式了。现在有些地方，防记者防得很厉害，采访都提前安排好线路。宣传部长给县长布置任务，相关负责人专门接待记者。你不写我好可以，但不能给我捅娄子。这就体现了当领导的怎么看待新闻媒体。

新闻记者就更要保持高度的警惕，保持独立思考

我这人有个特点，你赞扬我的时候，我不在意，但是如果有人看不起我，我就很在乎。有一年我表现得很好，别的人生怕我的工作水平和能力追上他们，产生了嫉妒心理，甚至还向组织打我的小报告。开会的时候所有出版单位和媒体单位都到了，却没有通知来自《人民日报》的我。我压力很大，思前想后，最后决定不能走。后来，事情平息以后，就没有问题了。我认为一个人在逆境中要学会忍、学会低头、学会弯腰，风平浪静以后，照样可以昂首挺胸地走下去。生活并不完全是一帆风顺的，生活本就包含顺境和逆境两种状态。我们每个人都是生活在社会中的普通人，在顺境中成长容易取得成就，这不算什么，而在逆境中，只有会低头、会忍让的人方能摆正心态，走出逆境。作为新闻记者，更要学会在逆境中保持冷静的独立思考，否则，很容易陷入逆境、走弯路。

如果大的政策"风向"不对，新闻记者就要保持高度的警惕，在大"风向"中有自己的独立思考。毛主席曾经说过"当一个情形来的时候，要时刻注意另一种情形"。这就告诉我们，要用全面的观点看事物。新闻记者更是这样，当其他从业者都提出一种观点，你再去重复提出，毫无新意，也不会引人注意。在大环境下，新闻记者要有独立思考的能力，并能够用文字反映出来才是真正的本事。在当时的新闻体制下，我力所能及地坚持用自己独立思考的内容写文章。关于"农业学大寨"的新闻标题，大部分都是我自己绞尽脑汁独立思考出来的，做到不人云亦云。

我深深地体会到，做记者很难，一些想表达的思想不能被表达出来。当然，历史总是向着好的一面发展，变化的过程是渐进的，但终究是往正确的方向去的。当今社会媒体十分发达，现在的新闻比我们当时做得好。

20世纪80年代，关于党领导下的新闻媒体报道问题，《人民日报》农村报道有个不成文的规定，各地驻站记者要与所在省委保持适当的距离，不能走得太近，要尽量保持《人民日报》报社独立的观察视角，对《人民日报》报社负责任。现在来看，很多驻站记者与当地省委关系太过于亲密，贴得太近，容易被当地省委牵着鼻子走，成为省委的发声孔，缺乏独立视角。这样的新闻报道多数是为当地省委站台，歌功颂德，毫无批判精神，这也是不正常的新闻报道。驻站新闻媒体一定不能沦为当地省委、省政府的机构，完全跟着步调走，那就架空了驻站记者，失去了新闻监督的意义。驻站记者不能只会当"喜鹊"，每天喳喳地叫，全是喜事也会令人反感，给人一种粉饰太平的感觉。我认为，驻站记者既要当"喜鹊"，又要当"啄木鸟"，适当地去"抓虫"，敢于揭短。

有一次，我到广东去采访，因为坐船太久，身体不适，改乘汽车到广东，没有写出长篇通讯的文章，只是写了一封"记者来信"给报社，结果反映很好。当时，我和广东省委的一名宣传干事一起由湖南到广东，经过韶关地区，在行进的过程中，我发现韶关地区的路竟然这么难走，山路崎岖，没有一条像样的平整大路。当时就决定写一篇文章反映韶关行路难的问题，身边的宣传干事劝我不要关注这些小事情，要与省委宣传步调保持一致。我告诉他，我采写我眼见的新闻事实，出任何事情，我来承担责任。于是，我撰写了一封"记者来信"给《人民日报》社，标题是"广东北大门行路难"，详细描述了道路基础设施的落后。后来，广东韶关市的一位宣传部长来北京开会期间见到我，高兴地说，"那篇文章刊登以后，省领导很重视，专门拨款几百万用于广东省'北大门'道路的疏通"。

我认为新闻媒体要少一些空谈，多一些贴近群众的报道。从评判稿件的标准来看，一篇好的稿件被选出来是要经过层层筛查、层层批示的，其实，真正评判稿件质量的标准只有读者。以往《人民日报》有很多读者反馈，从这些反馈内容中，可以轻松地找出什么是好稿件。所以，我认为一切新闻改革都要以尊重新闻报道规律为原则，这样才能做好新闻。

"新闻记者要具备高度的新闻敏感性,要有预见性"
——宋逊风口述实录

【人物简介】

宋逊风(1943~),原名宋森,吉林长春人。《农民日报》资深记者,年轻时就热爱农村新闻工作,1982年调入《农民日报》,起初担任群工部主任,后担任《中外种业》主编。在几十年的新闻工作中,他深入农村,细致观察,认真思考,曾多次获得"全国百佳记者"和中国新闻奖等重要奖项。

宋逊风(左一)在农村采访

少年立志当记者 借助办报练写作

我之所以从事新闻这行,得从高中说起。那时十五六岁富于理想,树立了人生目标:当记者或者当作家。因为我觉得数理化不容易表达自己的见解,当记者、当作家可以用文字表达自己的思想和观点,能够立言于天下。我觉得人生在世就应当立言,为广大百姓疾呼。于是我集中精力背范文、练作文,报考中文系。历经30年的不懈努力奋斗，我才如愿以偿，成为一名全国百佳记者、中国作家协会会员。

1964年，我考上了东北师范大学中国语言文学系，学校里有个校刊，我担任过这个校刊的主编，干了大概四年。校刊编辑部有十几个人，每周出一期报纸。我步入新闻门槛应该说始于大学的那段时间，那时候社会上许多报纸、刊物还经常约我写文章。我的这个名字也是后来才改的，我原名叫宋森，宋逊风这个名字也是借用毛主席诗词里的话："唐宗宋祖，稍逊风骚"。

在东北师大读到三年级的时候，赶上"文革"。当时我就觉得自己费那么大劲考上大学了，我的大学生活不应该是每天搞运动，对此我不感兴趣。我就在想：怎样才能抓住这个时机继续学习中文知识，提高写作本领呢？后来，我得知北京大学、清华大学的学生都办报纸了，我便特别想在学校办一份报纸，利用这个机会提高自己的写作能力。

于是，我就找来中文、政治、历史等系的同学们组成一个编辑部，东北师大有印刷厂，可以印刷报纸。报纸出版以后，都是靠我们自己发行的，报纸还给中央领导及毛主席看过呢。当时，中央报刊经常发表毛主席最新指示，各地报纸都得紧跟步伐，抓紧落实，我也连夜写社论，写编辑部文章。另外，还要写新闻消息、通讯特写等。新闻写作的"十八般武艺"就是在我当主编那几年练出来的。1968年学校成立革委会之后，校革委会留任我在学校校刊继续当主编，我又继续干了两年多。

在大学期间，只要毛主席一发指示，省报、省电台就打电话邀我去写稿子。我写完稿件录音之后，隔半个多小时马上全省广播："下面由东北师范大学学生代表宋逊风同学发表对毛主席最新指示的体会。"那时候，我经常在中央及省报刊上发表新闻、散文、诗歌等作品，也算是小有名气了。这是我人生中的第一个高峰——大学生中的名记者、名作者。那个时期我有一个终生难忘的宝贵经历：1966年8月31日下午，毛主席接见全国学生代表，我是有幸被接见的学生之一。在天安门广场西华表附近，学生们像潮水似地把毛主席的敞篷吉普车围住了，我被挤到毛主席车门旁，近距离仰视伟大领袖的形象，长达半个小时之久。在那个珍贵的时刻，毛泽东的思想、诗魂与光辉形象"三维"地铭刻在我年轻的心田，播下了终生信仰的精神种子……周恩来总理从后边车上跳下来解围，他说："大家都是全国各地的大学生代表，凡是听毛主席话的同学都后退五步，给毛主席的车让路。"这句话十分管用，大家井然有序地给毛主席的车让开了路。然后毛主席登上了天安门城楼，东边挥挥手臂，西边挥挥帽子，一直到天快黑了。可是还有很多大学生没有见着毛主席，他们就在金水桥畔，拿着《毛主席语录》高呼："我们要见毛主席！"回来以后，我满怀激动地写了篇散文，我的原标题是《我见到了毛主席》。后来，《吉林日报》的编辑改为《幸福的会见，巨大的鼓舞》，刊登在1966年9月初的《吉林日报》上。

由于好抢新闻，调入《农民日报》社

1969年我大学毕业时，党中央倡导大学毕业生四个面向：面向农村、面向边疆、面向矿山、面向基层。当时我被分配到了吉林省白城地区的长岭县。我是城里生城里长的，老家就在长春市。最初，我被分配到前不着村、后不着店的县师范学校教了两年书，后来到教师进修学校给中小学教师讲课辅导，教了三年，业余期间还为新闻单位撰写、发表通讯报道。1976年我加入了共产党，被调到县委宣传部新闻科专职从事新闻报道工作三年。这三年，我写的消息、通讯、报告文学、散文等一发而不可收，从省内到中央报纸、电台、电视台频频发表。1976年7月1日我在《吉林日报》发表了半个版的散文体长篇通讯《翠竹青青》，轰动了县、地、省。这篇散文对我的政治生命起了关键的佐证作用——在党委讨论我入党时，有人提出反对意见。党委书记拿起登有《翠竹青青》的报纸反驳说："这篇文章就证明了宋逊风同志对党有深厚感情的。"此话一锤定音，党委委员一致举手同意我入党。在县委宣传部工作期间，吉林省人民广播电台、《吉林日报》社都曾分别或同时到县里调过我。吉林省人民广播电台去县里调了我三次，县委宣传部领导才同意我去省里工作。我在吉林省人民广播电台干了六年，主要在电台的新闻部农村组，由记者、编辑做到了负责人。《农民日报》是1980年创办的，1982年《农民日报》社总编辑来吉林省选调记者，正好我到农安县（黄龙府）去给全县新闻通讯员做新闻讲座，《农民日报》社的总编辑在现场发现了我。后来，经吉林省委和《农民日报》社双方考核，才决定调我去《农民日报》工作。我在《农民日报》先做记者，不久任驻吉林省记者站站长，但我对仕途不感兴趣。

1995年是我人生的第二个高峰：被中央宣传部、中国记协评选为中华人民共和国成立46年来首届全国百佳新闻工作者，被评聘为首批高级记者（与总编辑同批）。就是那年，《农民日报》社把我调回报社北京总部任群工部主任。在《农民日报》群工部担任主任一年以后，我发现种业不可替代的重要地位及其不可估量的发展潜力。于是1998年我便辞去群工部主任的职务，在报社成立了种业编辑部，担任《中国种业》及其后来《中外种业》主编。2004年退休以后，报社领导觉得种业这一摊还需要我，就继续返聘我达10年之久。

在人才济济的新闻从业人员中，凭什么我会被选中调入《农民日报》社？凭什么本事我被评选为首届全国百佳新闻工作者？如果让我回顾个人历史，总结其中的缘由，我的体会就是：抢好新闻，超前报道。

我出身于农民家庭，父亲是从河北省滦南县川林村到吉林省长春市"闯关东"来的，母亲做家务。父母养育了我，业务长进和政治成长主要是靠自己的努力和不懈的奋斗争取的。中共吉林省委原书记、《人民日报》社原社长高狄同志曾说："全省有众多媒体，包括中央驻省新闻单位，《农民日报》记者站的工作突出，主要是宋逊风同志勤于努力、善于争取。"

我往哪儿努力？我争取什么呢？著名哲学家黑格尔曾强调"这一个"。我所写的新闻，力求个性化，争取超前性。中国是个人口大国，也是个新闻大国，新闻从业人员有百万之多。记者多，作品广，但往往有"千人一面""千篇一律"的倾向，从而造成新闻不新、报道滞后。形象地说就是亡羊补牢式的、拍手称快式的、跟着喊口号式的等。

1978年是我在长岭县委宣传部工作的第三年，吉林日报社和吉林省广播电台两家新闻单位的人事处长和编辑部主任不约而同地坐火车前往长岭县商调我去他们单位当记者、编辑。途中在列车上相遇，两家争执起来，省电台辩称"我们三年前就来调过宋逊风，你们不能来挖我们墙脚"，省报社不得不放弃，中途下车返回省城长春。后来，我调进省电台工作一段时间，省报社的有关领导很后悔，觉得当初应该坚持把我调入他们报社。原因是我给省电台写的独家新闻播发后，第二天《吉林日报》再全文转载我的新闻原稿，省报社屡屡感到很被动，埋怨我经常抢新闻。按照中央和省委新闻系统的常规，应当是中央党报、省党报刊登要闻后，中央电台、省电台才能不走样地全文照播。久而久之，省里新闻单位及省委、省政府机关都知道我好抢新闻的特性。

1982年，《农民日报》社委派记者部主任专程到吉林省委农村工作部考察我到底符不符合他们报社选调记者的标准，并打算找我当面面试。不凑巧，当时我恰好到延边朝鲜族自治州采访。省委农工部的秘书长对《农民日报》社记者部主任讲："宋逊风同志工作勤奋敬业，采访的报道数量很多，质量也很好。其他方面没有什么问题，但是，他有个最突出的毛病，就是好抢新闻，这是他今后要克服的缺点。"

《农民日报》社记者部主任听了这位秘书长介绍我的"缺点""毛病"后，心中暗喜：在新闻界看来，宋逊风好抢新闻不仅不是缺点，而且是难能可贵的优点，不是毛病，而是长处。恰好符合报社选调记者的标准。于是，记者部主任决定没必要再等我采访回来面试了，便买车票返京回报社汇报了。因此，报社于1983年正式调我做《农民日报》驻吉林省记者，1984年又任命我为记者站站长。

长于"超前报道"，评上"百佳记者"

我所说的"超前报道"，是指在中央、国务院尚未发出或者即将发出新的政令之前，就能写出符合其政令精神的新闻报道。所谓"超前"是指事件具有与中央精神不谋而合，提前起到为中央政令鸣锣开道、呼之欲出的作用。

可能有人会问，"这可能吗？"我认为，不仅可能，而且可以做到。理由是：中央的政令是代表广大人民的利益、反映广大人民呼声的。中央与人民是休戚与共、息息相通的。方法是：深入到社会底层，调查了解广大群众最急需解决的问题，最强烈的愿望是什么？记者就去采访什么，那么所采写出来的新闻报道，就会成为中央即将出台的新政令的"超前报道"。要求是：一是要有坚持党性原则、实事求是的勇气；二是要有"不入虎穴，焉得虎子"的深入调研的作风；三是要有高度的新闻敏感性。

1984年中央即将发布《经济体制改革的决定》（共"十条"，其中第九条是"要尊重知识，尊重人才"）之际，吉林省农科院有个选育"101"玉米种子的课题组，他们选育出来的种子产量是其他种子产量的好几倍。省委省政府为表彰他们为农民、为全国农业做出的贡献，特奖励他们两万元的科研奖金。听到这个消息后，我第一时间赶赴地处怀德县的吉林省农科院，找到这个课题组的负责人和研究人员采访，他们欲言又止，好像不太欢迎我采访。他们不是对我个人有看法，而是埋怨上级拖延克扣本应属于他们的科研奖金，半年快过去了，奖金还没有发下来。我了解了这个情况之后，感到很气愤，想为他们鸣不平。科研有功人员应该得到应有的奖励，而且省委省政府早已做出了决定。我原来想采访他们的研究成果和经验事迹，科研有功人员的怨言使我改变了主意，调转笔锋，反过来追究这两万元奖金为什么到现在还没发给科研人员。新闻工作者要为人民群众办事，要对社会起到舆论监督的作用，这是记者应有的一种责任心。一般的记者都只愿意唱颂歌，认为你好我好大家都好，这样不得罪人。但是问题不揭露出来就不会解决；问题不解决，工作就不会推动；工作不推动，事业就不会发展。我针对这件事情写了一篇消息，题目是《给六位农科人员的两万元奖金至今未发》，副标题是："吉林省科委主管奖励人员对省领导机关决定拖着不办"。在1984年11月8日《农民日报》头版头条刊登的当天，中央电视台、中央人民广播电台"早新闻"即刻播发了。那天刚一上班，吉林省委第一书记强晓初紧急召开省委常委扩大会，指示有关领导说，"《农民日报》的记者宋逊风把咱们省奖励科研人员这个事儿曝光了，要查一查事情是否属实"。

记者搞批评报道要有一种原则，即坚持以事实为依据。记者在采写的时候要坚持新闻的真实性。只有把真实性放在第一位，批评报道才能立于不败之地。不管是谁查，都不怕。当时"四人帮"被打倒以后，中央要求全党开展整党。在这样的政治气候下，如果有问题，就会被开除党籍，被逐出党内。当时的党支部书记跟我谈话时说："小宋啊，你要犯事儿了。你写的农科院课题组奖金没给发的批评报道，省委整党领导小组亲自查呢。你要争取主动，先写个检查承认错误，这样的话，你的党籍还有可能保留。要不然你就会被开除出党。"我回答说："我不怕查，因为我写的这个报道完全是事实，没有一点的虚构，对这个报道，我敢以我的党性担保。"一个月过后，省委整党领导小组调查结果证实了我写的报道完全符合事实，没有问题，是吉林省科委犯了错误，他们不仅没把奖金发下去，还退回了财政厅。后来，大家公认这个报道好，对省委、省政府的工作是很好的监督，对有关部门也是有力的鞭策。我写的这篇消息刊发不到一个星期，两万元奖金即发送到选育"101"玉米有功科研人员手里。这个批评报道是对知识、对人才尊重还是不尊重的正反两面的生动典型。当年被评为中国新闻奖，这是我调入《农民日报》的第一篇获奖新闻作品，也是当年即被破格提拔为记者站站长的"奠基礼"。

20世纪80年代，中国城乡尚处于计划经济阶段，公检法机关有些领导的思想仍然不解放，笼罩在粮食统购统销政策的阴影下，把倒买倒卖粮食视为"投机倒把"。吉林省是全国贡献商品粮的冠军省，当时产量300多亿斤，省内吃不了、销不掉、储不下，有的地方出现了粮食霉变的问题。针对这种现象，吉林省磐石县有个农民叫梁栋，率先成立粮食运销专业户，通过运销调剂粮食余缺，既减少了粮食积压，又满足了外地粮食短缺的需求。那时，人们思想上对土地承包户、粮食生产专业户、蔬菜生产专业户都已逐渐接受了，可是眼下如何对待新产生的粮食运销专业户呢？

吉林省检察院系统把梁栋认定为"投机倒把"经济犯罪，并已逮捕入狱。1986年1月6~9日，我随中央委员、吉林省委书记高狄同志下乡调研，高狄书记发现此案后，立即指示："粮食运销专业户是帮助粮食部门缓解积压，调剂余缺的新生事物，应当支持而不该治罪，必须立即放人！"

记者遇到新闻线索，首先要分析其性质，把它放在党的政策的"天平"上称量一下，看其有无新闻价值，在哪方面有新闻价值。对待这件事，不能就事论事，不仅仅是一个抓人、放人的问题，而必须透过现象看其本质，记者才能在事实的基础上提炼出有重大政治意义的新闻来。这不仅需要记者的新闻敏感性，更需要记者有较高的政策水平。我分析后认为，对梁栋是抓还是放，是如何对待专业户这个新生事物，如何保持党在农村政策的一贯性、稳定性，保护农民合法权益的大是大非问题。不仅有新闻价值，而且在全国有普遍的指导意义。于是，我拟定主题《吉林省委书记高狄在农村调研提出——要坚持政策的稳定性，保护农民的合法权益》。我的这个命题及消息正文里边的这句话，并非出自于高狄同志的讲话，而是我从"检察院抓人，书记要放人"这个新闻事件中提炼、升华出来的。

这篇报道在1986年1月中旬的《农民日报》头版头条刊发的当天上午，中共中央宣传部部长主持召开全体中央新闻单位负责人大会，特邀中共中央农村政策研究室主任杜润生同志作关于农村改革的专题报告。杜润生同志是中共中央第十一届三中全会以来，历年中央"一号"文件的起草负责人，他的很多讲话都会变成中央关于农村政策的文件。杜润生同志在那个中央新闻界首脑会议上拿起手中的《农民日报》开门见山地讲："宣传部长让我来讲一讲当前农村改革的形势和任务，我没什么好讲的，请大家看看今天的《农民日报》记者写的头条消息的题目——《要坚持政策的稳定性，保护农民的合法权益》，这就是当前农村改革的形势和任务。"杜润生主任讲完话，新华社、《人民日报》、中央电视台、中央人民广播电台的领导纷纷表示要转载、转播这篇重要消息。本报社领导回来说："宋逊风采写的这篇报道受到中央有关领导的表扬，在全国具有导向性、超前性，符合中央即将颁布的政策精神。"见报不久，运销专业户梁栋就被宣布无罪释放了。

1993年11月，我去吉林省双阳县采访农业丰收的情况，文化局长不经意地对宣传部长说："我现在安排县剧团下乡巡演忙得不可开交，各个乡镇都争先恐后抢剧团。"说者无心，我听后觉得这是多年来罕见的农村文化新鲜事，脑子即刻出现一个大问号：全国的文艺团体及文艺工作者怎样尽快适应农村文艺的大市场，满足广大农民的精神渴求？

写稿子的时候，不能就事论事，要从新闻事件中跳出来，寻找具有现实意义、超前性的主题，要站到当下社会热点和焦点的平台上。《农民抢剧团》通讯的开头，我是这样写的："衣食足文艺兴，在当前全国戏剧舞台不景气的形势下，吉林省农村却涌起了一股饶有风趣的农民抢剧团的风潮，它给文艺团体及文艺工作者出了个题目，如何尽快转向农村文化大市场，适应即将兴起的农村文化热？"农民抢剧团是个极具广泛代表性的典型新闻素材，我要通过农民抢剧团这件事把主题升华：农民通过"联产承包""大包干"，生活好了，不愁吃不愁穿了，他们渴望丰富多彩的文化生活和精神享受。农民抢剧团集中而强烈地体现了农民在物质生活得到基本满足之后，在文化上的饥渴，在精神上的诉求。

这篇《农民抢剧团》的通讯于1993年12月9日在《农民日报》头版头条发表后，被评为中国新闻奖。其后农村文化兴旺发展的事实，包括后来推出的"农村大舞台"已经回答了我提出的"衣食足，文艺兴，如何尽快适应即将兴起的农村文化热？"的热点问题，这篇报道在当年具有一定的超前性。

1996年我已经调到《农民日报》社总社了，担任群众工作部主任。当时群工部分了两个组，有编辑组和分稿组。《农民日报》社每天来自全国各地的来信、来稿都有几麻袋。分稿组的同事们经过筛选后，把认为没用的稿件、信件都扔到垃圾堆了。我调到群工部不久，下了班没事，就在办公室翻翻稿子。在垃圾堆里我发现了江苏省睢宁县一位普通农村妇女写给《农民日报》编辑部的一封信。她说平日自己对父亲很孝敬，父亲因病去世时，她觉得应该简办丧事，老人都去世了，你花再多钱也没用，还增加家庭和社会的负担。但亲戚朋友都不理解她，包括村党支部书记和村长也都不理解她。当时农村的习惯是红白喜事办得越大越好，越铺张浪费越好。村民们说她的风凉话，指责她丧尽良心，不孝敬父母。

我看了之后，觉得这封信很重要，她提出来一个很重要的问题，就是"简化丧事，移风易俗"。过去大办丧事的旧风气就是应该改变了。我连夜写了一篇评论，题目是"何谓孝敬 何应谴责"。农村旧风气认为大操大办是孝敬，简办丧事是不孝敬，是破了农村的风俗，伤了风化。我这篇文章就是与旧习俗针锋相对的，副标题是"如何为厚养薄葬营造良好社会环境的讨论开篇话"。我要发动全国大讨论，因为这件事在全国农村有普遍代表性。1996年6月3日在《农民日报》头版头条见报当天，中央电视台、中央人民广播电台予以转播。这件事在全国就引起强烈反响，群众积极响应移风易俗、提倡厚养薄葬。那名写信的农村妇女后来变成全地区被表彰的模范，成为江苏省一个践行厚养薄葬、营造社会良好风气的典型。那位简办丧事的妇女被正了名，但我想这不能算完事，报道不能就此停止。虽然事件平息了，可是思想上还没有理清，需要继续讨论，弄个"泾渭分明""水落石出"。当时，群工部有的编辑及报社总编辑对此讨论不感兴趣，不太积极。可是，我在群工部当着编辑面公开预言说："这场大讨论意义重大，只要开展到底，必然会有轰动效应，肯定能够获得中国新闻奖！"于是我继续组织报社群工部的编辑们把讨论坚持搞下去，邀请中央高层和民俗专家为我们写稿子，发表意见。全国各地的农民也来信选登，这场讨论在全国的影响非常大。一篇好的报道应该具备三个条件：第一，报道要呼应中央的政策精神，这才是记者的本事。第二，要符合基层广大人民群众的利益，或者说能写出人民所想所需所求的文章。第三，要有较大的社会反响，报道发出去以后，在社会要引起强烈反响，要有社会效应。关于"厚养薄葬"的大讨论之后不久，中央即颁布了《加强精神文明建设的决定》。事实证明，那场大讨论为中央的新精神提前营造了正面舆论的环境。由我发起并组织的"厚养薄葬"大讨论果然于1997年获得了中国新闻奖，应验了讨论之初我的预言。

新闻记者一定要具备高度的新闻敏感性，要有预见性。要像鲁迅所说的那样："于无声处听惊雷！"敏感性最终要达到什么程度才可以说你的敏感性很强了？就是"于无声处听惊雷"！在没有爆发大事件之前，中央没有发出新政令之前，你就能够捕捉到跟中央发布的政令精神相吻合的新闻题材。在舆论上为中央的政策找到注脚，找到奠基石。中央的政策和人民的利益、人民的呼声都是一致的。中央政策从哪里来？是从基层来的。名记者不是想当就能当的，他应该具备两个优良品质：一是人品，人品起码得正直；二是文品，文品得过硬。谈到人品要正直，你要想成为一个好的记者，你必须要有为党的事业、为人民鼓与呼的精神，这很关键。业务能力要强，作为一名好记者，"十八般武艺"都要会，新闻常用的是消息、通讯、特写、报告文学，还有评论、社论等，这都应该练会，还得练精，那才行。

创办专刊、助推种业走向世界

如果说上述的社会新闻，我注重超前性，那么1998年8月28日我在《农民日报》上创办种业专刊也是"超前性"报道的延伸和发展。1996年，我到安徽采访，回良玉同志时任安徽省省长，他向我推荐报道种业，他说安徽省有个合肥丰乐种子公司，快要上市了。这个种业公司的种子能覆盖全国一多半，确实很值得采访报道。丰乐种子公司董事长叫张海银，他很了不起，他是公司的创始人，是他把这个农业类公司扶持上市、成为"中国种业第一股"的。公司院里有一个大铜牛，特别引人注目。1996年我采访他之后就写了一大版通讯，题目是"黄牛奉献丰乐种"，丰乐是他们的公司和品牌名，黄牛就是取自"勤耕奉献"寓意。

这是我首次涉足种业报道。此后，我对种业进行了调查研究，发现尽管种业在农业及国民经济中具有不可替代的重要作用，但农业部没有一个种业机构，国家也没有《种子法》，各地仅仅有种子公司，而没有形成体系、形成产业。

就连"种业"这个词都没有，全国没有一个种子行业的媒体。

在这种"法律无有、机构无设、产业无型、媒体无视"的情况下，1997年初我给报社打了"关于创办种业报纸的报告"，当时报社领导并不认同。但我还不死心，我到农业部农业司去征求意见。农业司当时连个种子处都没设，仅有个粮油处。处长、副处长一致认为，全国种子行业不景气，没有宣传必要，即使报道也没什么内容，没有读者。如果按照他们的看法，我提出创办种业报纸是大大地"超前"了，甚至是"破天荒"了。唯一可喜的是农业部党组成员、农业司司长崔世安同志支持我的创意。

在报社内部，我提出创办种业报纸行不通，我就采取"曲线救国"的办法——在《农民日报》上创办《中国种业》的周刊。后来，由于美国种子贸易协会赞助更名为《中外种业》。与我志同道合的是辽宁省种子局原局长、辽宁东亚种子公司董事长陶承光同志（后任辽宁省农科院院长），他以单位名义独家赞助协办《中国种业》专刊。

经历了一年多的申请和筹备，终于1998年8月28日在《农民日报》上创刊了《中国种业》专刊。创刊后不久，合肥丰乐种业、山西屯玉种业、山东登海种业、北京德农种业、湖南亚华种业等20余家骨干种子企业竞相赞助协办。由一块版扩大到四块版。后来，农业部原部长、后任全国政协副主席、中共中央书记处书记杜青林同志在《农民日报》种业专刊创刊100期时亲自撰写致贺文章给予充分肯定，他说："种业周刊创办以前，全国种子系统尚没有'种业'这个提法，企业也只称种子公司。《农民日报》创办了种业周刊以后，一些种子公司便改名为种业公司，由此看来，种业周刊对种子这个产业系统的影响真不小，推动了整个产业的发展。"

1999年4～5月，中共中央宣传部选择10名首届全国百佳新闻工作者组成中国新闻代表团赴美国访问，我是中国新闻代表团成员。在华盛顿期间，我约访了美国种子贸易协会总裁，赢得了该协会对我创办的种业专刊的赞助，更名为《中外种业》。当年9月，该协会邀请我去美国采访了10余个跨国种子公司，并在《中外种业》上分别陆续进行了报道。

2001年12月5日，我应邀赴美国芝加哥参加全美洲的种子大会，大会为我安排了专场新闻发布会，我站在世界种业的讲坛上作了长达90分钟的独家新闻发布，同时《中外种业》专刊报纸在会场展出。我的讲话及照片当日在美国报刊即时刊发。我创办《中国种业》一年多以后，全国人大颁布了《种子法》，农业部农业司设立了种子处，2011年农业部设立了种子局。全国的种业公司已发展壮大到8000多家，形成了产业体系，其中骨干企业近百家，注册资金由原来的几万元、几十万元增至亿元。

客观事实证明了我创办并主编的《农民日报》种业专刊不仅助推了中国种业的发展，而且走向了世界，引起了世界超级种业大国的关注。

宋逊风（右）与种子公司负责人交谈

从1998年创刊至2013年，已经出版15年之久。至此，可以算作我人生的第三个高峰——创办种业报刊，从中国走向世界。

这段经历，我体悟到：一个好的记者或者一个好的报刊，不仅善于发现问题、揭示问题，进而还可以借助报刊的舆论解决问题。要成为一个对社会有用的记者，就应该把新闻作为推动经济社会发展的一个有力工具。这也就是上层建筑对经济基础的反作用。

搞超前报道要讲究策略

要想把"超前报道"搞得有理有据有节，记者要善于变角度、改渠道、讲究方法策略。比如2006年国务院颁布实施良种补贴政策，财政补贴的钱由中央到省、省到县，但是濒临倒闭的县种子公司收到财政种子补贴款后，发给农民的不是高产优质的好种子，甚至是多年积压的陈种子，农民依然没有得到实惠。我发现这个问题后，在全国人大会议期间，约访全国人大代表、辽宁丹东农科院玉米研究所所长何晶，她也向我反映这个问题。她说中央良种补贴政策很好，但是农民不能直接得到政策实惠，党中央的实惠农民尝不到甜头，这个问题应该好好解决。后来，经她同意，我以何晶的口吻写了《良种补贴应该公开公平公正——访辽宁丹东农科院玉米研究所所长何晶》。这篇报道见报后，引起了时任国务院副总理回良玉同志的重视，后来农业部出面把这个问题很快解决了，财政补贴的钱"一竿子插到底"，直接拨到农民手里了。从那以后国家改变了过去逐级拨补贴款的方式，而是直接补到农户。这件事情给我的启发是有些报道正面揭露可能不太容易、不大方便，记者要学会"曲线救国"，换个渠道报道出去，才能更有效地发挥舆论监督的作用。

关于新闻线索，我的来源是四面八方的，我基本上采取两方面措施：一是要广交朋友，包括省委农工部，农业厅，各地市县政府，县委及乡镇、村的干部们，还有一些管宣传的领导，要经常跟他们联系，有些事情就会在第一时间了解到。二是要腿勤，多跑路。多跑路就是到处去了解采集新闻线索，新闻线索不是走到马路上就碰到了，更不能"守株待兔"。

我更多的新闻线索都是下基层、第一时间深入现场获得的，只有到第一现场，才能获得第一手材料，才能为采访的事件、人物所感染，才会写出真情实感，作者不受感动，作品绝不会感动读者。1989年深秋，内蒙古自治区兴安盟草原发生大火，我连夜赶去采访。为了了解扑火的真实情景，我到了火场现场。那里一片烟雾弥漫，就像汪洋大海一样，全是烟的海洋，辨不出方向。一开始我跟武警战士在一起，但是火场烟雾随风飘移，方向不定，忽然烟海把我淹没了，我不知所措。后来，武警战士把我找到了，拽着我出了烟海。如果他晚来两三分钟，我就可能窒息在烟海里了，那就为新闻事业捐躯了。采访后，我写了一篇通讯《颠倒的钱口袋》登在《农民日报》头版上，揭露了重视灭火、忽视防火的投资误区，引起了林业部门的重视。这个问题，只有身临其境才能发掘出来。

要想采访到农民的真话，必须首先取信于农民，让农民信任你。记者需跟农民交朋友，跟他们同吃同住同劳动，这样才能跟他们培养出一种感情，他们才会跟你说实话。

现在有的农村报道已经陷入一种单一的套路模式中，出现了报道的模式化，千篇一律，像过去的八股文。我认为这都是因为记者没有深入到基层去采访，或者采访得不深入，写出来的文章没感情，内容不丰富，非常干瘪。现在有些记者坐在宾馆里边，把采访对象叫过来问上几句，就回去写稿子，这是严重脱离实际的做法。新闻记者必须自己到现场去受启发、受感染、受感动，然后才能下笔千言、一挥而就。

记者这一行确实很辛苦，如果有志于当一个好记者、名记者，那就得心无旁骛，不为仕途、金钱所诱惑。要是想通过记者这个途径去当官、去挣钱，那你绝对当不了好记者。还需要有坚定的信念，要执着地把新闻事业当作自己人生的事业去做，时间长了就会有感情。

  现在中国出类拔萃的记者也有一批，但是不多，这跟中国现在的发展很不相称，中华民族实现伟大复兴的过程是需要一大批优秀记者去配合和推动的。要想成为名记者，就要把记者这个职业变成事业，变成一生的事业。我认为记者应该立志为人民鼓与呼，为人民立言。既然做了记者，就要给这个社会留下一批好的报道、好的言论、好的观点，这就是对社会的贡献。好的报道一定有它独特的个性，文章要写出个性来，不要人云亦云，不要人家什么模式，你也什么模式。记者在练好"十八般武艺"的同时，还得善于学习，多向老一代的新闻工作者请教，所谓"自学三年不如名师一点"就是这个道理。在新闻采访的实践中，要多体会、提炼、总结正反两方面的经验，自己从个人实践里揣摩出的经验、技巧、方法才是最宝贵的，也是最管用的。

  只要新闻事业需要，我会一辈子将农村报道进行下去，把新闻工作当作我一辈子的事业。

"我只是喜欢看平凡但不平庸的人的故事"

——曲志红口述实录

【人物简介】

曲志红(1956~),女,河北保定人。1983年从中山大学中文系毕业后,被分配到新华社国内部。先后在新华社农村组、分管组、文教组工作,1995年到政文采访室,1996年被评为主任记者。2001年在"国家最高科学技术奖"颁发期间采访袁隆平所写的《永远执着的美丽》一文,被选入语文(上海版)教科书。

曲志红

"国家最高科学技术奖"为中国科技界最高奖项,是为了奖励在科技进步活动中做出突出贡献的公民而设立的,授予取得重大突破或者在科学技术发展中有卓越建树,在科学技术创新、科学技术成果转化和高技术产业化中创造巨大经济效益或者社会效益的科学技术工作者。2001年2月19日,国家科学技术奖励大会在北京举行。首届该奖获得者为"杂交水稻之父"袁隆平和著名数学家吴文俊。

曲志红被临时派出报道这次大会，并主要负责采访袁隆平。曲志红说，对于整个大会报道来说，最难的就是采访获奖者。他们来北京后，会有一系列活动，根本没有接受采访的时间。当时新华社最先提出了采访要求，主办方为几家媒体的七八个记者安排了一次一小时左右的集体采访，就是这次集体采访，才使她有机会接触到两位科学家。

采访袁隆平

那是我采访中唯一有机会提出的一个问题，因为我始终不理解，像他这样出生在北京，生长在武汉、重庆等大城市，从小上教会学校的人，为什么会在风华正茂之时违背母愿选择了艰苦而陌生的农学呢？以前我虽然知道袁隆平的大名，但是对他的个人经历我并不是特别了解。一看他的简历，才知道他的背景和出身，虽然不是大富大贵的人家，但是在那个年代，能够一直在城市中生活，他的家庭条件应该还是相当不错的。那样一个人，而且他是城市的孩子，从来没有到过农村，他可以有很多选择，为什么要去读农学，我问了这个问题。

袁隆平可能觉得这是他比较想谈的一个问题吧，所以他用了很长的时间来回答。他说他上中学时，他看到一个园艺园，完全被美丽的园艺吸引了，并没有想到后来会成为一个农学家，而且还成了"杂交水稻之父"。他学了农学，第一次到农村之后，才知道所谓的农学和农村与他想象的完全不是一回事。但是他说已经来到了这个领域，就要坚持下去。

袁隆平留给我印象最深的是他作为一个科学工作者显示出的睿智和幽默，还有他的亲和力。可能曾经的一些作品中描述的科学家给大家留下的印象太过深刻，像陈景润那样在学术中表现得很严肃、严谨，而在生活中则非常"白痴"。我发现不仅是袁隆平，还有很多高级别的科学家，他们当中多才多艺的有很多。真正的大家，本来的生活就是丰富多彩的。

袁隆平说自己不太会说话，但我并不觉得他不善言辞，他很健谈，在回答问题、讲起个人经历以及以后的打算时，思路清晰、滔滔不绝。回答问题并不死板，相反，他会用生动、通俗易懂的语言，让人很容易听明白。

其实，看一下十几年前这类报道的诸多作品，你会发现我这篇稿子的写法是稍显另类的。现在看来没什么，可是在当时，写这样的人、这样的事时，尤其是像新华社这样的中央媒体，通常不大用这种笔法。下笔的时候，我确实犹豫了。我属于稍微感性一点的记者，我在写的时候会特别想把当时采访过程中印象比较深刻的细节突显出来。在采访中，他的研究成果、经历，此前的报道当中都有。只有我问的这个问题,此前的新闻报道中很少涉及。我倒不是非得去写新奇,只是这个问题给我留下的印象比较深刻,所以就写下来了。

当时领导说只能有1500字,我也是使劲压缩、精炼。虽然这点印象比较深刻,也只是用它做一个引子,还是要把他的全部面貌尽可能完整地展示在这篇稿子里。我写完以后,有点担心会不会在发稿的时候有障碍。我原来的题目叫"永远追逐的美丽"或者是"永远美丽的追逐",后来我想这个标题可能发不了。在发稿之前,我把它改成"袁隆平的'寻梦园'"。这样稍微平实一点,也许领导就不注意里面的写法有什么不规范的地方。其实我倒是白操心了,这个稿子没有任何阻碍就发了。播发以后很多人觉得写得挺好,至于稿子里的内容我倒觉得没有很多新意,因为袁隆平是一个大家非常熟悉的人物。我并不觉得我这篇稿子把他不为人知的东西给挖掘出来了,而且我们也只有一个小时的采访时间,我只问了一个问题。大家感觉比较新颖的原因可能在于它的写作视角。

在我多年的记者生涯中,采访过很多的人和事,有很多给我留下深刻印象的东西。但是,有些东西虽然印象深刻,却未必能体现在我所写的文章里,我经常为那些东西感到遗憾。袁隆平这件事情,最让我觉得无憾的是,我把我认为印象最深刻的东西放在了这个稿子里,而且它得到了认可。

作品被收入了中学语文课本

这篇文章发了不久,我曾经接到过电话或者信件,最初好像是河南,他们把它收在一本课外阅读的读物里。当时他们只是想问版权的问题,我还挺意外。后来就是被放在了书里。但是我从来没看到过这本书,人家也没给我寄过样书。后来我在网上看到了,当时都懵了,书上说的这篇文章所用的写作方法我完全不懂。

并不是分析得完全不对,只是一个作品,非要给它分段落大意、中心思想,我自己也说不出来。讲到文章的写作特点,教案上讲"朴素平实",我觉得他们选课文的角度可能跟新闻有很大差别。我怕这个稿子受到阻碍的原因之一就是怕别人认为写得不平实,因为它有一些个人视角,写新闻的时候不太这样。

我确实没想到它会被选入中学课本里,我觉得挺奇怪的,编课本的人居然还会注意新闻报道。可能因为袁隆平自己的知名度和事迹符合中学课本的理念。我的这篇报道,不是20世纪80年代前的袁隆平的报道,这篇报道是袁隆平获"国家最高科学技术奖"后的一篇文章。还有一个原因就是篇幅短,那天的科技大会是最大、最重要的头条报道,所有的中央领导都出席了,大家的关注点都在大会本身的消息、国家领导人的讲话，或者此类奖励本身的设置，我们没有办法把这个人物做得太大，只有大概1500字的篇幅，这样一个篇幅倒是恰恰适合放在课本里。如果是一个几千字的长篇通讯，还要从中间编辑、删减。

我这种写法比一般的新闻报道稍微带一点散文色彩，又比纯粹的散文带有更多新闻视角。那种特别规范的新闻报道，可能太呆板，而完全文学化的散文记录又不太符合这个事件本身的报道需求。

被选入课本的事我知道，但我真没把它当成一件什么事去琢磨，文章也好，作品也好，发表了，能不能得到别人的认可，别人怎么解读，怎么看这篇文章，跟我已经无关了，没必要为这事再多说什么，更何况它被收在课本里，老师怎么讲我完全没有资格也没有能力去干涉。

小事上的坚守更能体现一个人的品质

我曾经采访过的一些人物当中，确实有很多让我敬佩的地方，也有很多让我感动的地方，毫无疑问，我从他们身上看到了也理解了一些优秀的品质和行为。他们对我是有教育意义的。

他们每一个人身上令我敬佩的地方是不同的。比如我曾经报道过一个河北的农村妇女，这个人后来也被广为宣传，有一年还曾经当选"感动中国十大人物"。她叫林素珍，作为一个普通的农村妇女，眼睛有残疾，居然自觉自愿地花钱赡养多位孤寡老人，她并不是为了做给谁看，后来的宣传也都是意外的，多年以来她一直这样做。且不说钱的问题，照顾老人是一件又累身体又累心的事。我们每个人赡养自己的父母都有力不从心的时候。当时我也有卧病在床的父母，我真是很敬佩她。这么一个普通的农村妇女几十年如一日，赡养了村里的多位（孤寡老人），把他们当自己的父母一样赡养。有的老人去世以后，她就接着又赡养别人。这种行为，我自己做不到，我非常（敬佩）这种大爱。

我还曾经采访过一个不是特别有名的典型。他是吉林市的一个中层领导干部，我特别佩服他的坚守。作为一级领导干部，在东北那样一个环境，他能做到从不参加应酬的饭局。他曾经负责的工作跟企业改革之类有关，企业请他吃饭这样的事他坚决不去。后来大家都知道想请这个人吃喝就是不可能。就这么一点，没有一种特别坚守的品质，根本做不到。通常说请吃请喝就肯定和腐败有关，倒也不是，但是很多东西会滋生在那样的一个环境下。有些东西普通人都很难做到，他哪怕就恪守这一点，我就觉得是一个不得了的事情。

像这类事情有很多，我还采访过湖北的一个基层干部，他是一个乡镇的助理员,他手里管一些救济款。这样的一个地方监督本来就很薄弱,而且是在一个很贫穷的深山区,挪用一点钱根本没人发现,但他一分钱也没挪用。我们去的时候他已经去世了,他家里的房子就是三面墙,一直到他去世,第四面墙还是拿席子挡着的,因为盖房的时候钱一直不够。但就是在这种情况下,他还是没有动用一分钱公款。基层干部在没有监督的环境下,能做到这一点,太不容易了。他手里面的救济款很多,从来没有挪用过,哪怕几百块钱就可以把那一面墙建起来,结果他的那个房子一直保持着三面墙的状态。

像这样的人和事,不是我们通常认为的特别大的事,但是一些细节大部分人其实做不到。这些事上体现出他们的坚守,这些都是我特别敬佩的。

平凡但不平庸是我最喜欢的故事

在众多的典型人物中,有一部分科学家,但相对而言科学家还不算是最多的。就我个人的而言,我宁可科学家多一点,我们做各种各样的典型报道,科学家能成为新闻报道的热点或者是典型,总归和他的科研成果分不开。从事科学研究的人很多,但最后真正能成为媒体关注的焦点,能够成为一个所谓的典型人物,肯定应该有他强大的科研成果作为支撑。目前而言,我们多树立这样的(典型),或者多宣传这样的人总比其他的要好。

无论是科学家、作家、还是干部、劳模包括运动员都存在着这样一个问题:一旦被媒体炒热,就会对他原来的生活、工作甚至心态造成很大的影响。比如说运动员,本来挺好的,一旦出了成绩,被宣传得太多,就做不出以前的成绩了,这样的实例很多。科学家也面临这样的问题,本来是一个兢兢业业的科研工作者,一旦他的成果被注视,随着媒体的宣传,心态发生了变化,最后反而出不了科研成果了。作为新闻工作者我们不会因为考虑这种后遗症就不去做这个报道。

我其实挺不喜欢"典型报道"这个说法,本来根本就没有这个概念。人物通讯或者人物报道是新闻报道里很重要的门类,经久不息。最主要的是要有好的故事、有好的人物才可以写出好的新闻来。现在的大部分新闻都是先找到好的人物再去挖掘他的故事,可能在写的时候还要把他写成一个所谓的典型,是有诸多困难的。

作为引导舆论的官方媒体也好,或者说作为主流价值观的弘扬也好,有一些榜样性的人物也是有必要的,对大家有很大激励,只是不要做得那么刻意。比如近些年来所谓的"草根英雄",好多都不是新闻媒体发现的,是群众发现的。有了网络以后,诸多的普通群众、网民是自己发掘、传播新闻事件,然后媒体才跟进的。不像以前,高层次的典型多是从上而下去报道,跟这种群众中涌现出来的新闻事件的宣传效果差异还是蛮大的。我们现在比较注意这个问题,某种程度上这倒是对过去的那种典型报道的一种纠正和补充。

曲志红在采访

将过去几十年的英模人物的典型报道梳理一遍,说来说去就两类人:一类是雷锋式的好人,一类是焦裕禄式的好干部。所以我刚才讲科学家的报道应多一些。

我们的新闻报道更多地偏重于典型,而没有偏重于人物,实际上新闻报道更应该偏重于人物而无所谓他是不是典型。首先这个人应该有一个好的故事,然后记者去讲好这样一个好的故事。而现在是先弄出一个人来然后再去挖掘他的故事,反过来了,大众可能会有一种逆反心理。

"时势造英雄"这点确实没错,每一个时代所宣扬的,或者被大家崇拜的、被大家认可的人物可能会不一样。战火纷飞的时候,那些战斗英雄特别为人关注,董存瑞、黄继光、邱少云这样的故事特别多。经济建设的时候,劳动模范、改革家这样的人就受人景仰。现在这个时代应该是各式各样的人物百花齐放,什么样的人都可以做出一番精彩的成就,可以走出自己的人生。我们关注的面可能还不够宽泛,现在的时代造就的应该是前所未有的"典型"。可能有劳模、好干部、科学家、个体户甚至有个性的"宅男宅女",他们没有被挖掘出来是我们的失职。

就我个人而言,我没有个人崇拜主义,一点也不希望身边被各种典型所围绕，我只喜欢看那种平凡但不平庸的人的故事。我们这个时代确实产生了很多神话，但神话毕竟是少数，大多数人其实都是凡人。虽然是个凡人，但不平庸，这一点非常可贵。在这样的时代有自己的坚持，有自己的坚守，走出自己精彩的人生，这是我最喜欢看的故事。

如何做好典型报道

我曾经做过一些典型报道，可是我并不是一个特别关注典型报道的记者。既然做了，我就有一些自己的基本要求，希望我尽量做好。现在的典型报道如何能够赢得更多人的关注甚至更多人的喜欢，我想应该做到以下几点：第一，需要更开阔的报道范围，不能局限于一类或同质的人；第二，要更个性化，现在每一个典型报道出来后，不仅价值观一样，做的事情差不多，他们的感情、表达，甚至语言都是一样的。所谓的个性色彩不仅仅体现于人物本身，也有记者对这个人的把握和展现，无论是语言，还是对这个人的理解上。当然还要有更平等的视角，不要把他作为一个典型，应该把他作为一个真实的人去报道，这样报道出来之后会更加人性化。

一个典型如果真正能够被大家熟知，并且能够长久地留在人们的记忆里，肯定是需要很多有层次的东西。比如雷锋，虽然有毛主席的题词和全国上下的宣传，但是他之所以能够得到大家的认可，还是因为他身上体现了普世价值。我们现在的有些典型报道过于敷衍，也许是因为太多，也许是我们没有找到合适的视角，没有把他真正做成让更多的人能够记住并且认可的人，这一点我们做得还远远不够。

还有一点，现在社会价值观、社会形态的多元化，以及每个人思维方式和生活阅历不同，能让全国万众一心地喜欢一个人或者喜欢某一类人的时代是不是过去了？我觉得任何时候都不可能找到让所有人都认可的"典型"，只能尽量做到被大多数人或者一部分人认可。有些典型给人的感觉十全十美，不像一个活生生的人，像神一样，这是我们报道中一个很大的缺陷。近些年来，典型报道当中已经尽可能地注意到了这个问题，现在的报道不仅写他政治上、工作上的成果，也要写一下他的感情、家庭，要注意到这些情感层面的东西。

现在的报道，不只是典型报道，很多地方比以前更开放，也更丰富多彩。要真正做好一个人物报道，应该抓住他最精髓的、和其他人不一样的地方。我们的人物报道做得不好的地方，在于没有写出人物的独特之处，比如袁隆平身上最精彩的那一点，我这篇稿子里面未必写了出来，当然受限于仅一个多小时的采访时间，但要真正写这个人，他身上最可贵的地方、最独特的地方、最精彩的地方应该抓住。至于他最精彩最独特的地方是不是通常所认为的那种好，可以忽略不计。

典型报道的困惑

这些年来诸多的媒体、记者实际上都下了很多工夫，无论从采访、写作，还是表现形式上，大家都想把这件事情做好，也有好多精品力作出现。只是整体上来说还有很多欠缺或者不尽人意之处。因为接受了任务，想把它做好，无论采访、写作、表达形式都想了很多办法。也就只能到这个程度。至于这么写、这么采能不能被更多人接受，能不能真正让读者入心、入脑，这点我觉得效果并不好。二十世纪五六十年代的人物报道，以及后来的一些报道，无论是任长霞还是王顺友，还算影响大一些，现在的人物报道影响力越来越小，症结在哪里，很难一言蔽之。

典型报道写得再好、再感人，可是如果没人看，社会效果也就没有了。我不知道这是时代的问题，还是做这个事情的人的问题。我能想到的一点就是大家的价值观变得多元化，而典型报道所体现的价值观、思维方式是单一模式的。以这样的价值观去报道人物，永远只能是一小部分的人看。最近这几年的典型报道没有前几年做得用心了。大家发现再用心采访、写作，社会效应也不过如此。最后只有媒体或者写作这个人物的记者、出这个典型人物的相关的地区、各级宣传部门关注这个报道，除此之外谁也不看，写得再好又有什么意义呢？

典型推出的频率确实挺高，数量也确实不少，但不能长久地被大家记住，这跟数量有一定的关系，但也不是绝对的。比如保护学生的老师、保护乘客的公交司机，大家都觉得不是英雄壮举，就是突发的新闻事件，以此做支撑反而会引人关注一点。有时候典型不必刻意"制造"，在新闻事件中会不断地涌现出这样的人物。在某一个事件中涌现出来的人物确实容易被大家认可，但是影响力会不会长久，另当别论。精心策划推出典型人物都是需要时间的，绝不是在某一件事情上突然表现好了就可以，都是长期积累以后，各方面非常成熟了才可以作为典型，但是偏偏这样的人让大家认可、记住越来越难。一些代表核心价值观的人物作为社会楷模引领大家，还是需要的，不能因为不会被大家记住就不做了。也许很长时内能够有一两个被大家记住，总归也是好事。

"他感谢我,其实我更应该感谢他,是他给了我太多太多……"

——张严平口述实录

【人物简介】

张严平(1955~),女,山东人,新华社高级记者。1982年毕业于山东大学中文系,同年入新华社国内部,现为新华社中央新闻采访中心、国内部政文采访室记者。她长期从事政治、社会等领域的新闻报道,尤以人物报道见长。其坚持深入生活、深入人物心灵的采访作风,文章质朴真切,充满情感,富有诗意,深受读者喜爱。张严平曾采写了郭秀明、陆幼青、汪洋湖、张云泉、王顺友、杨业功、白芳礼、王庆平、华益慰等众多典型人物事迹,在社会上有着积极而广泛的影响。她的作品多篇获社内外各种奖项,其中通讯《索玛花儿为什么这样红》荣获第16届中国新闻奖一等奖。

张严平

初见王顺友

我之所以想采访王顺友，是因为他（所从事的）是特别基层的一个工作，那个地方在四川小凉山木里县，不通公路。他的邮件和报纸都要通过马来驮运，工作条件极其艰苦，而且又在基层，很难为人所知。

我当时没想到这篇报道会产生这么大的影响。起初我的想法很简单，就是中宣部来了任务，社里派我去，我就去了。路也比较难走，（我们）从北京先到成都，从成都又转飞机到了西昌，又坐汽车颠簸了一天，坐到木里县。木里县是一个藏族自治县，非常小。当时那个县就是一条马路，旁边有点建筑。

到了木里县以后，当天晚上都被安排住在木里县香格里拉大宾馆，其实比我们平时见的一个非常非常简陋的招待所还简陋。当天晚上吃饭的时候，就让王顺友跟我们大家见一面，一见面，不光是我，在场的所有记者都傻眼了。

他不善于和别人交流，因为他常年一个人、一匹马走那一条路。别说和我们外面来的人，就是和当地的人都很少接触。他的工作状态、生活状态，就是一年365天中有300天以上在邮路上，一个人对着马。他常说他和马、和路在一起的时间，比他与家人在一起的时间长多了。所以我们一见面，他紧张得不得了。穿着一身邮政制服，一跟他打招呼他就很紧张，全身都绷着。比如你问他："老王，你好吗？""好！"就这样子，不管你问什么问题，他顶多给你蹦三五个字出来。

当时所有人都觉得这个人实在是没有办法采访。以前我老说写人物报道最大的一个渠道就是要和人物交流。我也写了很多人物报道，但是当时我觉得这个人物太难采访了。当然去世的人物另当别论，如果这个人还在的话，（王顺友）这个人是我到目前为止碰到的在语言交流上最困难的一个采访对象，你根本没办法和他交流。我记得当天晚上，在那个"大酒店"，一大帮记者围着他，围成一个半圆，七问八问。他看看这个，看看那个，紧张得不知道怎么回答。

有一个事情我印象特别深。《光明日报》的一个小伙子，可能刚毕业没多久，就问他："老王，你在邮路上20多年，你是怎么实现你的人生价值的？"王顺友看了他半天，脸憋得红得不得了，很想说什么东西，鼓了半天劲，什么也没说出来。后来和他熟了以后，他和我说过那么一句话。他说："那天晚上在大酒店，他们问我的问题还有包括那个小伙儿问我那个什么价值，我根本就不明白什么意思。"他都不知道什么叫作人生价值。所以这是一个不但是在语言上难以交流的人，而且与他的思想沟通、文化层面的沟通都是极困难的。他连小学都没毕业,而且是少数民族,常年一个人在大山里不接触外人。他不会说话,他脑子里装的这些东西和外界的语言不对接。作为被采访者,他几乎没办法和你沟通,就是这么一个情况。后来我们觉得唯一能够和他沟通的办法就是和他一起走邮路。

初上邮路的考验

当时一些记者最后决定和他一起走邮路。走邮路中间还有一些小过程很有意思。那个山虽然叫小凉山,但山很高,平均海拔四千多米,忽上忽下。我们当时就被告知,如果有心脏病、高血压的全部都不能走。但大家热情都很高,一股劲儿地都跟他上去了。我们每个人分了一匹马,那个路没有马是没法走的。这也是我平生第一次骑马,而且是在山路上。可能大家都是一样的情况。那个山总是一个平缓一个陡坡,一上路没有多久,那个山还没进去,在一个平缓的地方开始起坡,险情就不断发生了。

先是《法制日报》的一个女记者,可能因为紧张,刚走了没多少时间,就从马上摔下来了。幸亏旁边有个老乡,把她挡住了,她才没有滚下去,最后只能把她抬下去了。我们接着往前走,又出现了险情,当地木里县电视台的一个男记者,可能太胖,骑马的位置不对,太靠后了。马可能感觉不舒服,一颠屁股,就把他给撅下来了,摔得头破血流,又抬下去了。又接着往前走,一个小伙子,具体是哪个报社的记者我记不得了,不知道是他骑的那个马不舒服还是马不适应新主人,一下子踩着路边,旁边是一个坡,还没到悬崖,马脚下一滑。那个小伙子倒是很机灵,狠劲儿地拽着马缰,没掉下去,最后给拽上来了,但是他的手指甲劈掉两个。

木里县带队的一看到这个情况,全吓傻了。他们知道那个山是什么情况,里面的山路比这陡一万倍,比这难走一万倍。这样的情况要出人命的,万一出了什么事情,可就真成大新闻了。带队的人就和中宣部的同志商量,不能再走了,里面可真是悬崖绝壁,一定会出问题。当时我并不知道这个情况。

然后上面就下了个死命令,所有的文字记者必须下撤,只跟《焦点访谈》的四个记者,另外加两个摄像记者。为什么文字记者要下撤?他们想的也有道理,文字记者下撤没关系,木里县可以提供无数的文字材料给你,我们可以在后面编稿子。但是摄像记者就是要有镜头,没有镜头就没有办法。人越少越好,文字记者一个都不能上,这是死命令,是纪律。

当然我也在下山之列。当时我心里很不甘心,作为采访,特别是人物采访,没有实地采访我是写不出东西来的。我不知道该怎么办。他们说没事，那里还有一大堆材料。当然编写稿子是没问题的，但是我总觉得很不甘心。别的记者下撤也就下撤了，仅仅就是一个报社受影响，而新华社不一样，它面向全国这么多报纸发通稿，往大里说还可以面对全世界的媒体。我用一篇编的稿子来对付，心里挺不甘。另外，这条路王顺友走了二十多年，我就想走这么一次，体验一下。

当地人告诉我说，里面很危险，可不是闹着玩的。那一年有个日本媒体记者到这儿来，进山以后，出事了，人摔坏了，往外抬都抬不出来，后来搞了一个非常复杂的救援，人总算救活了，再晚一步就完了。又有人和我说，为一篇稿子搭一条命不值得，那倒是真的。我到现在都认为为一篇稿子搭一条命倒真是犯不上，和平年代还没紧急到那个程度。假如这篇稿子关乎更多人的性命，那是值得的，如果这篇稿子没有关乎更多人的性命，确实不应该冒那么大的险。但是当时我觉得，又不是我一个人走这一条路，还有王顺友呢。

想来想去，最后还是决定向那个带队同志申请进山。我的理由就是新华社要发通稿，实在不能编一条稿子来完成任务。当地的带队同志，包括中宣部的同志都非常体谅我的心情，最后给我开了个特例，让我跟着几个摄像记者上去，这里面只有我一个文字记者上去了。

这一路进去以后，骑着马越往里走我才知道带队同志做出下撤的决定太英明了，而且太必要了。我敢断言如果不是果断让那么大批的文字记者下撤，一定会出大问题。

采访从亲历邮路开始

里面的路是什么样的呢？真正进到山里以后才知道。没有走过这样的路，就想象不到世界上还会有这样的路，这也能叫路？一边是高山，抬头望不见顶，一边是万丈悬崖，一点都不夸张，中间有一条小路，是石板路，没有一个地方可以平着放一只脚。它也不是一个完整的石板，就是一个一个石疙瘩组成的。每一个石疙瘩之间都被骡马踩成一个窝窝。我们骑在马上，马就像在跳舞一样踩着那个窝窝往前走。这还不是最害怕的，最害怕的是什么情况？就是那个路很窄，边上就是悬崖峭壁。我在马上，往那一看，望不见底啊！我当时骑在马上，害怕到什么程度，五月份大山里都是凉快的，我后背的汗却哗哗地往下淌。因为我害怕，就希望马靠着山壁走，我想万一掉下去，还能被山壁挡住，没什么事情。但是那个马偏偏就走在悬崖边上，老是贴着悬崖边上走。当时我以为是我不会骑马,后来我才知道不是我的问题,是因为这个马训练有素。马在山里常年跑马帮,山里面的人很多不能出来,有很多马帮要往里面运盐、运茶叶、运一些生活日用品,卖给山里的人。所以这个路上长年不断的有马帮,马被训练用来驮货,如果它靠近山壁走,货就会挡在山壁上,它就走不动了。山里的马比较聪明,一代一代已经训练得知道要往外一点走,给货留出地方来,所以马非常善于靠着边上踩着那个窝往前走。一个马蹄之外就会掉下悬崖去,一点也不夸张。

当时我吓得大气都不敢出,现在我坐在这里依然会后怕,如果让我再走一遍,我可能没这勇气了。当地的同志们非常好,骑着马跟在我们后面。走到最危险的那段路时,他在后面喊了我一句:"张记者,没事吧?"我当时心里想:"天哪,千万别喊我。"我连回答都不敢。为什么?我怕我一动,马就震下去了。那时候就觉得空气的震动或者任何一个震动,马就会掉下去。当最危险的路走过去以后,我后面的汗哗哗地往下淌,整个人都懵掉了,脑袋里一片空白。到了稍微平缓的路上后,眼泪唰地一下掉下来,实在控制不住。一半是害怕,我坦白地讲就是给吓哭了,另外一半也是为王顺友。我在想,我就走了那么一小点路,就要死要活的,但这条路王顺友走了一辈子啊!一年365天,至少300天他在这条路上走,而且永远是一个人一匹马。

王顺友走的马班邮路

他为什么会选择这样一个生存方式？我们在北京、上海，在任何一个大城市，都不会想到这样过一辈子。他永远像踩钢丝一样在生死线上过一辈子。他怎么不换一个工作？干嘛每天冒这个险？这是我感触最深的，由我的恐惧想到他的生存险境。我当时就是想到这些掉泪了。

到后来我才体会到，这一刻采访才是真正的开始。这个采访已经不是我和他用语言交流。这条路本身太让我震撼了。走完最险的那段路之后，我感觉我和王顺友内心的距离一下拉近了。之前在木里县，感觉他木木的，只能蹦三五个字，像个木头疙瘩一样。这一刻，我感觉到他是一个有血有肉有生命，有内心世界的一个人，不然他不会在这样艰苦的环境下坚持。

但是这一刻我还是不能理解他的内心，我只是为这样的路感到震撼，甚至为他感到伤心。一个生命在这样一条路上走，内心一定有很多很多不为我们所了解的东西，所以这个时候感觉采访真正开始了。

篝火边的泪水

我们走了一天，到了傍晚要露营，这个地方海拔有四千多米。我们进山的时候还是五月份，山下非常暖和，正值春暖花开之时，但是晚上在海拔四千多米的地方却飘着淡淡的雪花，非常非常冷。我们把所有的衣服都裹在身上，依然感觉非常冷。吃饭用一个大锅，木里县当地带队的人和我们走上来的人有带咸菜，我们就着吃。

这里还要交代一下，小凉山非常原始。这里有的村庄甚至只有两三户人家，这些人祖祖辈辈在这个山里居住。他们对红军的感情很深，当年刘伯承率领红军路过这个地方，当地的土司给红军让路，彝海结盟的故事就发生在这里。当地老百姓对共产党的感情特别特别深，但是对外界的事情了解却很少。他们几乎从那样一个原始时代一下子进入社会主义社会。我们到村民家里，很多人家里挂的还是毛主席的画像，同时他们对于外界来的人非常稀罕。我们刚吃完饭，就来了一大堆姑娘小伙子，都是少数民族的，有苗族的、彝族的、藏族的。不知道他们消息怎么那么灵通，翻山越岭跑过来，就是要和我们一块儿跳舞。我们点了一堆篝火，围着篝火拉着手在那里跳，一边跳他们嘴里还唱着一些当地的民歌，特别开心。

王顺友也在我们的圈子里特别开心地笑着。王顺友是个山歌大王，他唱山歌唱得特别好，而且他唱的山歌都是自己编的。如果他不做邮递员的话，绝对是一个出色的山歌歌手。他百分之七八十的山歌都是唱给他妻子的，她妻子叫韩萨,藏族人。因为他工作的原因,所以长年和他的妻子、儿女分开。他一个人非常孤独,所以通过唱山歌来抒发情感、打发寂寞。他唱的基本上是情歌,词特别好。当时一边唱一边跳,我们就跟着一块跳。跳着跳着发现王顺友不见了,然后看到他在那里抹着眼泪哭起来。我们觉得很奇怪,包括那些电视台的记者,赶快停下来,围过去问:"老王,你怎么哭了?"大家都不知道怎么回事,这个时候我们对他的内心,还不够了解,只知道这个路很危险,但他内心的事情我们并不了解。他一哭我们就不知所措了,这是我们最高兴的时候,他为什么哭呢?我们就问:"老王你怎么了?"他接着说:"哎呀,你们不知道,我今晚上太高兴了,这一辈子从来没有那么多人陪我走邮路,如果天天有那么多人陪我走邮路,我愿走到老死。"他继续一边说一边哭,本来他还没哭出声,说完这些就开始呜呜地哭了。

王顺友在送邮件途中

王顺友没有在外面和别人打过交道,不知道怎么面对媒体,他是一个原生态的人。他哭得像个孩子,一边哭一边说,也没意识到我们在采访他,就像自己一个人在倾诉一样。当时他已经当了全国劳模好几年了。他说:"你们不知道我这个劳模是苦出来的,我太苦啦,我太寂寞啦。"说的时候他捂着脸,呜呜地哭,那个篝火的光照着他的手,又黑又粗,他的眼泪从手缝里往外流。一个四十多岁的大男人,哭得我们心里再次被震撼。他说:"你们知道我多寂寞吗?我这一辈子都是自己一个人啊。没有人陪我走,我太苦了。"然后就说了好多好多他的苦、他的孤独、他的寂寞,一边说一边哭,当时我们所有人都开始哭了。包括《焦点访谈》那四个小伙子,都哭得不行了。那天晚上他说了很久,哭了很久,我们也没有问什么。这都是他不为人知的内心独白。他说:"我是个人物,你们不知道,我代表着'政府'啊!"第二天,再往山里走,到了村里的时候,我们才知道他的话一点都不假。

他这一路和我们走的时候是穿着制服,后来我们才了解到,他走邮路从来都是把制服放在马鞍子底下,他是不穿制服的,就穿平时老百姓的衣服,他舍不得穿这个制服,怕走邮路给它刮坏了、摔坏了、弄脏了。一般到了村口,快进村了,他才换上制服。老百姓一看见穿制服的王顺友来了,就知道"政府"又来了。他就是"政府"的化身,就是老百姓和外界"政府"连接的桥梁。他后来和我们说了一个情节,有一次他被马踢伤,十几天没有进山。老百姓到处说:"'政府'不管我们了。"你就可以知道王顺友在山里的价值和在老百姓心中的地位。所以他在那天晚上和我们哭诉的东西,我们理解了,他确实是个人物。他到了村头,穿着干干净净的制服。老百姓像接亲人、贵宾一样地接他。有些人抱着奶茶,还有的人抱着一只公鸡或者母鸡等着他,等他一进来就拉着他到家喝茶,或者临走的时候给他塞上一只鸡。当然鸡是比较贵重的东西,或者给他塞一些山里的野果子,总之,他们自己觉得最好吃的东西,都给他塞上。这些东西,让王顺友在心里体会到了自己的价值。虽然苦,但是能让他感到自豪和一种神圣感。以前一说到"自豪""神圣",我都会觉得很假,觉得只是一个书本语言。但是当我们真正理解这个东西之后,从王顺友的嘴里说出来就让人觉得是那么真实。

他是那么苦、那么寂寞。他这"劳模是苦出来的",说到这个就哇哇地哭。但是哇哇哭的同时,他说他要继续走下去,因为他知道自己是山里的人物。他就是"政府"的化身,他自豪。"政府"的化身、山里的人物,把他的苦给平衡掉了。如果一个人只是苦,一定要有一个精神支持他。他是这个山里多么了不起的人,老百姓都对他有那么大的希望和需求,他又是政府派来的,那种自豪感我们能想象得到吗?他又是一个土生土长的山里人,这都是他的父老乡亲,大家这么需要他,简直像贵宾一样地捧着他,对他掏心窝子的好。他在这个山里获得的幸福感是真真切切的,所以再苦再累,他也要坚持下去。

就在这个晚上,他说了那么多的苦。我们就让他坐下来,和他一起喝了酒,谈到很晚很晚。平时他自己走路也要喝点白酒,一是抵御寒冷,另外通过喝酒排遣寂寞。这个晚上是我们这么多人和他一起走,更多的时候,二十多年是他一个人啊!在这个路上,就一匹马陪着他。谈到半夜,他哭到半夜,我们也跟他哭到半夜。这个晚上,主观上我们已经忘了我们是来采访的,我们把他当成了一个可亲可敬朋友，在一个晚上相遇，然后听他谈他的故事，一点采访的意识都没有。

当时我们每个人还发了一顶帐篷，王顺友平时连帐篷都没有，他自己带一个塑料布，下雨的时候，就把塑料布的这个头扎在一个树上，那个头扎在一个树上，他躺在布搭的棚子下面过夜。当时都到深夜了，我们每个人发了一个小帐篷，全副武装，钻到那个睡袋里，可是太冷，睡不着，另外就是内心百感交集。外面有风的声音，有泉水的声音。大山很深，还有狼叫的声音，帐篷旁边还有马叫的声音。那些声音，让你越发地体会到王顺友这半辈子走过来是多么不容易。那一天我在帐篷里，流了一晚上的泪，完全不能自制。一想就流泪，一晚上都没有睡觉。那几个记者和我的情况完全一样，一晚上谁都睡不着。前半夜和王顺友聊，后半夜基本没睡，流一晚上泪。

王顺友和他的马

第二天从帐篷里出来，发现王顺友起得比我们还早，从山里舀水，喂他的马。大山里的清晨，特别的美，太阳还没有升起来，朝阳的光线是金黄色的，斜着从东边照过来，照在王顺友的背影上。他的马，他的背影，现在还时常浮现在我脑海里。后来我发现，他在我们面前好像很呆板、很僵硬，总是局促不安的样子。但是他对着他的马的时候，神态特别柔和，眼神也特别柔和，那一瞬间真的特别打动我。这一瞬间也让我知道了，如果真的要和他交谈，一定要谈他的马。

第二天起来以后我们骑着马接着往下走，下面就是雅砻江。雅砻江对面就是他要去的一个村庄，叫俫波。我作为一个文字记者，就要开始慢慢和他交流。我知道要是还按照我们常规的采访思路去谈，根本就没法谈。首先第一点，我和他拉近距离了，后来他告诉我，因为走这一段路，在他的内心，也和我们拉近距离了。他说话就是老百姓的那种直接，也没什么辞藻修饰，说我这个女记者不怕死，敢和他们走邮路。第二天我试着和他交谈的时候，他就稍微放开了一点，我就和他谈他的马，他的话匣子一下子给打开了。当然你不能直接问他对马的感情。你说："你这马真好啊。"他就会有一种自豪感。而且一说他的马，他就立刻像变了一个人一样。神态、眼神都很生动、柔和。他开始滔滔不绝地讲马，讲什么算好马，什么是不好的马。那一次王顺友给我普及了马的知识。他说马最好的年限，在平原的时候是12年，但是在山里只有六七年。为什么呢？山里的马太苦了，要爬坡、驮货、走路，跟着他走邮路。所以他要不断地换马，要让这马最好的时候，跟着他走。而且我们发现，大家都骑在马上，他不骑马。他非常心疼他的马，马比他的命还重要，他对马比对他的妻子、孩子还好。他一听说我聊他的马，就跟我谈他的马有多好多好。另外他换过很多马，就告诉我怎么去挑马。他每次换完马都要去马市买马，马和人一样，有聪明马，有笨马，要会挑能走（山）路的马。

他有一匹特别好的马，已经老了，退役了。他给我讲了好几个关于那匹马的故事。他说那个马特别好，好到什么程度呢？比如王顺友因为走同样的路都有固定的一个地点去休息，一块大石头或者一棵大树旁边。有的时候他走得累了，走得慢了，离那个休息的地方还有一段距离。太阳快要落山了，这个马就会咬他的肩头，意思是告诉他"你快点走，太阳快落山了"。咬完以后，这个马就会自己"咘哒""咘哒"先跑了。王顺友明白这个马是催他快走，步子就迈得快一点。这个马自己跑得没影儿了，王顺友就会加快脚步，等到了他固定休息的地方，那个马已经在那儿转着圈儿等他了，就是这么好的一匹马。

这个马还救过他的命。这个故事等到了我们往下走的时候才问到。我们过雅砻江的时候，要过一个铁索桥。铁索桥的桥上铺着木板，旁边有个抓手，就是铁索的栏杆。在我们看来是很简陋的桥，但是当地老百姓说这已经是非常好的桥了。桥头竖着一块木板，上面有大黑毛笔写得歪歪扭扭的字，就是：一次只能过三匹马两个人或者三个人两匹马。

我们很奇怪，问这个牌子什么意思，王顺友给我们讲，他在这个桥上出过事。当时的桥还不是这么好的桥，就是一个铁索桥，上面没有旁边这个抓手，铺着一个木板。山里人胆子大，要我们打死也不敢上那个桥，但是他们可能常年走习惯了。有一次他到对面罗布乡去送信，送得差不多了，天也不早了，乡亲们就留他住一晚上再走，他说不行，他还有一封信没送完，还要往回赶，就坚持要走。那个马平常都非常听话，但是那一天有点反常，就是不想走。他就把马硬拽出来，说："不行，必须上路。"那个马很勉强，就跟他出来了。出了乡以后，该上桥了。这个时候，他碰到一个马帮。他和马帮都很熟，那个马帮就招呼他："老王，快走。"他说"好。"那个时候还没有桥头那个木板，这三个人四匹马一边跟他打招呼，一边上了那个桥。王顺友很高兴，觉得有伴儿了。他拽着马赶快走，特别奇怪的是这个马说什么也不走，王顺友怎么拽，怎么拉都不走。然后王顺友拽急了，那个马干脆卧下来了，就是不走。

王顺友说，我平常从来都不打这马，抽它都很心疼。这个时候他急了，那个（马帮）都走远了，他想赶不上趟了，就狠劲拿手打马。马就是不走，王顺友气得又打骂了几句。另外他还想和马帮的人打个招呼，让他们慢点走，等等他。那几个人正好在桥中央,三个人、四匹马。他话还没说出来,桥面瞬间断开了。那个桥离江面很高,大概有十几层楼这么高,"嚓"地掉下去了。雅砻江水非常湍急,人掉下去瞬间无影无踪。王顺友当时一屁股坐在地上,"哇"地抱着马号啕大哭,因为那几个人没了,他伤心,还有就是后怕,这个马绝对救了他一命。

王顺友有癫痫病,我在文章里没写。这个病不知道什么时候就会发作,他平常上路之前会吃点药,控制住它。这个病大部分时间能控制得住,但有的时候,个别时间控制不住,也会犯病。一犯病,人立刻就昏倒,不省人事。每次他犯完病醒过来的时候,马正围着他转圈,一看他醒了,就表现得特别高兴,咬他的肩头,向他问候。王顺友平常都不骑马,这个时候马就会自动卧在王顺友身边。犯完病,人就完全虚脱,一步都走不动。只有在这一刻,马会自动地卧下来,王顺友会抓着马缰子,翻身滚上去,然后马站起来,驮着他。老马识途,都知道他要去哪里,然后把最后的信驮着让他送完。这样的故事,太感人了。就是不写王顺友,写王顺友和马的故事都是非常感人的。

王顺友和他的马

王顺友的马老了以后,要退役,他大多数的马,都卖掉了。唯独这匹马,他一点也不舍得卖,托付给山里一个老乡,等于让老乡给它养老。每次他从山外面来送信的时候,进了山以后,给这个老乡又带点心又带酒,表示感谢,还会给马带一些好吃的。他是山里人,经济又不是那么宽裕,挣钱挣得又很少,有时候给孩子买一点点心、饼干,他自己都舍不得吃,除了给孩子们留一点以外，一大半饼干都给马吃了，包括那匹老马。每次进山他都要看看那匹老马，太有感情了。那一年，他被评为劳模，到北京来，说住的屋子（宾馆）雪白雪白的，墙也白，床也白，都是白颜色的被单、床罩。接着他说："哎呀，我一晚上一晚上睡不着觉。"当时我没反应过来，还以为是房间白得睡不着觉。很随意地问了一句："为什么？"他接着说了一句："旁边没马。"当时我眼泪都出来了。马和路决定了他一生的生活状态。没有马的时候，他都没办法睡觉。另外，他还告诉我，在山里走多少路他从来脚板都不疼，在北京别人带他出门，就不辨东南西北了。在山里怎么走他都不会转向，在北京他住在长安街旁边的工会大楼，一出那个大厦，他就不知道东南西北，而且走了没几步路就觉得脚板疼。那座大山，那条路，包括他的马，构成了他一生的生活状态。他一生就为了那封信、那几张报纸而活着。他就这么忠诚地守护着这么一份工作。我还问他："你这么辛苦，有没有想换一份工作？"其实有一次，领导考虑他年龄大了，太辛苦了，想给他换一个工作，在木里县的邮局分捡报纸，结果他不干。为什么不干呢？他说："我的文化程度不高，有很多字都不认识，如果我给人家分错了呢？那多不好啊。"所有的细节都能让你体会到他的苦、他的寂寞、他的了不起、他的自豪、他的忠诚以及他对马深厚的感情。

我对他的了解，一个是通过他走的路，再一个是通过他的马，其实别的没有谈什么。路是我们亲身体验的，马就是听他谈。他说他对他的马，比对他媳妇还好。我相信，他对他媳妇一定也很好。他这一辈子在路上，除了唱山歌，就是和马说话。他看马的那个眼神都是有交流的。这一路采访，通过聊他的马，没和他聊别的。有的时候我试图在中间加几句与马无关的问题，和他谈一点书本上的东西，没门。电视台记者也试图让他用几句话总结一下，不行，他只能谈他最内心的东西，谈他的马，谈他的路。当然你要谈乡里边的老百姓，他也都可以跟你谈。比如他给我们讲，有一年下大暴雨，路被冲断了，根本不能进山，但是邮局有一封大学录取通知书，他想如果我送晚了不就耽误人家孩子吗？所以他冒着很大的风险，带着那匹马去送信。路都冲断了，他最后还被冲下去，被树砸了一下子，最后找到那个女娃，把通知书送给他们家。那家我们都采访过，孩子还没回来，在南昌读书。孩子的父母说，王顺友比他家的亲人还亲。我们熟了以后，谈他媳妇啊、儿女啊，都可以谈了。

没有感情就写不出感人的王顺友

总的来讲，对王顺友的采访是一个非常独特的采访。那个采访结束以后，我们是回北京写的稿子。中宣部的稿子离发稿大概还有六天不到的时间，两天我没敲出一个字来。因为装得太满了，心情难以平复。

我不属于用理智写稿的记者。消化我心里的感情要消化很长一段时间。如果我不采访王顺友，我从来不会想到这个世界上，还有这样的人，有那样艰苦的生活条件，有那么危险的工作环境，做着这么一份在别人看来微不足道的工作，在他看来，却是如此的神圣，我认为高尚用在他身上一点都不过分。两天之后，终于找到了情绪的出口，写了那个《索玛花儿为什么这样红》稿子。因为那个季节山上正好是索玛花开。索玛花越往高处越开，越往低反而不开，它在寒冷的地带往上长，它的根是不死的。到冬天，你看它已经没有了，来年春风一吹，又活了，生命力非常顽强，这个给我的印象很深。而且索玛花也是这个地方的独特植物，只有在小凉山这一带才会有，别的地方没有。反正我也想不出更好的感觉来描述他，就用这样一个意象，表达对他的感觉，写了这么一个稿子。

这个稿子不是我们写得好，因为我们亲自跟着他走邮路了，如果没有跟他走邮路，我虽然也能完成一篇，但绝对不是《索玛花儿为什么这样红》。因为跟他走邮路，真正体会了他的生活状态，才会有这样一篇稿子。稿子播发以后，网友全都被王顺友震撼了。留言太多了，大家都为王顺友、为王顺友的马、为王顺友的路而震撼。当然也有人向我们做记者的表示致敬，但是我知道这是王顺友的路和马还有他本人给大家带来的感动。

为什么王顺友的故事能震撼这么多人呢？王顺友这种生活条件，这种工作状态，我们绝大部分的城市人都难以想象。我们只是把它报道出来，它本身就具有这种震撼力。这个故事，你只要说出来，就足够震撼了。后来王顺友这个名字果然一夜之间传遍千家万户。后来成为第一个到瑞士登上万国邮联的中国邮递员。万国邮联的主席被他的事迹所感动，而且说过这样的话，"希望在有生之年，到中国来一次，跟王顺友走邮路"。当然，这是他的愿望，能不能实现是另外一回事，但起码，王顺友感动了全世界的人。而且那一年王顺友被评为"感动中国十大人物"。

王顺友给了我很多很多

现在一说起王顺友，大家都知道。我采访过很多人物，但王顺友对我来说是最特别的一个。他在我心里，永生难忘。有一次王顺友进北京，采访之后，邮政总局召集我们一块吃饭，还喝了交杯酒。他说，他特别感谢我，说我最懂他的心,他的原话是"你最懂我心头"。

当时我狠劲地看天花板,怕眼泪掉下来。他感谢我,其实我更应该感谢他。他给了我太多太多东西,不光给了一篇稿子,还给了我内心很多感动,教会我怎样进行生命与生命之间的交流,丰富了我作为人的情感。如果没有遇见王顺友,没有走他走过的邮路,没有这样一次采访,也许到现在为止,我的内心都会有一段是空白的,甚至我到现在都不知道是空白。遇到他就是一种思想的洗礼、一种生命的升华。这种升华不是那种空洞的大道理,它是一种卑微的、渺小的生命的升华,他是被人们遗忘在一个角落里的生命。但他活成了后来的样子,活出了他的高尚,活出了他的灿烂,活出了他的忠诚,这就是一种升华。也许他并不懂得"灿烂""忠诚"这些字眼的意思,但我们用这样的字眼来形容他一点儿不为过,甚至还不够。

就像山里的小花,当然不一定是索玛花,还有很多不知名的花,它们很微小,可能一辈子也没有人关注它。它不像牡丹,被人捧为"国花",集万千宠爱,它们有自己内心的灿烂,一样在不为人注意的地方怒放盛开。

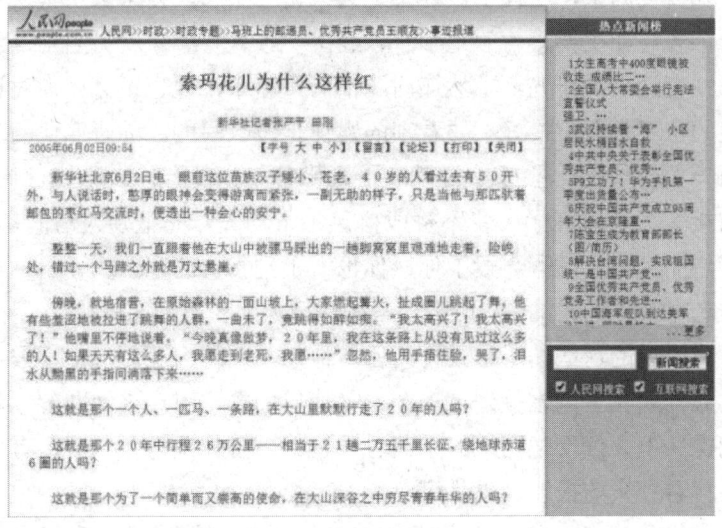

张严平写王顺友的通讯文章——《索玛花儿为什么这样红》

我觉得人应该像这样的花一样活着,才会拥有真正不被外界所左右的幸福。我从王顺友身上更强地体验到一个生命,它的价值不是外在的东西,一个人想活得有自信,活得有风采,只要内心有力量,内心有光芒,就足够了。

我们每个人,本来都是很随意地来到这个世界上,很偶然地来到这个社会上的。在这个偶然之中,你到底要追求什么?怎么样才能活得内心强大?我自己有时候也会焦虑、恐慌。其实焦虑和恐慌都来自于我们常被外界的东西所左右,才会产生这些情绪。如果我们内心有一个坚定的目标,不被虚荣、名利和所谓的潮流以及世俗的东西所左右,我们一定会更坚强。

写好新闻稿的诀窍是采访

当时我们采访王顺友的时候,其他媒体还没怎么关注,只有几张照片,文字的东西都没有,那几张照片我也没看到,还是后来听说的,所以我们基本上没有什么准备。我做一些小人物的采访,他们的一些基本资料,像姓名、住址大概要知道一些。但是我特别抗拒看其他媒体有关他们的报道,或者是当地宣传部组织的材料。我觉得小人物,不像去采访总统,需要准备好很多严肃的大问题。我是去写这个人,不是就某个问题比如"珍宝岛事件""钓鱼岛事件"而去采访他。媒体写的东西或者材料都是经过好几个人把关,他替你整理出来,会给你很多先入为主的感觉,会影响一个人在我眼里的形象。

但是我再说回来,这样不做准备地去采访一个人,也只限于基层,并且是写他这一个人。如果要采访的是学者、经济学家、科学家就另当别论了。你要对他的领域有深刻的研究,不然连问题都问不出来,他也不会和你对话。这和我刚刚说的也不矛盾,最好不要看别的媒体是怎么写的,你研究他的著作就可以了,研究关于他的一些原始材料。小人物嘛,也没有什么原始材料给你看,你只要直接去了解就好了。我不赞成自己不下功夫,先把别人写的都看一遍,那是偷懒,而且这个偷懒会毁了你,你也得不到真实的东西。

以前老有人误解我的话,说张严平采访别人不做准备,其实不是那么回事,我是针对我所说的这些基层小人物而言,他们没有什么著作,也不需要他们发表意见,只需要我去挖掘就好了。至于其他层面的,我会去做准备,而且是最原始的功课,不会仅仅把别人的东西看一遍。或者你采访完以后,有了自己的看法以后再看别人的报道,也是可以的。

一些年轻的记者,包括新华社里的也会问我:"张老师,你写的这些人物那么好,有什么诀窍吗?"我说如果有诀窍的话,就是采访、采访再采访。如果采访和写作一共是一百分的话,采访要占到六十到七十分。采访成功了,你这个稿子基本就没问题了。稿子特别是新闻稿,永远不是靠妙笔生花可以写出来的。在新闻里面,文字永远在最后,事情第一、题材第一、采访第一。特别是采访,没有艰苦、努力的采访,仅就凭脑子瞎编,凭几个词煽情,是不可能写出好稿子的。采访是一件艰苦的事情，现在给我一个任务，都是要花大量时间的事情。

对于不能顺畅交流的采访对象，比如王顺友，就要和他一起走邮路，找机会跟他谈。除了他本人，还要和他周围所有有关联的人谈，这是我的一个笨功夫。他本身是一个角度，他的妻子，包括他的孩子、邮局的其他人是另外一个角度。有些采访对象，周围的社会关系复杂一点，就要多采访一点，比如对官员的采访。我曾经写过一个四川女纪委书记，南江的，稿子叫《永远的巴山红叶》。这个女纪委书记在我们采访的时候已经去世了。对去世的人应该怎么办？只能在当地找其他采访对象，包括她的同事、家人、领导。

采访的主要目标除了要掌握当事人的故事，更终极的目标是走进他们的内心。说白了，就是不单要知道这个人干了什么，还要知道他为什么干这些。不能做到像懂你的父母一样，懂你的兄弟姊妹一样，起码要做到像一个知心朋友一样。这个南江的纪委书记，已经不在世了，当地给我们找了一些人，谈了很久，我们还是觉得少了点什么。因为当事人不在，我们不能直接和她交流，还是不能走进这个人的内心，搞不清楚她做这些事情到底出于一种什么样的逻辑。这个时候，我们就想，仅仅采访地方提供的这些人还不行，必须找到懂她的人。后来我们费了很大的力，终于找到了根本不在地方给我召集的视野范围之内的这个纪委书记生活中的好朋友，完全是通过私人关系找到的。我们找到这个人，才了解了更多有关那个女纪委书记的事。这倒不一定都用在报道的文字上，但对于我们了解这个人非常重要。

所以采访的终极目标就是不仅要知道他做了什么，更要明白他为什么做这些事情，只知道他做什么，还不行。

都是普通的人物

我不喜欢"树典型""典型人物"这样的宣传方式。一般新闻报道一个"典型"，就说这个人是一个特别好的、高大全的人，我不赞成这样的理解。我们写这个人物，特别是我写的这些年轻人物，大部分都是基层人物，在没有将他们树立为"典型"之前，谁也不知道他是"典型"，"典型"是我们强加的一个概念，而且是很不准确的概念。他就是一个非常普通的人，硬要说"典型"的话，只能说他在一个特定的环境里成就了一个特定的人。但这么想的话，每个人都是这样子，你是这样的"典型"，我是那样的"典型"，所以我个人觉得不要用"典型"这个概念。

而且在新闻报道中千万不要用"塑造"这个词，新闻人物绝对不是"塑造"出来的。作为记者，你只是传达和记录，新闻里面的细节都不是编的。我们刚进社时，老记者一直在提醒我们这个事情。年轻人，特别是我还是学中文的，更容易犯这个毛病，老觉得"典型""塑造"都是在文学里常使用的概念。但在新闻里面一定要让自己丢掉这个想法，记者只是人物事件的忠实再现者。我们的文字功底好一点，会传达得更精准一点，传达得多一点，仅此而已。记者只是传达再现，而不是"塑造"，绝对不要有这种概念，它会让我们的意识进入一个误区。

新华社给了记者一个广阔的平台。新华社记者的工资在新闻界里面不算高的，处于中等水平，甚至比起北京的一些小报记者的收入还低一些。但是为什么这个收入不高的地方能留住这么一大批人（虽然也有很多人走了）？就是这个平台给了我们最好的机会，想要做一番事业的人，没有平台是做不了的。这个平台非常好，它给了我很多便利，有机会让我见到很多人，见到很多事情。王顺友不光是新华社，别的媒体也有采访，当时都组织去了，但是后来他们都没办法，只是编了篇稿子。当然这也不赖记者，因为当时确实没办法，人家想上山也上不去。一群连马都没摸过的人拥挤在狭窄的山路上肯定会出问题的。那一次其实每一个记者都是想上去的，只是因为客观条件不允许。我之所以能上去，并不是因为我有多大本事，只是他们给新华社开了绿灯。从这个角度讲，我还是沾了新华社的光了。

我也知道，很多人对我们的报道不相信，觉得有点高大全。有的人物报道出来，说是真实的，听着却像假的。另外我们有些记者的报道里面有很多写法、语言的运用一看就比较虚假、夸张。当然有些形容词不是不可以用，用好了是画龙点睛，但是滥用形容词也是特别毁人物形象的。很多报道为了让人物高大、丰满起来，用了太多的形容词，最后这个人物的本质都被淹没了，搞得读者对很多报道都不相信、不愿看。

比如写这个人物几天几夜不回家，弄得很不近人情，好像他们都不食人间烟火似的。而且一说哪个人好就好得不得了，一点儿缺点都没有，确实有过这些报道，我能理解。我们力求不这样，但还是会有这样的痕迹在里面，影响了大家对这个人物的认识。特别是在过去的年代，高大全的人物报道很多，写法上、角度上都让人觉得那个人物好像浓妆艳抹马上唱京戏要亮相了一样。

过去的样板戏就是这样，人物一出来就是字正腔圆，主人公一定是个无可挑剔的好人，我们的报道里面，很多稿子都这样，一写正面人物，都要用各种言语把他夸一遍。现在我们要避免这样，要尽量把他写成一个平常人，其实每个人都是一个平常人。

记者首先要学会做人

　　我还是比较喜欢自己的工作的，我很幸运，被分配到了新华社。那个年代还不像你们现在，我总说现在我要是你们，注定成无业的了，肯定找不着工作。那时候还是学校包分配，而且当时因为刚改革开放，而恢复高考又没两年，大学毕业生很少，北京各大机关都很缺人，我们就很幸运地进了新华社。

　　第一，我可以说我是新华社记者岗位上最老的一个记者了。不光是年龄，还有坚持的时间。我当了一辈子记者，我们同事中，一部分人做领导了，还有一部分人，就是不愿再折腾干记者了，当编辑去了。这两种人我都能理解，第一种人他们就是很优秀，应该当领导。第二，记者这个职业肯定艰苦一些，我也从年轻记者当过来的。无论时间、精力都没有点儿，而且要到一些非常艰苦的地方，除了走过王顺友的邮路，我去过的地方多了，深山老林、悬崖峭壁，包括汶川地震、玉树地震、芦山地震、舟曲泥石流现场，这些地方我都去过。有些记者身体情况不好，最后都转行了。我坚持了下来，成为新华社第一个领衔记者，放眼望去同时代进入的记者都不干记者了，不是当领导就是改行了。

　　我为什么能坚持下来？这个行业很苦，这是毫无疑问的，有时候我常常说我不行了，顶不住了，这次去芦山我就觉得顶不住了，我在帐篷里住了几天，晚上老睡不着觉。之所以能够坚持下来，还是要感谢我采访过的一些人。一个人的生命是有限的，我通过他们的生命，让我的生命延长了，我通过他们体会了更多的人生，感悟到了更多的东西。如果只凭我个人的生活经历，我是不会有那么多的人生体会的。体会到的这些东西，能化成滋养我的营养，让我知道怎么样去生活，怎么样度过有意义的人生，也能激励我前进。

　　我觉得能不断地去写他们，和他们交朋友，让他们的事情被更多的人知道，给大家带来鼓励和温暖是一件非常有意义的事情。我这个人除了对文字有点感觉以外，别的长处也没有，特别对数字最没有感觉。我考大学的时候数学满分是100分，我只得了12.4分。但是对文字有一些感觉，再加上被分到新华社，让我有机会体验那么多不同的生活，我觉得很快乐、很幸运。

　　我不能说我自己是个优秀的记者，但我起码是个尽职尽责、努力的记者。优秀，怎么样算是优秀呢？可能别人看我优秀，但我自己没觉得自己优秀，只觉得要尽职尽责。如果让我说理想中的记者是什么样的，我觉得首先要是一个特别好的人，有正义感，有良知。

我总说，记者这个工作，和别的赚钱的工作还不完全一样。因为那个工作不涉及你的良知问题，记者这个工作就像老师一样，老师是人类灵魂的工程师，记者是社会良知的代言人。一个真正的好记者，一个优秀的记者，起码内心是一个比较善良的人，而且有自省和约束能力。另外好记者还要会爱人，特别是年轻记者。新华社这个牌子太硬、太响了，一下子把刚刚进来的小孩子搞得飘飘然。一出去省委书记接见你、同你握手，省长接见你、同你握手，就觉得自己了不得了，忘乎所以。到了老百姓那里，觉得我是新华社记者，端着架子来了。省长和你握手、省委书记和你握手，难道是因为人家看得起你吗？他和你握手是因为你是新华社的记者，要永远有这个自知，永远要明白这一点，和老百姓接触，永远不要居高临下。你去采访一个普通老百姓，就是要和他平等地进行交流，这也算是个诀窍吧。不要觉得我是一个记者，别人就应该回答你的问题。中国这个环境把记者给惯坏了，到国外试试，记者你就得低三下四求着人家，就是写人家的好也得求人家。我们国内这种形势不好，很多领导都想给自己脸上贴金，都想弄个事儿报道报道，把记者惯得很糟糕。但是我们内心要明白，记者永远不是高人一等的特殊人群，你就是一个普通的人，采访要躬下身子，去和人家交朋友，我觉得这一点很重要。

一个记者一定要有理想、有抱负，做一个内心有大格局、有大格调的人，不要为一些蝇头小利所干扰，而且要有正义感，要在精神上修炼自己。

我们面临一个新的时代，要多掌握技巧，不单是文字技巧，包括视频、新媒体都是应该多掌握。在这之前还应该学会爱人，这个爱非常重要，对人群、对生活包括对我们的民族都要有爱，如果没有这样的感情，只会写出冷冰冰的文字，是当不了一个好记者的。

新华社的穆青曾经说过，当记者首先是做人，这个东西都是从老一辈那儿学来的。另外就是要愿意为这个事业奋斗终身，不要光看到记者风光的一面，也要看到记者非常艰辛、被人拒之门外的一面。

你要耐得住寂寞，不要做浮躁的记者，我劝你们多去读一读老一代记者的作品。另外，多读一些有人格魅力的人的著作。说来说去，我觉得一个记者的精神世界、内心世界丰富是最重要的，别的都在其次，想学技能很快就学会了，但是内心的东西如果没有的话会很难做好记者这个职业。

"这么多年过来,我自己的解说风格也正在形成"

——刘建宏口述实录

【人物简介】

刘建宏(1968~),河北人,体育赛事解说员。刘建宏毕业于中国人民大学新闻学院,1996年3月底转到中央电视台《足球之夜》栏目工作,多次解说世界杯、欧洲杯等重大足球赛事。2008年入选"中国奥运报道主持人国家队",担任奥运频道《荣誉殿堂》栏目主持人,是《足球之夜》栏目的主持人、制片人。

刘建宏

从记者到解说员

我是从1998年开始解说体育比赛的,当时是在泰国曼谷的亚运会上。那时体育频道赛事的评论员很少,所以当时我接到的任务是解说手球、曲棍球、棒球、垒球,还有足球。我开玩笑地说,除了足球我还熟悉一点以外,像什么手球、棒球、曲棍球、垒球,这些对我来说完全是陌生的项目,但是也要赶鸭子上架去解说。1998年,包括我们女足最后击败朝鲜队夺冠那场比赛,都是我解说的。那个时候，自己的解说确实还比较稚嫩。

解说的工作，到2003年之后明显增多了。一个是因为我觉得一个人必须不断地去完善自己，去提高自己，我应该具备这样一种能力，所以要不断尝试。再一个客观原因就是当时体育频道足球赛事特别多，而足球评论员特别少。当时专职的足球评论员只有黄健翔和韩乔生，在那么多赛事的情况下只有两个评论员，肯定是不够的。在这种情况下，段暄和我就进入了解说这个领域，这也是当时工作的一种需要。

我是2004年开始做足球解说员的，之前做记者。做记者的时候更多地是在一线活动，能够感受到更鲜活的人物、事件和现场的气氛。做主持人，需要在演播室，需要对节目有更多的提炼，需要对整个事件有更强的驾驭能力。做记者相对来说新闻敏感性要强一些，作为一个赛事的评论员，需要在专业程度上更强一些，需要不断地跟专业人士接触，不断地学习，在这当中也是一个不断互相影响的过程。这种学习对我后来成为一个评论员起到特别大的帮助。

工作中的刘建宏

比如米卢使我对足球的观念发生了改变，包括很多我们大家比较熟悉的教练员，李章洙、科萨（即米洛拉德·科萨诺维奇），包括以前执教过北京国安、陕西国立的巴西教练卡洛斯，包括一些中方的教练员，你都有机会跟他们面对面地沟通和交流，对你更好地把握足球规律、掌握一些足球的真正专业性的动态，有很大的帮助。即便到了现在，我的三种身份仍然无法很明确地分开。比如说，前不久我们把里皮请到《足球之夜》的办公区域，并参观新大楼，请他到楼下接受我们的采访。这个过程中，我也依然可以向他提问。比如我会问他，里皮先生你到了广东恒大以后，为什么一定要让恒大去尝试他们所不熟悉的阵型，比如"三四三""三五二"。他就给我讲他对足球的理解。在这个过程中，我觉得自己也受益匪浅。不断跟这些人接触，反过来对你做好足球评论员会非常有帮助。

我最愉快的一次解说应该是2001年的时候，中国队在沈阳五里河体育场举行的世界杯预选赛中出线，当时我在现场，但是我不是在现场解说，那是我到目前为止从事这个工作心情最愉快的一次。但我仍然认为这不会成为我这一辈子当中印象最深刻的比赛，也许它还没出现，我还在等。

专业解说风格的形成

这么多年过来，我自己的解说风格也正在形成。我个人是一个比较知性的人，相对来说知性一点，也有人说儒雅一些，所以我的解说也离不开我的风格。另外一点是从专业角度来说，我一直在追求（解说的专业性风格）。这种专业性可能需要慢慢地才会被更多球迷接受，因为中国足球界业内已经开始接受我这种相对比较专业的解说。很多球员、教练跟我说，听你解说会觉得你说到了很多很专业的东西。这些东西作为球迷来讲有的时候可能不理解，或者说很陌生，甚至可能有些抗拒，但是我作为一个评论员，必须不断提高专业性。你不仅仅是一个解说员，同时你也是一个传道者，你有义务帮助中国球迷提升他们对足球的理解，提升他们对足球文化的感受。我觉得这个是我们必须要做的一件事情。在这些基础之上，知性也好，儒雅也好，再加上专业，在需要激情的时候我也从来不缺乏这种足球场上的激情。把这几个方面很好地、有机地协调在一起，做到自然、流畅、浑然天成，这是我希望达到的一种境界。

解说一场比赛之前肯定要做一些针对性的工作，比如说一些具体的资料准备：这个球员在这个赛季进了多少球？两支球队的战绩如何？赛前赛后的一些新闻，等等。但是更多的准备其实是在日常当中，就是你对整个业务的熟悉程度。比如中超，你对中超联赛的熟悉程度如何，每天中超都会发生大量的新闻，你要去关注它，还要对它进行一些有效的梳理，对它进行更深入的分析，进而得出自己的结论，这些都是你日常需要去做的。所以有针对性的准备，也有日常的准备，两种准备加在一起才可能顺利地完成一场比赛的解说。

解说一场比赛，可能看起来很容易，其实不是这样。你要解说一场后半夜的意甲或者欧冠的比赛，还有很多准备。比如说，身体的准备，精神的准备，我这个岁数,一晚上不睡觉受不了,能熬到凌晨三点钟就已经很困了,肯定什么也做不了。所以我晚上十点多就得上床睡觉,凌晨两点多再爬起来,这样才能调整到一个比较好的状态。有时我还比较,看是喝咖啡更容易保持状态,还是喝一罐红牛更容易保持状态。我这些年形成的一个习惯就是,如果是凌晨的比赛,爬起来以后我会喝一罐红牛,这罐红牛可能会让我到凌晨6点都处于比较兴奋的状态。其实这也是准备,还有很多其他的准备,这些准备综合起来,才能够完成一场比赛的解说。

在解说的过程中,每个人都会遇到不同的问题。这种问题太多了,比如说,2006年世界杯半决赛意大利对德国那场,我们坐火车,从慕尼黑一直坐到多特蒙德,等我们下了火车以后,发现火车站人山人海,找不到来接我们的人。我们要在很短的时间内冲进球场,后来我和张路指导几乎是跑着进的现场,然后跑到评论席。一坐下,刚戴上耳机,后方就说开始解说,这种奇怪的经历经常会有。又比如说,比赛过程中突然间下起瓢泼大雨,这个时候比赛可能需要暂停。前两天欧洲杯上我们就经历过这种情况,大雨下来,体育场没电了。还有的时候是你准备的资料突然间不知道什么原因没了,也会出现解说的"乌龙事件",有些信息你确实忘了准备,只关注其他的了,它突然间冒出来,可能会打你一个措手不及。

我觉得做解说员就像球员一样,你希望在场上做得最好,但是失误对你来说也总是难免的。因为你是一个人,只能努力地减少自己主动的失误,努力适应一些客观的未知情况,一点点把自己的工作做好。

1998年的时候我的解说经验还很少,在处理场上千变万化的局面时感到有些吃力,或者说有些紧张。随着解说越来越多,经验越来越丰富,慢慢地,这些东西对我来说不再成为最主要的障碍,现在最需要的是掌握更多的东西。现在我想,我应该把一场比赛非常准确而专业地描述给观众。这个其实挺难的,因为做场面的描述很容易,比如解说几号传给几号这种东西非常容易,评论员现在不应该还把它当成多么高的标准,这个已经过去了,或者说已经成为入门级了。我觉得更重要的是你对比赛的准确把握,我认为这才是专业足球评论员见功底的地方。其实观众不一定能听出来,但是评论员一定要对自己有这样的要求。你能够跟着这个比赛,准确地把握比赛的脉动,然后把这种东西传递出去,这个其实是更见功底的。

最后我想说的是,除了准确、专业之外,还要有一种有趣的表达。这样对于一场比赛而言,就是一种比较完整的表述和评论了。

刘建宏在解说比赛

什么才是有趣的表达呢？这就像莫言刚刚获得诺贝尔奖一样，开始也会有很多不同的声音，但是终归会有一个相对一致的判断。我相信既然委员会把这个奖颁给他，他们一定是在这方面达成了一致的意见。对足球的描述也一定会有这样相对一致的判断。这种有趣的表达可能有时是一种幽默诙谐，有时可能代表一种文采，有时可能代表一种极致，也可能是一种自嘲。各种各样的修辞方式，凑在一起，最后形成这样一种风格。我觉得很难说幽默就是有趣，或者说诗情画意就是有趣。每个人会根据自己不同的特点去形成一种风格。至少我自己觉得不枯燥，如果一场球大家都觉得特别枯燥，一定是有问题的。解说完后大家觉得挺好玩儿，我觉得这就是比较有趣的表达了。

足球解说就是一个工作

足球解说就是一个工作、一个工种。要把这个工种无限制地拔到多么高的一个高度，我觉得夸大了对这个工作的理解，没有必要，它就是一个简简单单的工作，没有什么特别复杂的东西。除了我们刚刚说的那些东西，要注意的是它的时代性。就是说，社会在发生着变化，足球在发生着变化，你要跟上时代的步伐，跟上足球的步伐。我觉得这个也是我们要注意的。

比如说语言，我们的语言现在就发生着不断地变化。什么"粉丝"啊、"高帅富"啊等，这些东西在我们的语言当中不断地出现，在足球解说和评论当中，要有机地把这些东西吸收进来。比如说2010年世界杯，我提到"黄牌的沙发"。可能有一些老同志会觉得很奇怪："他说的什么意思？"但是年轻人听了以后可能觉得，这是我们的语言或者这是新颖的语言。语言确实发生着这种改变，我们要跟上这种变化。从2010年世界杯以后，可以注意到国内足球解说的一种变化，就是大家纷纷开始尝试新的东西。这是一个非常好的现象，为什么呢？说明大家开始有意识地形成自己的风格。过去我们的风格几乎是趋同的，用同一种模式解说一场比赛。现在，比如山东台开始用南美式的解说，其实我也尝试过"进了进了进了……"这样一种解说风格，这是对语言的一种探索。山东台是这样的，我听到陕西台开始用他们的方言，把他们的方言运用到解说当中，这行不行？其实都是在尝试。

中国的足球解说远没有形成一种特定的风格。因为中国足球的水平相对比较低，足球解说的水平也不太高，我们必须很客观地认识到这个局面。当然我们还解说很多国际的足球比赛，但不管怎么样，我们的足球水平不可能一下子提高到多么高的高度，但是我们可以不断地进步。刚才我说的几项其实都是方向，只要沿着这个方向往下走就可以了。

2002年世界杯我在后方，是坐在演播室的总主持人，当时在前方主持的主要是黄健翔和韩乔生，我也解说了一两场，场次很少。2006年世界杯，我、段暄和黄健翔都到了现场。从2006年我们进到了解说的一个新阶段，完全由60后、70后担当解说世界杯，以前还有50后。这种新的解说方式开始成为所谓的主流。这之后就听不到50后解说足球比赛了。到了2010年的时候我们又加上了贺炜，贺炜已经是80后了，所以就是60后、70后、80后在解说。从观众的角度，也可以看到一些变化。就我个人来说，自己还是新人的时候，被放到一个领军者的地位。显然我的从业经历是最长的，在这三个人当中我的社会影响力也是最大的，其实对我来说还没有做好这样一个准备。不管怎么样，现在形成了这样一个格局，我觉得非常好，即便是央视的足球评论，也不是一种风格一统天下，应该是多种风格并存。

央视的解说，要照顾到地域性，照顾到年龄结构、性别比例，包括受教育的程度等各个方面，所以挺难的。让一个解说员满足所有球迷的要求，没有人能做到，谁也做不到。但是我觉得有这么一个解说团队，优势互补，形成一个团队的传播概念，能照顾到绝大多数球迷。我希望我们是一个团队，百花齐放，形成央视在国内足球解说领域里一个比较领先局面。

不同年代的解说员风格是不同的，每个人都有自己的时代性，这个我们毋庸讳言。从传承关系来说，上一代人肯定是我们的老师，是他们帮助我们在进步。但是每一代人都会有自己的局限性。具体到50年代这一代吧，比如宋世雄老师，他的黄金时期实际上是在电台播音，他从60年代开始就在中央人民广播电台解说各项体育赛事。到70年代仍然是这样，80年代初的时候他从电台转型到电视台，他的解说不可避免地带有很浓的广播风格，因为一个人做了20多年广播，而且广播又是他成名的地方，不可能到了电视台就马上脱胎换骨，马上变成一个电视评论员，这很难。所以在宋老师身上我们能看到很浓的广播风格。在宋老师之后，孙正平老师、韩乔生老师，他们在过渡，他们在完成一个从广播到电视的过渡，因为他们也是从宋老师那里传承下来的。那我们这一代人，至少已经完成了（过渡），不再有广播的痕迹了。我们可能是第一代所谓的真正电视足球评论员或者解说员，我们之后还会一代一代传承下去，他们还会继续地提升，这个是可以预见的。

如何培养电视体育评论员

我不建议高校开设解说员这种专业，包括开设播音专业。我觉得这都属于很奇怪的"专业教育"，不应该有。电视台不应该有播音员，这是我自己的态度。电视台更需要的是主持人，读稿是个很简单的技术活，我不认为未来播音员有什么前途，这是我个人的看法。未来一定需要有个性的、有自我风格和表达的主持人、评论员，不管是体育还是新闻，都应该是这样。

这些人应该是也一定是从实践当中走出来的。包括英格兰、德国、西班牙，我没听说他们一定要搞一个足球解说专业去培养人才。你看里皮也解说，卡马乔也解说，温格（即阿尔赛纳·温格，笔者注）在欧洲杯、世界杯期间也会客串解说。英格兰现在最好的足球主持人是莱因克尔，整个奥运会期间，莱因克尔是BBC转播奥运会的总主持人，你让他再去读什么播音主持专业吗？

评论员也好，主持人也好，是一个实践的艺术，需要在实践当中不断地积累提高。好的评论员、好的主持人是可遇不可求的，不是说你报考这个专业将来就会成为一个优秀的主持人，这绝对是天大的误区。

我在人大读书的时候也没有想过要当足球解说员。当时我很想做社会新闻记者，类似于后来《东方时空》做的那种东西，我的毕业论文写的也是社会新闻，还得了优。但是后来阴差阳错地做体育新闻了，不过我也喜欢足球，喜欢体育，走上这条道路也是顺理成章的。

现在的大学生，如果以后想从事足球解说行业，就要多踢球，多看球，多学习。

数字化媒体对足球赛事和解说的影响

信息时代的发展对足球解说也是很有帮助的。获取信息更容易了,这是毫无疑问的。比如在解说比赛的时候,突然遇到了一个问题,百密一疏么,总可能在某个地方出现准备上的疏漏,我可以瞬间在网上搜索,你只需要在手边有一个电脑就行了,这是对我们解说帮助很大的。再比如说,有时候解说中会把实时聊天工具都打开,这个过程中有些朋友或者工作人员会把一些信息马上通过这种方式告诉你,你也可以马上把它们融入你的解说当中。这就是信息社会对我们解说的改变。

刘建宏主持《足球之夜》

过去我们要看一场比赛只能通过电视,现在很多网站也开始做体育比赛的直播和解说,网络对于电视的挑战不能说不大,肯定会很大。但是又不能过分地强调这一点。为什么这么说呢?我知道年轻人专注地坐在电视机前看电视的这种行为已经很少了。就算你看电视的时候,手里面也会拿一个手机,拿一个IPAD,或者拿一个电脑,一边跟朋友聊着天,一边浏览着网页,一边看着电视。收视行为已经多元化。但是有一点我相信,因为电视制作精良,它的节目质量是目前网络无法替代的。当然也许很快,网络也可以传输很高质量的信号。但是如果让我看世界杯,让我看这种高水平赛事的话,让我盯着一个很小的屏幕看,仍然觉着不爽,我更愿意看一个很大的屏幕。哪怕小的也是高清,大的也是高清,那我也要看大的,因为大的那种体验不一样,感觉不一样。而且看球某种意义上是一种集体行为，一个人看球其实很孤独，会觉得没劲。一堆人看球，就会觉得特别爽。在宿舍里面，一堆人看球，就会觉得这个球看得就很高兴，交流、碰撞的氛围就形成了。

我觉得用不了几年电视就成为网络的一部分了，它会融入网络里。想看中央电视台，可以在网上把它找回来，用高清的信号去看就行了。所以电视和网络可能会融为一体，电视成为网络的一部分。但是即便这样，电视也依然有存在的必要。很简单，你总得选择一个人陪伴你去看电视、看足球。你说我把电视打在一个无声的状态，或者就是一个原声的现场，没有人给你解说，你就在那儿看，这不是一个大众行为。

建言年轻学子

作为一名在校读书的学生，要有明确的目标，一定要做最周全的准备，比如你现在已经明晰地知道自己将来会往哪个方向发展，你的职场理想是什么，但是这个理想，毕竟和现实之间存在着巨大的差异。你如何才能把这条路走通？有时候可能包括许多机缘巧合，方方面面的条件都适合了，你这条路就走得通；有时候，你是奔着那个方向发展的，但却走上了另外一条道路，这也是完全有可能的。当然我想，如果你是一个有新闻理想、有新闻抱负的人，不管将来你做什么，都可以成就一番事业。

如果要说我对大家有什么建议的话，就是做好一切可以做的准备。因为新闻是一个实践性非常强的行业，在你工作之后，还会有很长一段时间的学习，甚至在我看来，活到老学到老。不必着急我在学校里就具有多么强的新闻采访能力，这是不可能的，早点儿把这些想法打消了。

你现在需要做的是什么呢？是让自己的底子变厚，把底子打厚一点。其实我跟很多届学生都在说同样的话，大学四年几乎是你们可以静下心来读书的最宝贵的也是最后的四年，等你工作了，再想心无旁骛地读书已经变得很困难了。工作以后，读书是一件很奢侈的事情。一定要多读书，把书读活了，变成你一辈子的财富，这样的话，将来走进社会，才能表现出更强的适应能力，才能够在很激烈的竞争当中脱颖而出，这是作为我个人对年轻学子们最大的一个建议吧。

"你可能只是掌握着这个真相的极小一部分"
——刘万永口述实录

【人物简介】

刘万永（1971～），1996年毕业于河北大学，1998年毕业于中国新闻学院，同年到《中国青年报》工作。1999~2004年6月在新闻采访中心，负责教育新闻报道。2004年7月进入《冰点》周刊，历时一年。2005年7月1日回到《中国青年报》教育部担任记者。第十二届长江韬奋奖(2012)获得者之一，代表作品有《王佳俊冒名顶替读大学路线图》《一个退休高官的生意经》。

刘万永

从学教育到"藏獒"记者的诞生

我原来是教育专业出身的。大三的时候，由于兴趣爱好，我认为自己更适合写东西，就慢慢转向新闻。当时，我对于新闻的认识还是一片空白，没什么概念。对于消息、通讯这些新闻体裁更是一窍不通，我就是喜欢看报纸，经常拿着《中国青年报》里的新闻模仿练习，后来我成了校报的通讯员和记者，经学校团委推荐，成为《河北青年报》的学生通讯员，从此开始接触了新闻。

那时候，我写新闻基本都是模仿。本科毕业后我报考了中国新闻学院（已经被解散了），读了一个双学位，毕业后就到《中国青年报》担任记者，一直到现在。实习的时候我在《教育导刊》，主要写一些高校新闻，留到报社后一边上夜班，一边继续写教育方面的稿子，也会涉及一些法治方面的稿子，这样逐渐转到调查类报道。那时候，我只是觉得记者能够见证一些重大的历史事件，是历史的记录者，个人价值能够得到充分的体现。但是从业之后，才对记者这个职业有了更加深入、清晰的理解。

我在行业内有个绰号叫"藏獒"，这个称谓原来还有个故事。2001年9月，报社去西安办一个"挑战杯"的特刊。该刊根据版面和广告量确定采编人数，但是当时突然发生了"9·11"事件，导致特刊的广告量减少，原来预定刊登的广告也都不登了，"挑战杯"整个活动议程也压缩了。当时邀请一些美国人来做讲座等活动，都因"9·11"事件取消了。这些本来都是应该可以报道的内容，版面已经安排好了，只能用其他采访内容去补充。无形中增大了记者和编辑的工作量。但是，当时又不能及时地充实记者，最后每个记者的工作量比原先增加了很多。带队领导每天根据见报的篇目在每个记者后面写"正"字，"正"字多的，大家就叫他"疯狗"，比疯狗还厉害、一直保持较高刊稿量的记者就被称为"藏獒"。那时候，我还年轻，觉得写稿是一件很好玩的事，所以表现还算出色，"藏獒"之名因此获得。

高质量的选题要有冲突与张力

高质量的选题很重要的一点是要具有典型意义，还有就是新闻要素要齐全。它要有一个冲突，还要有一定的张力。比如关于罗彩霞的报道就是一个可遇不可求的选题。她被冒名顶替失去了读大学的机会，在这个事件之前，我们也报道过被冒名顶替的事件，在她之后我们也报道了被冒名顶替的事件，但是只有她具有标志性。这是因为它的新闻要素是齐全的，冒名顶替她的那个人是她的同班同学，运作这个事情的是这个同学的父亲（王××，笔者注），而这位父亲又是当地公安局的政委。这个报道中的很多情节都有故事性，比如她是如何发现自己被冒名顶替的等。

高质量的选题还要有一定的张力，所谓张力就是这个事件要有"东西"可挖。在罗彩霞事件中，她是怎么被冒名顶替的？值得深入挖掘。这位父亲在各个环节是如何操纵的？各个环节又是如何被打通的？这一系列的问题，直到现在仍然有很多真相被深埋，没人或者没有办法再去深入挖掘了。以罗彩霞事件为例，比如说上学都需要一个户籍迁移证明，这个证明应该是由派出所盖章，到大学报到时落户需要的，但是"假罗彩霞"的这个户籍是怎么迁移出来的。公安局联合调查组给出的结论说，王××通过关系跟派出所要了一张空白迁移证，到时候就把她女儿的名字填上盖上章，完成了这个环节。但是谁能有先见之明？在自己的女儿还没有冒名顶替别人上大学之前，就去找一张空白的证明，预备将来使用？最合理的解释只能是王××原来在这个县当领导，后来调到了邻县的公安局当政委又是县长助理，两个县离得很近。因此，当有机可乘之时，他抓住机会，利用工作关系去找原工作地派出所要了一张迁移证明，盖个章，最终伪造了一份户口迁移证明。要这样解释的话，那个派出所领导是要被追究责任的，然而最终还是采用了王××的解释。但是这个解释是真是假？我们现在很难去判断，只是按常理判断倾向于它是假的。通过这个实例，可以发现高质量的选题里面会有很多环节是可以深挖的。一个好的选题，除了要有故事性，要有冲突，还要有更多可以继续操作的一个空间。

采访风格没有优劣之分，适合自己才是最好的

每个人采访的风格是不一样的，面临的采访对象也是不一样的。很难说一种强硬的风格好，还是温和的方式好，只能说最适合的才是最好的。如果要去问一些对方不愿意说的事，若一下子把这件事直接抛出来问，可能会比较敏感，这个采访可能会进行不下去。这时候，我的方法是，把要问的问题包装在一些看似无关的问题里面，在谈一段时间后突然把这个东西抛出来。这时，可能采访对象正谈得高兴，顺口把这个问题给说出来了。所以，我在采访之前，要先想清楚问什么，再想出一些其他问题进行包装，这样可能会有更好的采访效果。

实际上这个方式其他记者也会经常使用。有一个老记者说，这种方式他就用过（不过也用过其他方法），他去采访某市委书记，这个书记不愿意说，老记者就跟他拍桌子。你要让我拍桌子，我可能下不去手，也做不出来这种举动，这可能跟每个人的性格阅历、处事方式有关。不管用什么样的方式，只要能够达到你的目的就可以了。所以我说，采访并不是要跟采访对象发生冲突，才能说明你是一个敬业的记者。当然有时发生冲突在所难免，比如一些记者的机器被夺什么的，但是有的冲突是可以避免的，转换一下方式方法就好，采访最终的目标是拿到你想拿到的东西，达到一个理想的采访效果，至于采访方式则可因人而异。

学跆拳道不如练中长跑，呵呵

作为一名调查型记者，总会遇到一些这样或那样的危险。我在采访《一个退休高官的生意经》那篇报道的时候，就曾遇到过想跑没跑掉的危险情况。在案件审理的当天上午，庭审结束之后，我本想庭审之前走，或者庭审之后等所有人都走了之后再走，但是后来发现这两个方案都不可能完成，最后只能硬着头皮往外走了。当我走到院子里往大门走的时候，被一些人给围上了，实际上你分不清哪些人是你潜在的敌人。我前后左右都有人，前边围上的人尤其多。我和他们开始对峙。这时法警出面让我赶快走，我说："我往哪走？"按我当时的想法，如果我在这个院子里被打了，这跟法警是有关系的。如果我出了这个院子被打了，我去找谁？所以我决定不走了，就跟他们对峙。

就这样我在法院大院里与这些人对峙了半天，最后终于有一条路可以走了。我上了马路，马上打车去了某宾馆。当时唯一的感觉是这车怎么开得这么慢，真恨不得立生双翅赶快走掉。当时我确实不知道后面有没有人在追我，我对人身安全是有担心的。我曾经说过，面对危险很难说自己有多少勇气去面对。记得那天下午的庭审，我就没去参加。如果说我有勇气，下午的庭审我就去了。实际上我没有参加。当记者，首先要讲真话，不能够把自己虚构成一个英雄的形象。其实，我真不是无畏的人。很多人问我，你在这么多年的记者生涯中有没有遇到过威胁，我说这次就算最危险的一次经历了。这次采访的经历，虽然没有真正被打，但确实是被威胁了。从职业勇气来讲，有很多为了新闻而以身犯险的记者，他们真的非常值得尊敬。

那天中午被围攻后，我回到宾馆准备写稿子，随后给领导发了个短信，说我在法院被围攻了。后来我们领导给我回了一条让人听后能吐血的短信："请以此次被围攻为由头，写一篇舆论监督的心路历程。"第二天我就把稿子写好了，叫《我们为什么要坚持正义》。后来上稿子的时候被改成《我们为什么要坚持报道》。其中讲到，关于王亚忱这个案子，我们从2005到2007年坚持两年报道的原因。报道刊发后，我的手机响个不停，很多是离散了多年的好友打来的。他们都是看过我的这篇报道，知道我被围攻的危险经历后纷纷表示慰问的。特别是在大学时代睡在我上铺的哥们儿说"要不你到我们唐山来避避险吧"，确实挺让人感动的。我爱人也跟我说："叫你锻炼你不锻炼，回头给你报一个跆拳道的班儿。"我回答道："哎，跆拳道没什么用了，还不如报个中长跑呢！"（笑）

首页->>中国青年报

冰点特稿第543期
一个退休高官的生意经
2005年05月18日 05:00:00

本报记者 刘万永

"没对高文华、许宁怎么样，已经够意思了，要不死100回都不行！"

截至5月17日，许宁已经在辽宁省阜新市看守所关押了44天。他始终不明白，自己到底犯了什么罪？

2005年4月1日早上8点多，许宁和妻子苏雨去医院看病。车刚开过阜新市解放大街广场时，一辆白色警车突然别住了他们。

"车一停，王晓刚和另外三个人跳下车，王晓刚挥着两尺长的警棍，一把把许宁拖下车。"苏雨对当天的情景记忆犹新，"王晓刚狠狠地用手铐把许宁的手扣伤，然后把他铐上，掏出手枪顶在许宁的头上，一边拖上警车一边骂，'你妈个×，我打死你，你信不？'"

王晓刚，阜新市公安局治安警察支队副支队长。许宁，阜新市华隆房地产开发有限公司（下称"华隆公司"）职工，公司董事长高文华的司机。

许宁被带到阜新市细河区公安分局刑警队。王晓刚举报：许宁偷卖华隆公司的一辆奔驰车。但细河区刑警队查明，奔驰车并没有被人盗窃和私卖。

举报不实，应立即放人。4月3日，人还没有放，王晓刚又举报：许宁盗窃了一辆凌志轿车。

第二天上午10点，苏雨接到《拘留通知书》后，立即将购车合同、行车证等证明材料送到细河区公安分局。

4月10日，细河区公安分局调查后决定：撤销此案，释放许宁。

还没有走出看守所的大门，阜新市海州区法院的工作人员匆匆赶来宣布：4月4日，王晓刚和王晓云（王晓刚的姐姐，阜新市公安局副局长）以"诬告陷害诽谤罪"起诉许宁（许宁在2004年2月23日向辽宁省"两会"代表散发举报两人的检举信）。法院决定立即逮捕。

短短十天，自己被王晓刚三次指控，许宁想不明白，这是为什么？

但他的家人终于明白了。

4月11日，和此案没有关系的阜新市公安局经济侦查支队一名干警擅审许宁，并警告他："交出幕后指使人！"

4月15日下午5点30分，王晓刚、王晓云的律师赵惠良在阜新市北方大酒店和许宁的岳父苏玉伦、妻子苏雨等见面。苏玉伦说："赵惠良当时说，只要许宁交出幕后指使人，我可以做工作，看能不能撤诉或判缓刑。"

刘万永代表作——《一个退休高官的生意经》

好新闻不仅仅要真实还要精确

我们这些做记者的，尤其是面对学生的时候，很容易说自己经历了什么样的风险，历经什么辛苦，自己的报道引起多大轰动。这些成功的案例一下就把学生心中投身新闻事业的理想之火点燃了。但真的当了记者发现完全不是这回事。所以我希望把记者面临的一些深层次的东西尽力讲给大家。

以王亚忱这个报道为例，我更愿意讲这个报道中所存在的问题，其中的一个问题就是有关采访报道的精准问题。这篇报道刊发之后，引发一连串的官司。其中一个官司是这样的，大连一个商人武某，武某跟高文华是合作搞商贸城的，后来他拿了230万跑了。在报道中，我提到这个事情时说，武某"拿了230万，携款潜逃"。用了"携款潜逃"四个字，后来武某以此起诉了我们。这里面其实存在用词是否准确的问题。这个词严格说不是一个精准的表达。"携款潜逃"是一个刑事术语。言下之意，公安是要追逃的，涉及刑事犯罪。我了解到的情况是，当时公安确实要抓武某，但是由于各种各样的原因一直没有抓他。不管怎么说，武某确实不在追逃之列，也没有被抓。从结果可以推导出来，这个用词是不准确的。这个词实际上用"杳无音讯"或者"失去联系"更为贴切。所以调查性报道，确实要做到用词精准、用词准确。

还有一个例子，原来北京的一家都市报，讲有个人去诊所做按摩，诊所是无照经营，把人的肋骨给按断了，新闻应该怎么报道呢？如果报道说张三到这里来做按摩，被按断了肋骨，但是在这个关键问题上，双方是有根本分歧的。报道中如果写肋骨是被按断的，你的信源可能是单一的，只是那个受害者所说，院方并不认可。在没有权威部门出具鉴定的前提下，准确的报道应该是，这个人来这里做按摩，肋骨断了，至于什么原因导致肋骨断的并不直接做判断。就像我们有的时候看到，"某某人从高楼坠下身亡"，为什么掉下来可能有多种原因，在没有搞清楚原因前记者不能主观猜测到底是什么原因。在调查性报道中应该更加准确地运用词汇，还要有其他专业的背景，比如法律、医疗、经济，这些方面的词汇也要有所了解的，否则你的报道会出现很多常识性错误。

从罗彩霞到王亚忱——两个报道中一些鲜为人知的细节

罗彩霞事件调查后，罗彩霞起诉了八个被告，包括她就读的高中、贵州师大、贵州师大她所报考学院的院长，还有湖南省考试院等一共八个单位。该案是在天津立案，在长沙中院开的庭，八个被告的代理人都去了，开庭大概半天的时间，后来进行了调解。王××夫妇的代理人当庭向罗彩霞鞠躬道歉，八个被告赔了她几万块钱。罗彩霞放弃了诉讼请求，双方和解了。

实际上，我是在下面旁听的。后来罗彩霞跟我说，对于双方和解这个局面，感觉我特别失望。我说："我失望或是满意其实并不重要，因为我不是当事人，你要是坚持或放弃你的诉讼请求都是你的权利，你放弃你的诉讼请求我是可以理解的。你一个人起诉八个被告，有个人，有单位，事实上面临很大的压力。"当时对罗彩霞来讲，她要先找一份工作，总不能因为这样一件事情，耽误了谋生，所以和解的原因是她有很多现实的考虑。对我而言，我相信一个社会应该有一个去实现公平正义的地方，不能让人觉得，我们最终被迫无奈而不能坚持下去，最后变成了和解。被迫无奈的和解，我觉得社会不应该如此。当然我跟她说："你做的选择，我是可以理解的，如果换作是我，也许我也会这样。"

关于王亚忱的报道，当时我了解到已有记者到了沈阳。因为报社的律师在沈阳，我就跟记者见了一面，没有到阜新去。采访对象王亚忱原来是阜新市市委书记、市人大主任，采访时已经退休，但是他的女儿和儿子都在阜新市公安局，是有一定势力的人，对于记者来说披露其父的事情，会有一定风险。到底有什么程度的风险，在去当地采访前都是不知道的。当时也有一些记者到了沈阳，就不再往下走了，有的记者去阜新也只是转了一圈，什么也没得到就撤走了。

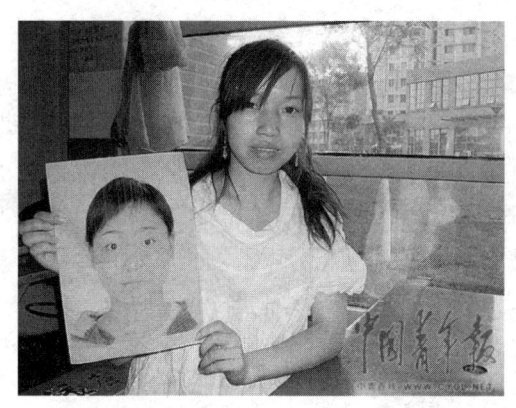

罗彩霞案主人公（手持照片者）

我去的时候认为最应该采访当事人王亚忱。我进行了一圈外围工作，采访跟这个事相关的其他人物，这其中是有一定顺序的。最后我才决定采访王亚忱，在见王之前，我对怎么去见他，见到他怎么说，都事先进行了考虑。我去之前跟《冰点》的主编李大同说，我明天要去阜新，如果你听说我在阜新嫖娼了、贩毒了一定不要相信，我怕被人栽赃陷害。比如，有人使一些手段造成你嫖娼贩毒的假象，从而使你采访进行不下去，这都是有可能发生的，而且以前采访中确实发生过类似的事情。去见王亚忱，我采取的方法是，去找阜新市委宣传部，由他们带我去。这样做，我就是一个光明正大的采访者，将采访的风险降到最低。因为我是官方介绍来的，如果出了问题，我可以去找官方。当时是阜新市委宣传部的人陪我去接洽的，随后他们就走了，我见到了当事人王亚忱。

见到王之后如何提问，我觉得有一些基本规则。比如说，相互对立的甲乙两方，甲方跟你说自己受到很多冤屈，当你去采访乙方的时候，这个问题你该怎么问，是需要技巧的。例如甲说，我曾经在某天同他见面，他向我要了十万块钱。你应该怎么问呢？你应该问："甲说，某天你跟他要了十万块钱，有没有这回事？"而不能说："你那天是不是要了甲十万块钱？"前面的提问，可以让乙方感觉到你是就一个问题去问他，而不是代表甲方去问他。这样能够让采访对象觉得你是公正公平的，你是站在事实的基础上去提问的。那次我采访了当事人两三个小时，把想问的问题都问到了。采访中王亚忱还是很愿意说的，通过采访他还要解释过去的行为。他的解释是否符合逻辑是另一个问题，但我听着确实觉得他的解释破绽百出。这时你就需要去追问，比如问"你说的是不是这个意思"等，总体来讲那次采访还是比较顺利的。

有结果并不代表有真相

很多采访我的人，都会问到罗彩霞和王亚忱的报道。很多采访案例也都会提到这两篇报道，实际上我也做了很多其他的报道，包括"山西疫苗事件"这个报道，社会影响也很大。但是事件结果怎么样呢？可以说，问题远远没有得到解决，当然违规操作、垄断山西疫苗的这个公司从山西撤走了，消失了。但那些受害人并没有得到赔偿。至于说报道有多成功，我觉得很难说。现在很多事件的发展都是阶段性的，一个事件报道刚出来很快会得到官方的回应，但是你明明知道，这个回应可能不一定站得住，也许并非事实真相，但是记者也没有办法，或者说凭记者的能力不能继续做采访了。如果记者继续再去追线索，也没人理你，采访中各种各样的可能都有。

我觉得理想的新闻工作状态应该是，舆论监督让这个社会变得更干净。记者通过披露事实，促进事件解决，引起社会重视，最好从制度上对类似的事件有一个预防作用。但问题是很多时候，记者的工作会让你很失望。所以我觉得，作为一个记者，要给自己一个恰当的定位，不要奢求太高。

记者只是事件的记录者。现在，有的记者容易将自己变成事件当事人，希望通过一个事件就把自己搞成新闻人物，我觉得这是不应该的。记者应该去记录历史，用精准的语言把事实真相记录下来，将来如果谁对这件事情感兴趣，拿记者的记录来看，就可以准确地知道当时发生了什么，我觉得这才是一个记者应该做的事情。如果记者参与事件其中，这样做的话就越界了。

过去讲"国家不幸诗家幸"，意思是说国家越动荡，越容易产生伟大的诗人。中国现在正处于社会转型变革的时期，社会发展非常迅速，我们用三十年的时间完成了西方国家上百年走过的历程。在这个过程中，各种各样的社会矛盾会很突出、很集中。矛盾尖锐的时候就会爆发出来，这种情况下，记者会经历很多事情。随着社会的进步，记者的空间会越来越大。当然这个过程可能会出现反复，即所谓历史呈现螺旋式的上升或是下降。作为记者只要你喜欢这个职业，它还是非常有趣的，至于这个职业是不是天堂，每个人的理解不同。

记者要保持良好的心——相信未来会更好

记者在工作时常常会感到无力与焦虑。这可能跟工作的性质有直接关系。我们做报道的过程中,会遇到很多的人和事,如某人的合法权益受到了侵犯,但你的报道并不能改变他的命运。当我报道王亚忱后,很多人给我写信说,他有与王亚忱报道一模一样的情况。又如罗彩霞的报道出来后,也会有很多人给我写信说,自己也有被冒名顶替的事情,让我帮忙伸张正义。但是有时候会发现,自己帮不了他,就算你尽了自己最大的努力,也改变不了什么,这时候作为记者就会有一种无力感。

我有一个印象比较深的例子。我曾经遇到过一个河南郑州的老师,他房子被强拆了,他到北京上访找到了我。他说:"我每天上课的时候,给学生讲要爱国、爱党,我现在家都被强拆了,我都没办法跟学生讲这些话了,因为连我都不相信了,又怎么给学生讲?"他采取过很多方式,上访、静坐,包括在自己的房子上搭了一个窝棚,最后连窝棚都被强拆了,面临很多困难。作为记者,会发现这种事情很多,媒体又不能都报,这些人满怀希望来找你,你只能对他们说,"我没办法帮你"。那样的情况下,很多努力恐怕是没有结果的,很难真正去促进社会的进步,这时无力感会油然而生。如果这种感觉持续的时间很长,我们可能会怀疑这份工作的意义与价值。有时会扪心自问:"我做这个工作有什么意义呢?"作为记者,不能总是想着曾经做过某篇报道影响很大,就指望着报道对事件的解决有很大的促进作用。如果总是回忆那一两件成功的报道不能自拔,还不如去做些别的事情。

很多记者在职业生涯中都会有类似的无力感。所以,记者一定要学会面对现实,同时也要有理想主义,不能太极端。当遇到各种困难和挫折的时候,就要想一想,美好的明天在等着我,哈哈,这点儿挫折不算什么。当你觉得很多东西有所突破了,能够实现你的理想时,一定要头脑清醒,因为很多东西都会出现反复甚至倒退。

做记者要有一个信念,相信明天肯定会更好,而不是明天会更糟,拥有坚定的信念,我们才能往前走。作为记者每天都会面临很多问题,会比较焦虑,压力比较大,如果没有一个坚定的甚至是理想主义色彩的信念支撑,可能会坚持不下去。

所以当记者有一个好心态很重要。做记者当然希望报道能够影响或者改变这个世界,但是也不要奢望改变太多。即便世界没有因你的工作而改变,也要觉得这很正常，抱着这样的心态去工作就可以了。这么多年驱使我坚持到现在的一个信念，就是我总觉得付出会有回报。可能今天付出的东西，不会在明天就能得到回报，但是时间长了总会有一些收获。要把眼光放得长远一点，不要太急功近利。包括学习东西也是这样。也许当时看来没什么用，可能将来就会有一些大的用处。还有比较重要的一点，对于新闻来说，你是不是真的喜欢这个工作，如果你真的喜欢这个工作，你为它付出一些，会觉得值得，兴趣爱好是很重要的。你的付出可能不会很快体现出来，但是时间长了就会有一个明显的变化。

淡然面对荣誉——永远代表受众去追问

虽然党的"十八大"已经闭幕了，但作为一个代表经历了这样一次重要的会议，肯定与作为一个采访"十八大"代表的记者不同。其实，对这种社会身份，我会理解得更加深刻些，这是很难被取代的一个经历，是不可复制的。但是，最终作为一个记者，是要用报道来说话的，哪怕做记者很多年，只要有一两篇报道能被大家记住就是有意义的。做记者这行，被别人记住很难，被别人忘记却很快。

我上学的时候就知道"长江奖""韬奋奖"。那时候，我觉得这些奖离我们是那么遥远。直到后来，我到《中国青年报》工作后，有幸成为该报第五个得奖的记者。前辈获奖，我们都觉得确实水平非常高。这两个奖项在新闻界只要一提及，知名度和认同度都非常高。"韬奋新闻奖"得主侧重于报社总编和副总编。而"长江新闻奖"得主，一线记者较多。

我一直认为，得这个奖，只能说明我符合这个奖项评选的要求，并不代表我有多优秀。过去常讲"文无第一，武无第二"，作为一名记者，评定优秀的标准比较难。很难有一个硬性的指标划分优劣。所以我觉得，还是要用那句老话，"作为一名记者是要靠你的报道来说话的"，只有努力做好报道，才是你应该做的事。

当然对我来讲，现在最难的是我越来越不想写稿子了，我总觉得对自己的要求比以前更高了。最初从业时，相当于一张白纸，什么都没有经历过，什么都不知道。碰到一件事就觉得挺好玩，就去做采访，再碰到另一件事也觉得挺好玩，又做下一个。几年下来，我发现，我碰到的几件事基本都是一样的，这种新鲜感就消除了。我们常说，找一个让人眼前一亮的选题是很难的。如果还有能让自己热血沸腾的选题，我还是想去做的，但这样的选题很难说何时能碰到。找选题是很难的,有时候需要碰,有时候又需要你不断努力,反正各种各样的因素都有。我告诫大家要时刻保持一种热情去关注这个社会,尽可能地找到适合自己的选题。

有人说记者是"无冕之王",但我觉得世上没有什么"无冕之王"。现在的中国记者可能承担了太多的社会责任,但是这些责任很多都不是他们应当承担或是无力承担的。很多职能部门解决不了的事,当事人都希望通过媒体来解决,把各种各样的负担加在记者身上,当问题解决了或者别人希望你解决的时候,会亲切地称记者为"无冕之王"。但当问题解决不了的时候,人们又会说报纸不干正事。我觉得可以把"无冕之王"看作一种鞭策,而不要当成一种事实的评价。现在很多记者每天还在为了房租奋斗着,说我们是"无冕之王"其实挺悲催的。年轻人要有正确的认识,世界上没有什么"无冕之王"。

刘万永在领奖现场

如果要做记者,就要对自己一个比较严的要求。在文字上有所追求,不要以为自己写了稿子就能发,就是一个好记者。要对"好记者"的标准有一个清晰而稳定的追求。如果你对自己要求低,重复十年都是在很低的水平,时间就浪费了。从一开始就要求自己拿出好的作品,随着年龄的增长你会不断成长,这样才会过得充实。做新闻第一要对新闻有感觉,第二要对新闻有天赋,第三是要热爱新闻专业,作为好记者这三点缺一不可。

作为记者应该永远代表读者和受众提问。首先,记者在采访的时候肯定不是在为自己提问，当然我的读者与我想要知道的东西是一致的话是可以的。要考虑受众想要知道什么，当然我不认为，代表读者去提问就代表着正义，当你做记者时间长了，就会发现很多的所谓道德、正义、真相是一个很复杂的东西。

复杂的真相考验记者素质

说到真相，作为记者去挖掘一个事实的真相，真相报道出来了，我们认为挖到了真相的全部，满足或者得意于自己的努力。但是或许过几年你会发现，并非如此，你可能只是掌握着这个真相的极小一部分。将这个极小部分的真相，放到一个大的环境中，也许当时得出的结论本身就是错误的，但是之前你却浑然不知。我们曾经做过"山西煤矿矿难封口费"的事件，这则新闻当时得了中国新闻奖一等奖。这个煤矿是个国有煤矿，发生了事故却进行瞒报。这时候就有假记者，以采访的名义去煤矿敲诈勒索。有两个人，一个姓代，一个姓李，代某和李某都过去采访此事。据代某说，当时他到了办公楼一楼有十来个人，其中一个保安做来访登记。再到楼上一看，有好几个人在楼道里排队，要进办公室，办公室里面则是煤矿的办公室主任在给这些人发封口费。看到这样一个情况，代就下楼了，他将车停到楼门口，不熄火，拿着相机到了一楼前台去拍登记本，接着又到二楼，拍假记者排队领钱。他怕别人追，拍完就上车跑了，开出去二十多公里后，确认无人跟踪，紧张的心才放下来。但是，据跟他一起去的李某则说根本不是那么回事。事实上，采访过程并非像代某讲的那么惊险刺激。当时这个煤矿是个国有煤矿，投产不久，矿上的保安是从农村找来的人，什么都不懂。记者在那儿翻名单，保安根本就不管。代某又去楼上拍排队，也未遇阻挠，他拍完就走了，过程就这么简单。

后来我和同事讨论这件事。我们找到一个信源，对方跟我们讲一件事，我们就信以为真。但过了一段时间，你又听另外一个见证人的讲述，会发现事实也许并不是那样。但是，你为什么当初会听信别人呢？这是因为它符合逻辑，但是符合逻辑的事，并不见得都是真的。当记者特别自以为是地以为挖到全部真相的时候，是最值得警惕的时候，因为很可能那并不是真相。

再比如"罗彩霞事件"的报道，之所以成功，关键在于录取通知书。本来录取通知书是寄给你的，我怎么会得到呢？我拿着你的录取通知书才能冒名顶替，所以录取通知书的发放是个关键环节。教育部也说，录取通知书是要给学生本人的,严禁他人代领、转送。对于这件事,学校做出的解释是,"假罗彩霞"的爸爸王××到贵阳来办事儿,顺便看看女儿是否被录取,他找到了学校要罗的通知书。学校质问说,你姓王,你女儿怎么姓罗?王××欺骗说,孩子随妈妈姓,她妈妈本来姓杨,做的假的户籍上是姓罗所以就姓罗了。学校还专门把学生档案调出来查证,才把录取通知书给他。可是通过一个很偶然的因素,我们得知,原来罗彩霞的通知书是被别人代领了。这是怎么知道的呢?当时《贵州都市报》的记者杨雄,跟我们的报社有过合作,我们虽然没见过面,但是互相知道对方。罗彩霞这个案子出来之后,《贵州都市报》也要做跟踪,正好他们离贵州师大近,就跟我联系,说明天去贵州师大采访,问我有什么问题可以帮着问一下。我就说:"我要问录取通知书的事儿"。他第一次去,被拒绝了,后来又去采访,成功了,就把稿子给我了。稿子中指出,贵州师大主管招生的副校长说:"当时录取通知书是被我们学校的一个教授拿走了。"接下来贵州师大要审阅杨雄的稿子,把这些内容都给删掉了,也就是这些信息都是没有公开的,但是我是知道的。再后来,中央人民广播电台的一个叫杨超的女记者到贵州师大采访,贵州师大就用"假罗彩霞"随母姓为理由回答杨超的提问。我跟杨超后来沟通的时候,将知道的细节告诉了她。杨超又把招生办的主任找到了,说:"你们为什么要说谎?我们通过调查得知了,录取通知书是被你们的一个教授拿走了。"结果被她这样一诈,真相就给诈出来了。第二天,这个代领录取通知书的人就出来跟记者见面了。通过这样一个偶然因素,这件事情才被问出来,这是一个很重要的环节,事实也证明那个教授跟王××一起操作了这个事情。这只是由于我见到了一篇被枪毙的原稿,才知道了这样一个重要的环节。可以想见,很多事情的真相我们可能永远都不知道。所以,当我们在面对一个你认为的所谓"真相"时,一定要谨慎、警惕。

"我们做的人物是一个时代的缩影"

——林天宏口述实录

【人物简介】

林天宏（1979~），福建福州人。2005年中国人民大学历史系硕士研究生毕业，2005~2011年担任《中国青年报·冰点周刊》特稿记者。2011~2012年，任《中国周刊》总编辑助理。2012年转战《人物》杂志，担任副主编一职。2008年获"全国抗震救灾宣传报道先进个人"荣誉称号，同年被评为"天涯社区最受网友欢迎记者"。其代表作品《回家》《人民会用脚投票》均获"南方周末年度传媒致敬"奖。

林天宏（左）在接受采访

一个很偶然的机会进入《冰点》

快毕业时，我没想留北京工作，但是想做媒体，就想在北京找个地方实习。一个很偶然的机会，找了个熟人把我介绍到中青报，那个人也是托朋友联系上的，第二天我就去找他了。

我至今记得很清楚，那是2004年11月11日，星期三的下午。我到中青报社的前台。我说："我找周某某,他在吗?"前台看我一眼问："找他什么事?"我说我跟他约了来谈实习的事儿。当时也没什么礼貌,语气很直接。她看了我一眼说："你等一下。"然后就打电话。

她说："喂,是周总吗?下面有个小孩来找您谈实习的事儿。"

我一听就傻了,她放下电话,我就问她:"这个周总是什么人?"

她说:"我们副总编啊。"

一会儿,一位身高一米八几的老头儿下来了,鹤发童颜,气场特别强大。我一下子就怂了,因为我电话里头没什么礼貌,也不知道他对我印象怎么样(笑),然后我就跟他上去,到他办公室坐下来,他看了我一眼,说:"你这小孩儿挺有趣的。"

他问我:"你想做什么方面的报道?"

我是没学过新闻的,一天都没学过,他问我想做什么报道我根本说不来。我也不知道啥叫报道,报道到底分哪些类型,我都不知道。我想了想,就跟他说我想做人物报道。瞎说的嘛。我当时脑子里就知道一个人物报道。

然后他想了想,说:"行,中青报有两个地方有人物版,一个是青年企业家,还有一个是《冰点周刊》。"

我一听就傻了,我没学过新闻,但我知道《冰点》,我知道《冰点》是个特别的地方。我这个一天没学过新闻的人,怎么能去《冰点周刊》呢?

然后他说:"《冰点》对记者稿件的要求比较高,我不知道你能不能适应。"

我当时啥也没想,反正有个地方要我就行。我说:"无所谓,你看哪边方便我就去哪边。"

他想了一会儿说:"这样吧,我给《冰点》的人打个电话,如果他们要你的话你就去。"

这个电话,改变了我的一生。

只要把《冰点》教给我们东西都带着,就不算真正离开《冰点》

《冰点》出来的人非常多,不管这些人走到哪里,只要把《冰点》教的这些东西都带着,以后的工作中还用得上,那就不算真正离开《冰点》。

我离开《冰点》是由于个人原因。我在《冰点》工作7年,2005年到2011年,个人到了一个瓶颈期,你发现你做的工作都是差不多相同的事,重复又重复,没有新鲜感。

第二个是《冰点》自身的原因,因为中青报是党报,它不走市场,听不到市场反馈。我始终觉得传媒是一个现代行业，现代行业必然要接触市场。如果你做了一辈子媒体，始终不跟市场打交道，那是有问题的，这也是我离开的原因之一。

第三个原因是我觉得在《冰点》已经学不到新东西了，我当时在《冰点》的记者中水平应该算是拔尖的了吧，他们有人开玩笑说我是"冰点头牌"。这就有个问题，很少有人能够再改你的稿子，你掌握的那些方法还是7年前的方法，你学不到新东西了。我当时才30出头，还这么年轻，就开始吃老本，坐在功劳簿上了，我觉得不对劲。上述这几个原因促使我离开。

《冰点》复刊后，老《冰点》人走了好多，几个主力记者全都走了。当时的《冰点》几乎完全是个新班子。大同时代的那些记者们都去做编辑了，挑大梁的记者就是我们这些刚刚入行的年轻人，当然，上面还有一个老杜（杜涌涛），他扮演大哥、导师、父亲这样的角色。可以这么说，我在这个行业里头学到的技术、想法，都是来自于复刊之后的《冰点》。我学的东西全是那个时代的，大同告诉我，做新闻就应该做这样的事。但是应该怎么做，真正是在2006年复刊之后老杜主持《冰点周刊》的时代，我们才掌握了一套成熟的方法。

想做这一个行业，就得先把这个阵地给守住

2005年进中青报时我是在要闻部，这是中青报的惯例，很多新记者到中青报后，先要到要闻部上夜班，要到地方去驻站。我在中青报上了半年的夜班，2005年底到福建记者站驻站。12月份刚回去，没多久，1月24日出的事，我记得那天下午我正在老家的电影院看电影《金刚》。电影快结束的时候，突然接到一个电话，中青报的一个同事打给我的。

我当时脑子一片空白，电影正好演到末尾。我就看着那个金刚落下来，脑子一片空白。我走的时候跟老杜说，不管我在哪个部门，做稿子都会像《冰点》一样做。这是我给自己的一个承诺，而且我是想要回《冰点》的。《冰点》突然没了，我应该怎么办？那天晚上我一夜没睡，就想着《冰点》的那些事儿。夜里三四点钟，我给老杜发了一条非常长的短信。当时还用诺基亚手机，黑白屏的，那条短信被分成了三段发出去的，可想有多长，好几百字。当时心里非常难过，我说现在《冰点》没了，我怎么办？我一直就想着好好努力，我在福建干活是非常猛的，发稿量在整个记者部应该是前两名。我当时是个新记者，福建也没人带我。

当时有一句话："你想做这个行业的时候，得先把这个阵地守住。"如果你

连阵地都守不住，你拿什么去做这些事儿！

本质上说，从新闻的价值观、理念上看，复刊以后的《冰点》跟之前的《冰点》是没有什么不同的——关注社会群体，推动社会进步，媒体监督，等等。如果说有什么不同的话，就是技术上的不同，老杜那个时候的文本要求要比以前高很多。从他20世纪80年代进中青报，就是中青报著名的美文记者。他对文本的把握能力非常强，我们当时受到非常严格的文本训练。写稿子，老杜一个字一个字地给你改，给我们看了很多当时文本上、技术上都非常领先的东西。我们这批人甚至背老杜提供的范文，到现在很多经典的文本我都能背得出来。然后模仿别人的稿子，我们开始写稿子也是这么写的。当时在《冰点》觉得很好玩儿的事儿就是一篇稿子一出来，别人一看，就知道你这稿子是模仿哪一篇。我们都会有这种感觉，一直到今天，对文本的要求都非常高。

很多人入行时候都会问："模仿是不是抄写啊？"都会有这个疑问。我说肯定不是，模仿是一个基本功的训练，就像一个武林高手，也要从扎马步练起吧。模仿范文就是一个扎马步、练基本功的过程。在这个基础上，才能写出属于自己风格的东西来。今天《人物》杂志的实习生、记者都是这么训练的。

人物报道是难写的

人物报道是难写的。在互联网时代，你想做出一篇任何类型的好报道都是难的，因为时代跟以前不一样了。纸媒遇到的问题更大，有微博了，啥事第一时间"唰"地一下满微博都是。这时候怎么办，只能靠深度。深度怎么来做？巨大的采访量。第一个是要做一个稿子，不管是人物报道还是其他什么报道，都需要巨大的采访量，不能只采访一个人。《人物》现在对采访量的要求就是1000字一个信息源。比方说这个稿子5000字，起码你要有5个信息源。很多人做稿子就跟一个人约访，聊两三个小时，回来"哗哗"写一篇稿子，这是不行的。现在的要求就是必须有大量的信息源。你说难不难？难！但是越难的东西越有价值。第二个是社会人物报道，经过大量的实践发现，跟一个人聊第一次，聊两三个小时，会对这个人产生一个印象A。跟他聊第二次，印象会变成B。聊第三次会变成C，或者是A+B+C，采访的次数越多，对这个人的感觉越接近真实。他会在你面前越来越袒露真实的一面。第一次大家都端着，像我这么真实的人很少的。（笑）

做不同的人物，体会也是不一样的。做小人物有小人物的体会，做大人物有大人物的体会，一句话真的说不清楚。但是从本质上来说是没有不同的，就是还原人性，他做这个事内心到底源于什么？为什么是他来做这个事而不是别人？每个人性格是不一样的，同样的事情在A、B、C三个人面前出现的时候，反应是不一样的，你就要挖他们的内心驱动力，不管大人物、小人物都是一样的。

但是采访大人物比较难，难在哪儿呢？他们接受的采访太多了，他们面对媒体说的话不知道重复了多少次，这时候你怎么激起他的兴趣，要提前做好功课，收集大量的资料。找出两个方面，一方面是空白点，其他媒体没有谈到或是略微触及的有价值的角度，你可以跟他聊，也许会激起他的兴趣。另一个就是其他媒体虽然聊了，但是却轻易把这个问题放过去了，我们认为这个问题应该深聊，就把这个问题问深。这就是做大人物采访的方法所在。

下判断，是考验好记者的一个能力

我认为，这个时代，做媒体，最重要的态度不仅仅是客观、真实。新闻学院的教科书里头经常说"客观"这两个字，我认为这个说法已经过时，或者起码不那么完整。我们要做到的是中立、全面、真实、准确。

中立，不代表我们没有标准，我们可能有一个公共的标准，就是大众价值。如果符合大众价值，我们就写它符合大众价值的一面，如果不符合大众价值，我们就写它不符合大众价值的一面。我们用一个中立的立场把他的行为揭示出来。中立取决于你要不要选择这个选题，我选择它了，我就是中立的。

全面跟真实就不用说了吧？肯定要真实。全面就是一个人，既要有他硬币的这一面，也要有硬币的那一面。比如说一个人，我们既能看到这个人很丑陋、很让人鄙视的一面，但是又发现他身上有一些讨人喜欢的、令人尊重的一面，这就是全面。那么什么是准确呢？我认为在这个时代，纸媒必须要做到的一点就是大胆地给人物下判断，下判断要建立在大量的采访、搜集充足事实做支撑的前提下。下判断是考验好记者的一个能力。

文学性强、可读性强、故事性强是特稿的标准

海鹏写过一篇很有名的特稿叫《举重冠军之死》，开头是这样的：那天早上，天色蒙蒙亮，女主人公就醒来了，醒来以后听到了外头布谷鸟在叫，她透过没有窗帘的窗户，看到了刚刚亮起来的微亮的天色等。当时有人觉得这是在写小说。说你又不在现场，怎么能写得这么绘声绘色？又有天色，又是布谷鸟叫。实际上，从特稿的操作来说，这是完全可以通过采访实现的。你当时醒的

时候看到了什么？看到的天色是什么颜色？一个有想象力的特稿作者应该问这些问题，只要去她家采访就知道没有窗帘，一眼就能看得到。所以海鹏的这个稿子出来以后，很多人觉得是在编小说。其实这些东西全部都是真实的，都是采访得来的，国外的同行早就已经这么做了。有一本最著名的书，我经常拿来举例子，叫《巴黎烧了吗》，那两个记者十多年以后回到巴黎，采访了六七百个人，还原了当时的真相。书中开头的部分提到，那个德国士兵看了一下手上的手表，月光照在步枪上，步枪有反射的光芒，甚至连光芒的颜色都有，你说她是编的吗？不是！都是采访得来的。

特稿对文本的要求要更强烈一些，稿子必须好看。文学性比较强，可读性强，故事性强，这就是特稿的标准。我认为人物特稿是含在特稿里头的，不要把它单独拎出来。新闻特稿本身就是人的报道，任何报道都是人的报道，新闻就是个人学，任何报道都不能跟人分开关系。

地震采访中，眼泪啪啪地滴在采访本上

汶川地震采访的时候，我碰到过一个事情。5月14号在都江堰医院内一幢五六层高的大楼塌了，我们早上到的时候，废墟上面有很多武警战士。我突然看到一个老头，穿着普通老百姓的衣服，矮矮胖胖的，很明显和别人不一样。我就问武警战士那是谁？武警战士对我说，这老头是医院里一个护士的父亲，家住在大概50公里以外的村子里，他女儿是这个医院的一个护士，地震之后他女儿失踪了。他当天下午就到了医院，骑摩托车来的，然后和武警一块儿搜，他比武警到的还早，自己也抬出了好几具尸体，但没找着他女儿。说来也巧，就在他说话的瞬间，我的左手边吊了一个钢梁起来。"这里有一个，这里有一个。"现场发现了一具尸体，是个护士，看得很清楚，因为护士穿着粉红色的制服，头和四肢都埋在土里，只能看到身体，所有人都围过去了，清理……老头也过去了，我就跟着那老头，看看他什么反应。老头就站在边上看，尸体脸部被露出来了，老头凑过去看了一眼，二话不说，掉头往下走，走到下面的平地，脸上很平静，没有任何表情，我就跟上去，说："这是你女儿吗？"他说："是的。"我说："你怎么知道？"他说："我女儿鼻子这个地方有一颗痣，我看到了。"说完蹲在那里不再说话。我问他："你最后一次见到你女儿是什么时候？"他说是"五一"的时候，他女儿回家，过了个"五一"，当天晚上就回医院了，因为工作很忙。我说："你最后一次和你女儿说话是什么时候？"他说是五月八号"母亲节"，她给她妈妈打了个电话，说："妈妈，我给你买了个

礼物,'母亲节'礼物,但我不告诉你是什么。我要对你保密。"然后她妈妈说:"哎,不要乱花钱。"就把电话挂了,这是最后一次通话。说完这些,突然间那老头儿就崩溃了,捂着脸号啕大哭,说:"现在我们再也不知道她给我们买了什么东西了。"然后他边上一个亲戚过来把我赶走了。

当天晚上我非常后悔!那个时候我去问这些问题干吗?那个时候还不让他安安静静地待会儿,记者就了不起吗?就有权力去问这些问题吗?我越想越觉得自己不对,后来去映秀地震采访时就尽量避免这个状况,我就观察,去了两天,即使聊天我也不聊这些东西。

但写《回家》不一样,好不容易找到这样一个题材,这就是你的工作,你的任务。而且对于读者来说,这样的故事是很有价值的。你可以通过一户人家的故事看清地震给老百姓带来的伤害。我们刚碰上他们的时候,他们的心情完全可以理解。那种状态下不搭理你太正常了。回去找他的时候,其实他也不是冷漠,他是感到陌生,不知道你是谁。后来老程(即《回家》的程林祥)跟我说:遇到你们之前,我们从来不知道记者是什么,没和记者打过交道。在山路上碰到他们的时候,他们很冷漠。那是完全可以理解的。我们回头找他的时候是感到陌生,我告诉他那天在山路上面,他们孩子的尸体在担架上抬不上去,是我上去帮的忙,帮忙的时候他跟我说了声,"谢谢。"我说:"你记不记得那天是我帮你把担架扛在肩膀上?""噢!"他说,"记得!记得!是你们啊。"就想起来了,然后对我们就很热情了。那户人家本身也是特别朴实、热情的人,不需要用什么技巧去打动他们,没有。

我去了他们家,那是一个对他们来说安全的环境。我们找到他们,想听听他们说的故事。我认为人都是有倾诉欲的,当回到一个安全的环境里头,内心那些东西,是需要一个人去倾听的,说出来会好一些。他们后来也跟我说:"这几天心里难受,不知道该说什么,你们来了以后……"采访时我也在哭,真的哭得不行了,在那个采访本上写的时候,眼泪"噼噼啪啪"掉在本子上,都响着,擦都没空擦,手还在写东西,那本子今天还在,上面那些泪痕都看得清呢。当时就是那种状态。

他们后来原话就是:"碰到你们之前,我都不知道什么是记者,我也不知道你们来找我们干什么,但是我看到林兄弟哭成那个样子,我知道你真的是来关心我们的,真的是把我们家的事儿当成事儿,所以我们就跟你(说得)越来越多。"所以我觉得那个时候他们是有倾诉欲的,但是能否激发他们的倾诉欲,取决于你是不是一个好的倾听者。

《回家》这个稿子比较特殊。当时那种灾情下,记者的情绪(也处在崩溃边缘）……几天下来，见了多少死人，见了多少废墟下埋着拉不出来、救不出来的人。当时我觉得，干这工作有啥意思？特别无力。你能理解一个失去了亲生儿子的父亲的心情吗？我当时刚结婚，还没小孩，我怎么理解他们？我到四川震区采访的时候，犹豫过要不要告诉父母，上飞机的时候我都想不告诉他们，但是飞机上一想，不对，家里订了中青报，第二天家人一看报纸……本报记者林天宏在什么地方发的，就知道我去了。所以下飞机以后，第一个电话打回家，我说，"爸妈跟你们说个事儿，你们不要紧张，我现在在成都，飞机刚落地"。我爸妈那边就傻了，我爸接的电话，说，"干吗要去啊"？这是他的第一反应。我说"我是记者啊，我不去，能行么"？我当时也有点急。然后，他就把我妈也喊过来了，说"你儿子，在四川"。映秀镇是没有手机信号的，我过去之前给他们发了个短信。我说我要进去了，里边没有手机信号，联系不上，你们不要着急。

我第三天出了映秀镇，手机一到了有信号的地方，"哔哔哔…"短信就进来了。一看，我爸给我发了十几条短信！"你在哪？""怎么样？""安全不安全？""为什么不给家里打电话？""我和你妈一夜没睡"……我当时看到这些，眼泪一下子就涌出来了。所以后来到了程家，主要是这些情绪的积累和爆发。他们跟我讲自己儿子的事，我一下子想到我爹妈一夜没睡，觉得特别难受，我要是那个（死去的）小孩，我爹妈心里会多难受，我的情绪自然而然就流露出来了。所以《回家》那篇地震的采访是比较特殊的情况。

我跟熟悉的人，非常亲近；跟陌生人，刚开始的时候并不是太会打交道，到现在还是这样。有些记者是那种特别会套近乎的，一下就能让别人信任他。我是那种经常不知道面对一个陌生人的时候该跟他说什么的人。经常是我说的话比他还少，他都会觉得我有点害羞，有点不知道怎么表达，这是我的天性。

当然，你是带着什么样的态度跟人交流，别人能感觉出来的。有时候，你自己的心态就是"这只是个任务"，你只是要去弄一些信息，然后把这个信息补充到稿子里，采访对象是能感觉出来的。我去采访时不喜欢说采访，我说"想跟你聊天"，这个时候你的态度就不太一样了。虽然都是工作，但是你的目的不是工作，你是真的想去了解这个人的故事，了解这个人的内心、情感，了解他的性格。还有要充分备课，采访对象会觉得我好像很了解他，问的问题很有质量，别人都没有问过，信任感就这么建立起来了。

我到现在都很不愿意跟人打电话，有心理障碍。约采访，电话打通了，"嘟嘟嘟"响了好多声，没人接，我心里很高兴。"哈！没人接，不是我不打，是你不接噢"（笑），但是一旦电话通了，马上就进入工作状态了，那时候你就不是你了,你是在工作,只能好好地交流。把你的目的跟采访对象说清楚,然后大家先见个面。你觉得我可靠、值得信任,就跟我多聊;你要是觉得我这人不咋地,就不聊,大不了我放弃这个选题。但是提前把课备好,情况就不一样了。我采访了很多人,包括一些大人物,刚上来采访对象就说"有些问题一些记者问了八百遍了,我都不愿意再说了,你自己回头看资料"。但这种事情在我身上是很少发生的,我很少让采访对象说出这样的话。我一定会想办法问一些不同的问题,不会再重复地问一些很基础的问题。

林天宏发表的文章《回家》

克服(悲伤)就躲在被子里哭,好了就起来再写

回到《回家》这篇稿子上来,写《回家》是一个非常痛苦的过程。写稿子的那天早上,我本来约好和贺延光一起去绵阳拍片子。起来后我跟贺延光说:"你自己去吧,我不去了,我得在房间把稿写出来。"我知道写稿子极其痛苦,

他要在房间，我哭都哭不出来，不好意思哭。他走了之后我就开始写，确实痛苦不堪，我当时写着写着就哭了，正好我们就住在服务员接待台边上的那个房间，服务员在外边走来走去，我不敢哭得很大声，大家那个时候都是人心惶惶的。我就把自己蒙在被子里哭，写得真是痛苦，浑身发抖、痛不欲生啊！但是，作为一个记者，又不能把私人情感带到稿子里。要中立，要克制，一个职业记者对文本的要求，应该是克制自己内心的这种最真实的情感。

不管是达官贵人，还是普通平民百姓，都有父亲，都有孩子，每个人内心都会有这样的痛苦，一方面要克制，一方面这种痛楚又不能自己，这个冲突是非常强烈的。对我来说，想克服就只能躲在被子里哭，哭一哭，起来再写，写写再哭，再写，就是这么个过程。

没有低俗的选题，只有低俗的做法

"树典型"属于一种宣传方法，一个"高大全"的人物往往有虚假成分。

有个非常典型的例子，杨利伟完成任务回来，在出舱时嘴角是有血的，为什么有血？落地的时候他不小心把自个儿咬破了。记者们一看他流血了，觉得不行，就说，"杨老师，你要回去，把血擦干净重新出来拍一次"。那是摆拍！一个英雄回来了，嘴角有血，多么打动人的一个细节，就被这帮记者给毁了。

"炒作"，大多数是市场化媒体为了博销量、博眼球的行为，它是有真实的东西在里面的。例如"芙蓉姐姐""凤姐"的"炒作"，利用的就是大众"审丑"的情绪和低级趣味。

我认为，没有低俗的选题，只有低俗的做法。比如"凤姐"，她有没有新闻价值？毫无疑问是有的，为什么这个时代会出现这样一个人？那么多人一边骂她、一边关注她？公众情绪是什么？如果能把背后的这些东西揭示出来，当然是个很好的报道，是社会情绪、民众心态的真实反应。如果你只去报道"凤姐"说了什么出位的言论，自然就成了话题"炒作"的一个推手、帮凶，这就是我的理解。

我们做的人物都是跟着时代走，他们是一个时代的缩影，他们一生的故事有一个时代的特征。比如说《大逃港》中的那个人，他做的事情就是梳理了那段历史，让人们知道原来还有那么一个时代，一百多万人从大陆的各个地方逃去香港，这里头有死亡，有生离死别，有各种各样的滑稽、荒谬、荒唐、悲惨的事情。他用他的那本书，把这个故事展现在我们面前，我通过我的采访又把这个故事展现在读者面前。

我刚刚说新闻就是人学。新闻价值就在于一个人做了什么事儿。回到陈秉安（即《大逃港》的作者），他为什么要做这个事？他做这个事跟他过去的经历有没有关系？接下来就是他怎么来做这个事儿。第四个环节是他做这些事的时候发生了什么样的故事。第五个环节就是他自己的思考，他对这件事情的理解等。我觉得大多数特稿，或者说人物报道都是由这些环节组成的。为什么、怎么来的、怎么做的、遇到了什么，当事人怎么想的，这就是一个比较完整的逻辑。

好故事，有时候是可遇不可求的，一个好故事必然具备我和你说的那些要素——遭遇、冲突、受阻、克服。中国的渔民——河南驻马店的渔民，被海盗绑架到非洲的一个港口，在那儿度过七百多天，这里有多少故事？但是记者的稿子里，就看到一个风土人情的介绍：为什么会有海盗，为什么会有渔民，为什么他们会相遇。我要的东西是相遇以后他们之间的冲突、碰撞。一个人质，在一个离家万里、水土不服的地方，气候炎热，无衣无食，人的求生本能才是最直接最吸引人的，去做那种解释性报道，不是《人物》要的东西。

我要的是一个完整的故事，就像拍电影一样，一个好的写作者，必须要有写剧本的概念。好莱坞的编剧是怎么做这套东西的？3分钟一个小高潮，5分钟一个中高潮，10分钟一个大高潮，不断有东西跳出来，吸引你往下看。这些东西是靠什么来推进的？不就是冲突吗？靠矛盾，靠遇阻，靠不断克服。我跟记者说，你们写稿子就是要不断地制造悬念，不断地吸引读者往下读。

后 记

从2011年开始,中国人民大学新闻学院本科生组建了新闻界人物口述历史工作坊,工作坊先后举办了六次,参与同学近百人,我带领他们访问了中国新闻界几十位著名记者。虽然不是所有口述历史的作品都能够发表,但相信他们在口述历史的访问中也获得很多好的经验。本书收录的作品是其中很小的一部分。感谢工作坊的同学们,他们现在有的已经博士毕业,有的成为国家主流媒体的记者,有的留学海外,也有的脱离了新闻行业,在其他领域为国家做贡献。感谢这些可爱的同学们:何林璘、戴飘逸、兰青、李雨澄、李玉坤、倪伟、胡晓、陈惟杉、崔静、周丽娜、黄昌盛、甘沁鑫、陶辉东、邓旺、马青青、李竹、黄婉莹、侯璞、赵杨、车恒智、胡玮、赖曾濂、倪丹卉、乔宠如、郭家翔、杨晴、卜亚琳、江政奇、杨志强、史一棋、叶林觉、王含骁、马雨婷、林哲敏、赵晓旭、郭妙兰、汤洋、廖仲鸿、张婧、高寒、卢承焕、金鸽、吴棋丹、李云翔、赵通、刘畅冉、童成磊、张延泽、周楚君、柴多多、黄语陶、杨业欣、杨雅琳、高一凡、周中正、余加虎、何伟烨、曹沙、戴娉娉、杨昆、盖博铭、王琪、姜亚梅、潘雪柯、崔芸、林颖颖、刘睿智、危昱萍、李娅琦、杨曼婷、蒋柠泽、杨松、王硕、杨熙伟、闫瑾、汪梦唐、刘禹彤、程鑫、常同宇、邓咏仪、管彤、黄瀚伦、李奇俊、刘源、苗欣、苏钰、魏静怡、郑执浩、张紫璇、易可欣等。2012年来我院做访问学者的熊国荣老师和雷晓彤老师也加入主流媒体口述历史课题中来,一起完成了对中国农村改革进行深度报道的资深记者们口述历史访问,并帮助将口述历史工作坊同学们的作品进行完善和指导。非常感谢两位老师的辛苦付出。同时感谢本套丛书的策划和主编李彬教授,以及河南大学出版社的领导支持和编辑们的严谨认真和精益求精,使该书得以顺利出版。

王润泽
2021年2月